TAO TRAINING

Dr. Achim Eckert

Muskeln und
Persönlichkeit
entwickeln

Inhalt

Vorwort 10

Die einzelnen Körperbereiche und ihre emotionale Bedeutung 14

Der Bauch 16
Der kräftige und dennoch weiche Bauch 17
Der Gasbauch 17
Der Kotbauch 18
Die Bauchmuskeln 19
  Viertel-Sit-ups 22
  Crunches 22
  Viertel-Sit-ups mit Akzent auf der seitlichen Bauchmuskulatur 23
  Bauchmuskelübung mit Akzent auf dem äußeren Schrägmuskel 23
  Callanetics-Übung für den geraden Bauchmuskel 24
  Callanetics-Übung für die schräge Bauchmuskulatur 24
  Uddhiyana Banda 25
  Abdominals 26
  Abdominals with psoas and rectus femoris 26

Die Beine 27
Schlanke, kräftige und formschöne Beine 27
Schwache Beine mit unterentwickelter Muskulatur 27
Massive Beine mit überentwickelter Muskulatur 28
Dicke Beine mit unterentwickelter Muskulatur 29
Dünne, angespannte Beine 29
Die Muskeln des Oberschenkels 30
  Vipassana-Meditation und Psoas-Gang 32
  Psoas-Beckenbewegung und Sexualität 35
  Kniebeugen 38
  Ausfallschritt mit der Langhantel 38
  Kniebeugen mit der Langhantel 39
  Knee Extension 39
  Dehnen der Beinrückseite im Stand 44

Die Zange oder Pashimottasana 44
Dehnen der Beinrückseite an der Stange 45
Leg Curl 45
Stärken der Abduktoren in der Seitenlage 48
Dehnen der Abduktoren im Sitzen 48
Abductors: Das Fitness-Gerät für die Abduktoren 49
Kräftigung der Adduktoren im Sitzen 52
Kräftigung der Adduktoren in der Seitenlage 52
Adductors: Fitness für die Adduktoren 53
Die Muskeln des Unterschenkels 54
Dehnen der Schienbeinmuskeln 58
Kräftigen der Schienbeinmuskeln 58
Dehnen der Peronaeusgruppe 58
Kräftigen der Peronaeusgruppe 58
Dehnen des Wadenmuskels 59
Kräftigen des Wadenmuskels an der Treppenstufe 59
Calfraise 59

Der Po 60
Die Idealform: ein schön gerundeter Po 63
Zu stark nach oben und hinten geneigtes Becken 63
Lower Back 66
Zu stark nach unten geneigtes Becken oder Hohlkreuz 67
Der zusammengekniffene Po 67
Der hochgezogene Beckenboden 68
Die Gesäßmuskeln 68
Gluteals 70

Der Rücken 71
Oberer Rücken 71
Mittlerer Rücken 71
Atemübung aus dem Yoga 74
Zange oder Pashimottasana 74
Pflug oder Halasana 74
Kerze oder Schulterstand 75
Kobra oder Bhujangasana 76
Sonnengebet und Fünf Tibeter 76
Unterer Rücken 78

Die Rückenmuskeln 80
   Lateral Raise 82
   Overhead Press 82
   Hantelübungen im Stehen oder Sitzen 82
   Hantelübung aus der Bauchlage 82
   Butterfly Reverse 82
   Behind the Neck und Pull Down 86
   Hantelübungen für den Latissimus 86

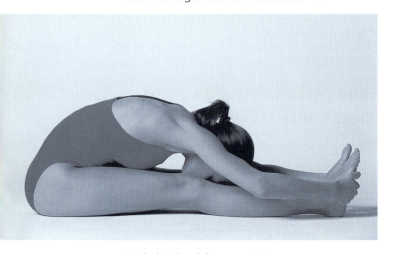

   Wirbelsäulendehnung 87
   Heuschrecke oder Shalabhasana 87
   Rotary Torso 88
   Drehsitz oder Ardha Matsyendrasana 88
   Kopfstand 89

Die Schultern 90
Wohlgeformte und kräftige Schultern 91
Rechteckige Schultern 91
Schmale Schultern 92
Abfallende Schultern 92
Hochgezogene Schultern 92
Vorgebeugte Schultern 93
Zurückgezogene Schultern 94
Die Schultermuskeln 95
   Lateral Raise 96
   Overhead Press 96
   Hantelübung für den mittleren Teil des Deltoideus 97
   Zinnsoldat 97

Die Arme 98
Wohlgeformte und kräftige Arme 98
Schwache Arme mit unterentwickelter Muskulatur 99
Starke Arme mit überentwickelter Muskulatur 99
Dicke Arme mit unterentwickelter Muskulatur 99
Dünne und angespannte Arme 100

Die Muskeln des Oberarms   101
   Ausschütteln der Gelenke   104
   Hantelübungen für die Beuger   104
   Bizeps   104
   Hantelübung für den Trizeps   105
   Trizeps   105

Die Brust   106
   Brustmassage   107
Die kräftige und
wohlgeformte Brust   108
Der verengte Brustkorb   109
Der aufgeblasene Brustkorb   110
Brustmuskulatur   111
   Atemübung bei verengtem Brustkorb   112
   Atemübung bei aufgeblasenem Brustkorb   113
   Liegestützen und Bankdrücken   114
   Butterfly mit Hanteln   115
   Butterfly im Sitzen auf der Schrägbank   115
   Bankdrücken mit der Stange oder einer Langhantel   116
   Kurzhanteldrücken auf der Schrägbank   116
   Pull Over mit der Kurzhantel   116
   Einarmiger Bandit   117

Häufige Fehlhaltungen und ihre Korrektur   118

O-Beine   120
X-Beine   121
Hohlkreuz   122
   Dehnen des geraden Schenkelmuskels   124
   Dehnen des Lendenmuskels   125
Rundrücken   126
Schulterschiefstand und
andere Asymmetrien   127

Körpertypen   128

Der schizoide Körpertypus oder
die Spargelform   131

Der orale Körpertyp oder
die Venusfliegenfalle   136
Die psychopathischen Körpertypen –
Kohlkopf und Orchidee   137
Der masochistische Körpertyp oder
die Kartoffelform   140
Der rigide Körpertyp oder die Königskerze   143
Der hysterische Körpertyp oder
die Birnenform   145

Vor- und Nachteile beliebter Sportarten   150

Aerobic   152
Asiatische Kampfsportarten   152
Ballsportarten   152
Bergsteigen   153
Eis laufen   153
Inlineskating   153
Klettern   153
Laufen   154
Mountainbike   155
Rad fahren   155
Reiten   156
Rudern   157
Schwimmen   157
Ski fahren   157
Snowboarden   158
Squash   159
Tennis   159
Windsurfen   161

Das Tao Training ergänzende Methoden   162

Akupressur, Meridianmassage und Shiatsu   164

Posturale Integration   166

Anhang   168
Fußnoten   168
Literatur   169
Glossar   170
Register   172

Vorwort

Dieses Buch verbindet zwei Themen, die in der bisherigen Literatur über Fitness und Schönheit kaum Erwähnung finden. Das ist als Erstes die emotionale Bedeutung der einzelnen Muskeln: Jeder Muskel hat neben seiner physiologischen auch eine psychologische Funktion, was den meisten Menschen – auch vielen Sportlern und Fitnesstrainern – nicht bekannt ist. Trainiert man einzelne Muskeln mehr als andere, hat man daher auch einen Einfluss auf die Gesamtgestalt der Persönlichkeit. Die differenzierte Darstellung der emotionalen Funktionen der einzelnen Muskeln ist das eine Schwerpunktthema dieses Buches.

Im Fitnessboom der letzten 20 Jahre wurde die emotionale Veränderung, die vor sich geht, wenn man seinen Körper stählt und seine Muskeln aufbaut, meist wenig beachtet oder gar ganz übersehen. Erst in der Wellness-Bewegung der letzten Jahre orientiert sich das Körpertraining nicht nur an Leistungswerten, sondern auch an einer Erhöhung des Wohl- und Lebensgefühls. Meines Wissens gibt es nach wie vor keine Trainingsmethode oder Publikation, die ein differenziertes Wissen vermittelt, welcher Körperbereich und welcher Muskel welche seelischen und mentalen Funktionen stärkt oder schwächt. Da ein Zusammenhang zwischen einzelnen Muskeln und bestimmten Gefühlsbereichen sowie Denkgewohnheiten und geistigen Funktionen besteht, kann ein Fitness- oder Körpertraining individuell so auf eine Person zugeschnitten werden, dass es ihrer seelischen und geistigen Eigenart entspricht, vorhandene Schwächen ausgleicht und zur Abrundung der Persönlichkeit beiträgt.

Das Buch macht es sich zur Aufgabe, die einzelnen Körperbereiche und ihre emotionale Funktion und Bedeutung für den trainierenden Laien leicht fasslich darzustellen. Der Trainierende erfährt aus dem Buch nicht nur, welche Muskeln er wie trainieren kann, sondern vor allem auch, welche seelischen und mentalen Funktionen er durch das Training unterstützt und stärkt. So könnte zum Beispiel eine Person, der es an Selbstbewusstsein mangelt, dieses Grundgefühl durch ein gezieltes Training des großen Brustmuskels und des Deltamuskels in einer positiven Weise verändern – mit einer starken Brust und kräftigen Schultern fällt es schwer, sich auf Dauer niedergeschlagen, deprimiert, pessimistisch, mutlos, zaghaft und schüchtern zu fühlen.

Diese differenzierte Darstellung des Zusammenhangs zwischen Muskelaufbau und Psyche macht in weiterer Folge auch eine klare Aussage in Bezug auf die klassischen, rein verbal orientierten Methoden der Psychotherapie, denen es selbst in jahrelanger Arbeit oft nicht gelingt, Mutlosigkeit und Schüchternheit in Mut und Selbstbewusstsein zu verwandeln – da das mit einer Hühnerbrust eben nur schwer möglich ist.

Der zweite Teil des vorliegenden Werks befasst sich mit dem Zusammenhang zwischen Fitnesstraining, Muskelaufbau und Körperhaltung. Jeder im Aufbautraining gestärkte Muskel hat eine Tendenz, sich zu verkürzen, wenn er nicht vor und nach dem Training ausreichend gedehnt wird. Da heutzutage viel mehr Menschen in den Kraftkammern Aufbautraining betreiben, als es fachkundige Anleitung gibt, entwickeln zahlreiche Trainierende die einen oder anderen verkürzten Muskeln oder Muskelgruppen – zum Beispiel die vordere Oberschenkelmuskulatur, den Musculus quadriceps, oder die Rückenstrecker. Eine Verkürzung der beiden in diesem Beispiel genannten Muskeln führt zur Fixierung und Verstärkung eines schon vorhandenen Hohlkreuzes – oder bedeutet die ersten Schritte zur Entwicklung eines solchen. In fast allen Fitnesscentern der Welt kann man beobachten, dass Trainierende ihren Quadrizeps an der *Leg Extension* genannten Maschine oder durch Kniebeugen mit der Langhantel stärken, ohne sich dabei bewusst zu sein, dass ein trainierter Quadriceps die Knie ganz durchstreckt und das Becken nach vorn gekippt hält.

Der Einfluss der einzelnen Muskeln auf die Gesamtstruktur des Körpers und insbesondere auf Fehlhaltungen wie O-Beine, X-Beine, Hohlkreuz und Rundrücken wird ausführlich behandelt. In auch für den Laien leicht verständlicher Form werden die anatomischen Strukturen so weit erläutert, dass der Leser sich einen individuellen Trainingsplan zusammenstellen kann, der es ihm ermöglicht, die Muskeln nicht zu trainieren, die seine Fehlhaltungen verstärken, und die Muskeln besonders aufzubauen, die eventuelle Fehlhaltungen verringern. Das führt zu einem selektiven und individuellen Trainingsstil, der oft auch eine recht beträchtliche Zeitersparnis bedeutet.

Da diese Trainingsmethode auf der Einheit von Körper, Seele und Geist aufbaut, wie es Anschauung der chinesischen Kultur im Allgemeinen und des Taoismus im Besonderen ist, und da die in diesem Buch geschilderten Entsprechungen der inneren Organe, Körpergewebe, Gefühle, Denkweisen und geistigen Fähigkeiten ein wesentliches Merkmal der chinesischen Medizin und Philosophie sind (viel mehr als spezifische Methoden wie Akupunktur und Tuina oder Meridianmassage), wurde der Titel *Tao Training* gewählt. Das chinesische Schriftzeichen *tao* bedeutet „Weg", aber auch „das Unnennbare", „das, über das nicht gesprochen werden kann".

Das Wort „Tao" ist in der heutigen Zeit zum Synonym geworden für den Lebensweg, den ein Mensch geht, mit all den unwägbaren und unkalkulierbaren Elementen, die das Schicksal immer wieder für jeden Einzelnen bereithält. In diesem Sinne möchte sich dieses Buch als Anleitung zu körperlicher, geistiger und emotionaler Vitalität und Fitness verstanden wissen, die wir immer wieder brauchen, um den unvorhergesehenen Wendungen und Windungen unseres Schicksals mit Bravour und Weisheit zu begegnen.

Dieses Buch ist das dritte in einer Trilogie über chinesische Medizin und Philosophie: Das erste heißt *Das heilende Tao* und befasst sich mit der Lehre der Fünf Elemente als Basiswissen für Qi Gong und Tai Ji, für Akupunktur und Feng-Shui, für Tuina und Meridianmassage; es erschien 1989 im Hermann Bauer Verlag in Freiburg und wurde bisher in sieben Sprachen übersetzt. Das zweite heißt *Das Tao der Medizin* und ist ein Atlas der Akupressur und Akupunktur, bei dem nicht die Krankheitsindikationen im Vordergrund stehen, sondern erstmals die Beschreibung der psychischen, geistigen und energetischen Wirkungen der Punkte breiten Raum einnimmt. Die zentrale Frage dieses Werks ist nicht: Bei welcher Erkrankung stimuliere ich diesen oder jenen Punkt?, sondern: Mit welchem Aspekt meiner Seele und meines Geistes macht mich dieser oder jener Punkt bekannt? Welche meiner geistigen Fähigkeiten oder emotionalen Ausdrucksmöglichkeiten fördert er? *Das Tao der Medizin* erschien 1996 im Haug Verlag in Heidelberg.

Da das Tao eines Menschen zu einem wesentlichen Teil aus seiner Persönlichkeitsstruktur und charakterlichen Disposition erwächst, bietet Kapitel drei eine Beschreibung von sechs häufig vorkommenden Körper- und Charaktertypen und ihren Transformationsmöglichkeiten durch körperliches Training. Wie Sportlehrer und Fitnesstrainer aus Erfahrung wissen, ändern sich manche Menschen durch das Betreiben einer Sportart relativ rasch, nicht nur in ihrer körperlichen Erscheinung, sondern auch in ihren Verhaltensweisen, wogegen andere kaum zu körperlicher Bewegung zu motivieren sind, obwohl sie es dringend nötig hätten, um heraufziehenden Beschwerden und Krankheiten vorzubeugen.

Während sich Kapitel drei mit den Fragen der Körpertypen und ihrer Motivierbarkeit zum Sport beschäftigt, geht es in Kapitel vier um einen Überblick über verschiedene Sportarten und ihre Wirkung auf die Muskulatur wie das seelische Erleben. Viele suchen sich unbewusst die Sportarten aus, die zwar ihrem Körpertypus entgegenkommen, aber nicht unbedingt die Schwachstellen des eigenen Organismus kräftigen. So findet man häufig Menschen mit gut entwickelter Bein- und Hüftmuskulatur und mit im Vergleich dazu schmalem Brustkorb, schwachen Schultern und Armen beim Radfahren und Laufen statt, wie es anzuraten wäre, beim Brustschwimmen, Rudern oder Ringen. Im Sinne einer ebenmäßigen Kräftigung des Körpers (und damit auch verschiedenster emotionaler und geistiger Bereiche) und der Entwicklung ästhetisch ausgewogener Körperproportionen ist es wichtig, Sportarten und Trainingsmethoden zu betreiben, die die eigenen Schwächen zu Stärken machen.

Tao Training richtet sich sowohl an Sportler und Fitnesstrainer als auch an alle anderen, die ihre Muskeln durch bestimmte Sportarten, gezielte Übungen und/oder in der Kraftkammer trainieren und aufbauen. Fotos illustrieren die Kräftigungsübungen, die mit Geräten oder Hanteln ausgeführt werden, sowie Dehnungs- und Kräftigungsübungen, für die man keine Geräte braucht. Zeichnungen verschiedener Körperformen, zum Beispiel verschiedene Formen der Schultern oder Beine, und eine Fülle anatomischer Zeichnungen machen das Training der beschriebenen Muskeln auch für den Laien leicht verständlich und nachvollziehbar.

Da Tao Training und Fitness für breite Bevölkerungsschichten ein wichtiges Thema sind und die Wellness-Bewegung der letzten Jahre gezeigt hat, dass die Trainingsmethoden sich wieder mehr in Richtung Sensibilität und persönliches Wohlgefühl entwickeln, versucht das vorliegende Werk, die vielfältigen Zusammenhänge zwischen Muskeln und Psyche sowohl für Amateure als auch für Sportlehrer und Fitnesstrainer verständlich zu machen.

Die einzelnen Körperbereiche und ihre emotionale Bedeutung

Der Bauch

Der Bauch ist das Zentrum des Fühlens. Das Wort Emotion geht auf lateinisch *emovere,* herausbewegen, zurück. Bei Emotionen geht es also um etwas, das tief in unserem Inneren – in Bauch und Becken – entsteht und das sich dann aus uns herausbewegt und über die Gliedmaßen oder den Kopf zum Ausdruck gelangt. Emotionen sind Energien, die sich von innen nach außen bewegen, Gefühle sind Wahrnehmungen von inneren Bewegungen.

Bei einem freien Fluss der Gefühle und Emotionen können diese Energien ungehindert zum Ausdruck gelangen. Ein Gefühl kann im Bauch oder im Becken entstehen, zum Herzen und zur Brust hochsteigen und von da aus entweder über die Sprache oder mittels der Arme ausgedrückt werden, dabei kann es sich ebenso um ein zärtliches Streicheln wie um eine Angriffs- oder Abwehrbewegung handeln. Ein anderes Gefühl aus dem Bauch oder dem Becken wird sich über die Beine ausdrücken, beispielsweise wenn wir an einen Ort gehen, an dem wir sein möchten, oder wenn wir vor etwas davonlaufen, was uns Angst macht. Möglicherweise sammelt sich in den Beinen nervöse Spannung an, weil wir es nicht wagen, den ersten Schritt zu tun.

Das alles jedoch setzt voraus, dass sich Energien im Körper mehr oder weniger frei bewegen können und dass Gefühle nicht durch chronische Muskelverspannungen und somatopsychische Panzerungen an ihrer Bewusstwerdung wie an ihrem Ausdruck gehindert werden. Daher ist es beim Tao Training wichtig, sich eine gewisse Weichheit der Muskulatur zu bewahren. Auf jeden Fall ist darauf zu achten, dass man durch das Aufbautraining einzelner Muskeln den Körperpanzer nicht noch verstärkt, den wir uns zulegen mussten, um mit seelischen Schmerzen, ungestillten Leidenschaften und scheinbar unlösbaren Situationen fertig zu werden.

Da der Bauch der Ausgangspunkt der meisten emotionalen Bewegungen ist, ist der Spannungszustand der Bauchmuskulatur, des Zwerchfells und der Leistengegend von großer Bedeutung dafür, ob uns unsere tieferen Gefühle bewusst werden und sie zum Ausdruck gelangen können. Ist die Bauchmuskulatur sehr hart und verspannt, sind Gefühlsbewegungen in unserem Bauchraum eingeschränkt; Gefühle finden in uns nicht viel Platz. Ist das Zwerchfell verkrampft und blockiert, können Bauch-Gefühle nur schlecht nach oben zum Herzen und zur Brust gelangen. Das findet man häufig bei Menschen, bei denen Liebe und Sexualität voneinander getrennte Empfindungsbereiche darstellen. In der abendländischen Kultur waren es bisher traditionellerweise vor allem Männer, deren harter Bauch und verkrampftes Zwerchfell dazu geführt haben, dass Herz und sexuelle Lust nicht in Einklang waren und daher auch in ganz verschiedenen Situationen gelebt wurden. Mit dem modernen Schönheitsideal eines harten und flachen Bauches für beide Geschlechter breitet sich diese Gefühlsdissoziation von Herz und Sex auch bei Frauen aus.

Dieses Schönheitsideal ist ein Anzeichen dafür, dass in dem gegenwärtigen kulturellen Trend nicht viel Platz für Gefühle, Gemächlichkeit, Gemütlichkeit und einfaches, sich selbst genügendes Dasein bleibt. Als Ergebnis des Kulturtrends der letzten 15 Jahre – weg vom Gefühl und hin zum Kopf, weg von Ruhe und Entspannung und hin zur Aktion – haben sich Freizeitstress und Aktivurlaub etabliert. Die gegenwärtige leistungsorientierte und im Großen und Ganzen gefühlsverneinende kulturelle Strömung kommt, wie der ganze Fitnessboom und viele andere Trends, aus den USA. Sie ist eine erzkonservative Reaktion auf die liberalen Siebzigerjahre, puritanischen Ursprungs und ein Revival der protestantischen Moralvorstellungen des 19. Jahrhunderts, gekleidet in den technologiebesessenen, elektronisch hochgerüsteten Lifestyle des ausgehenden zwanzigsten Jahrhunderts.

Es ist wichtig zu verstehen, dass ein harter und flacher Bauch das Strömen der Lebensenergie (in China Qi, in Indien Prana und von Wilhelm Reich Orgon genannt) behindert und damit auch liebende und sexuelle Empfindungen einschränkt. Vor allem sorgt ein allgemein hoher Spannungszustand der Muskulatur dafür, dass wir nicht in süßen Empfindungen und Gefühlen verweilen können, sondern weitereilen zum nächsten und übernächsten Erlebnis. Ganz im Sinne der Konsumindustrie, die an unserer Unruhe und der Gier nach immer neuen Empfindungsreizen kräftig verdient. Auch dies ist ein zutiefst protestantisches Ideal: Arbeit und Leistung gehen vor, Genuss ist verwerflich, Liebe findet oberhalb des Zwerchfells statt. So entsteht die paradoxe Situation, dass unzählige Frauen und Männer in Fitnesstempeln hart und schweißtreibend an ihrer sexuellen Attraktivität arbeiten und dabei – den herrschenden Schönheitsidealen entsprechend – einen Körper ausbilden, der mit seinem flachen Bauch und mit seinem oft hohen Spannungszustand für liebende und sexuelle Empfindungen schlecht geeignet ist. Bei Männern, die klassisches Bodybuilding betreiben, kommt noch hinzu, dass sie sich meist einen Muskelpanzer zulegen, der sie zwar schützt, der aber auch sehr viele Empfindungen und Emotionen in ihrem Strömen behindert und in ihrem Ausdruck blockiert. Das legt den Gedanken nahe, dass viele Menschen unbewusst das Fitnesscenter dazu benützen, sich vor Gefühlen abzuschotten, mit denen sie sonst nicht zurande kommen.

Es besteht ein himmelweiter Unterschied zwischen jemandem, der zum Aerobic geht, um seinen trägen Blutstrom wieder zu aktivieren und seine vom vielen Sitzen ermüdeten Muskeln wieder zu spüren, und jemandem, der vor lauter Muskelmasse so starr und unflexibel geworden ist, dass er sich nicht mehr normal bewegen kann, und der so auf seine Maschinen und seinen Bizeps- und Pectoralisumfang fixiert ist, dass er sich nicht mehr als vier Tage Urlaub von der Kraftkammer gönnt.

Der kräftige und dennoch weiche Bauch

Vom bioenergetischen Standpunkt aus braucht der Bauch eine feine und sanfte Rundung, um einen freien Fluss weicher und süßer Gefühle zu ermöglichen. Beim Training der Bauchmuskulatur ist daher unbedingt darauf zu achten, dass die Bauchmuskeln zwar kräftig werden, aber dennoch weich und dehnbar bleiben. Da sich die Bauchmuskulatur – wie jede Muskulatur, wenn sie nicht durch mindestens ebenso viel Arbeit gedehnt wird – beim Aufbautraining meist verkürzt, erschweren harte Bauchmuskeln auch die Entwicklung einer vollen und kräftigen Brust; sie ziehen den knöchernen Brustkorb nach unten und gestatten ihm nicht, sich nach vorne und oben zu heben.

Wenn sich der Bauch aber zu sehr nach vorne oder gar nach unten zu wölben beginnt, ist es an der Zeit, etwas für seine Schönheit und Form zu tun. Meist sind in erster Linie gar nicht so sehr erschlaffte und überdehnte Bauchmuskeln, sondern träge, überlastete und überfüllte Därme für einen hervorquellenden Bauch verantwortlich. Nach dem österreichischen Arzt Franz Xaver Mayr (1875–1965), der für die Erfindung der Milch-Semmel-Kur berühmt geworden ist (siehe Seite 18), kann man unter anderem aus der Form des Bauches auf Gesundheit oder Krankheit des Verdauungstrakts schließen. Er unterscheidet zwei Hauptformen des Bauches, die auf eine zugrunde liegende Darmstörung hinweisen: den Gasbauch und den Kotbauch.

Der Gasbauch

Diese Bauchform ist auf eine Ernährung zurückzuführen, bei der hauptsächlich Gärgase entstehen, also eine Nahrung, die sich überwiegend aus Kohlehydraten, besonders aus Obst und Süßigkeiten,

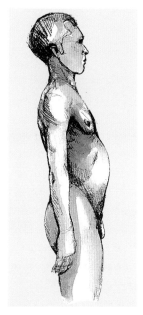 

Gasbauch **Kotbauch**

zusammensetzt. Die Gärgase blähen den Darm und damit den Bauch auf. Das Ergebnis ist ein eher gleichmäßig vorgewölbter, im fortgeschrittenen Stadium kugelrunder Bauch.

Der Kotbauch

Diese Form des Bauches entsteht durch Trägheit und Erschlaffung des Dünn- und Dickdarms. Meist findet man in der Anamnese eine seit Jahren oder gar Jahrzehnten bestehende Verstopfung und einen oft jahrelangen Missbrauch von Abführmitteln. Da die Schlacken vom Darm nicht in ausreichendem Maße abtransportiert werden konnten, haben sich Kotmassen in Jahren und Jahrzehnten zuerst im Dickdarm und später auch im Dünndarm angesammelt. Dadurch hat sich das Volumen der Därme oft auf ein Vielfaches vergrößert. Das Ergebnis ist ein besonders unterhalb des Nabels stark vorgewölbter Bauch. Wenn man ihn massiert, kann man die harten Kotmassen unter der Bauchdecke gut tasten.

Es ist leicht einzusehen, dass man in so einem Falle zuerst den Darm sanieren muss, um den Bauch wieder straff und ansehnlich zu machen. Ein reines Training der Bauchmuskeln ist bei einer chronischen Verdauungsstörung – und diese ist fast immer eine der Hauptursachen für einen hervorquellenden Bauch – nur Oberflächenkosmetik. Bei chronischen Verdauungsstörungen ist zuallererst die Ernährung umzustellen. Vor allem beim Gasbauch muss man lernen, auf alle Nahrungsmittel zu verzichten, die den Darm reizen und entzünden. Das sind alle Substanzen, die zu Gärungsprozessen führen, aber auch schwer verdauliches Vollkornbrot und Gemüse wie Kohl, Kraut und Bohnen. Süßigkeiten, Obst und schwer verdauliches Gemüse sollten nicht nach 16 Uhr gegessen werden, da sich sonst die Gärgase über Nacht im Darm ansammeln. Vieles, was in Naturkostläden verkauft wird, ist zwar den Inhaltsstoffen nach gesund, aber für den Darm der meisten Zivilisationsmenschen eher unverdaulich. Was nützt das reichhaltigste, grobgeschrotetste Vollkornbrot, wenn der Darm die Nährstoffe nur unvollständig aufzunehmen vermag? Denn, so die Erkenntnis von Franz Xaver Mayr, Nahrung ist das, was in den Zellen des Organismus ankommt; und das ist nur ein Teil von dem, was wir essen. Wie viel von dem, was wir zu uns nehmen, wirklich in die Körperzellen gelangt, hängt von der Assimilationsfähigkeit des Darms ab. Wenn also der Darm durch zu schwere und unverdauliche Nahrungsmittel chronisch entzündet ist, nützen ihm auch die wertvollsten Produkte der Naturkostläden wenig.

Um den Darm zu sanieren, muss man zuerst die Entzündungsprozesse durch eine Schonkost abklingen lassen. Franz Xaver Mayr hat vor einigen Jahrzehnten eine Kur entwickelt, die aus nichts als Milch und Semmeln besteht; sie wurde inzwischen weiterentwickelt und verfeinert, hat aber ihr grundlegendes Prinzip bis heute beibehalten.[1]

Eine andere einfache Möglichkeit, den Darm auf schonende Art und Weise zu reinigen und überschüssige Schlacken zu entfernen, ist die aus dem Fernen Osten stammende Reis-Kur, die vor allem beim Kotbauch anzuraten ist. Drei Tage oder zehn

Tage lang isst man nichts als Reis. Natürlich kann man auch so viele Tage Reis essen, wie man möchte, allerdings sind aus physiologischer Sicht die Zeitintervalle von drei beziehungsweise zehn Tagen für eine Darmreinigung von Vorteil. Je nach Gusto kann man normalen Reis oder Vollkornreis nehmen, denn es geht bei der Reis-Kur ja in erster Linie nicht um die Zufuhr von Mineralien und Spurenelementen, sondern um die Schonung des Darms und die Entfernung der Schlacken. Reis ist ideal dafür geeignet, liegen gebliebene Schlacken zu absorbieren und abzutransportieren. Bei längeren Kuren kann man den Reis mit ein wenig Sojasoße anreichern, um den notwendigen Eiweißbedarf zu decken. Von dem Reis isst man so viel und so oft man mag. Dazu trinkt man Wasser oder ungesüßten Tee, ab und zu angereichert mit Zitronensaft für den Vitamin-C-Bedarf.

Aus dem bisher Gesagten wird verständlich, warum ein hervorquellender Bauch in den meisten Fällen das Symptom einer gestörten Darmfunktion ist. Daher steht die Darmsanierung an erster Stelle, wenn man eine schlanke Taille haben möchte. Ein chronisch entzündeter Darm ist auch eine der Hauptursachen für ein Hohlkreuz. Mit dieser Haltung versucht der Organismus unbewusst, einen entzündeten Darm zu schonen, denn durch das Hohlkreuz vergrößert sich der Bauchraum, der überfüllte und entzündete Darm wird weniger Reibung und Druck ausgesetzt.

In fortgeschrittenen Fällen braucht man für die Darmsanierung professionelle Hilfe, zu empfehlen sind Spezialisten für darmschonende Ernährung, beispielsweise Ärzte, die nach der Methode von Franz Xaver Mayr arbeiten. Helfen können eine Hydrocolontherapie, spezielle Darmmassagen, Bauch-Shiatsu und Akupunktur. Erst wenn der Darm gesund ist, kann man darangehen, überschüssiges Fett abzubauen und die Bauchdecke zu festigen und zu kräftigen.

Die Bauchmuskeln

Die Bauchmuskeln verbinden den Brustkorb mit dem knöchernen Becken. Sie schützen die Bauchorgane vorne und seitlich vor Kälte, Feuchtigkeit und Verletzung und wirken dabei mit den Rückenmuskeln zusammen, die die Bauchorgane und Nieren hinten schützen.

Die einzelnen Funktionen der Bauchmuskeln:
- Wenn das Becken nicht bewegt wird, neigen sie den Brustkorb nach vorne.
- Wenn der Brustkorb nicht bewegt wird, heben sie das Becken.
- Wenn das Becken und die Wirbelsäule ruhig gehalten werden, senken sie die Rippen und wirken dadurch bei der Ausatmung mit.
- Wenn sich Becken und Brustkorb nicht bewegen, bewirken sie die Bauchpresse – der Bauch wird

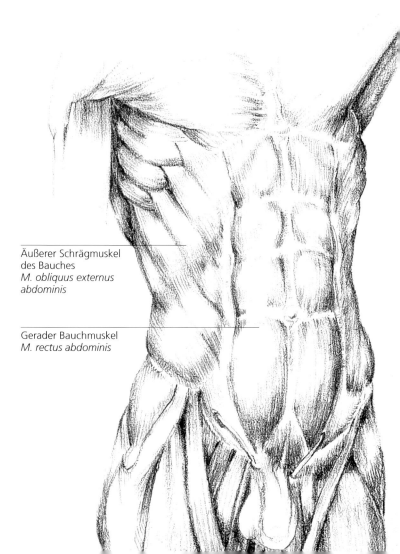

Äußerer Schrägmuskel des Bauches
M. obliquus externus abdominis

Gerader Bauchmuskel
M. rectus abdominis

stark eingeschnürt, die beweglichen Bauchorgane weichen unter den Rippenbogen und in das Becken aus. Die Bauchpresse unterstützt die Entleerung der Hohlorgane – des Darms und der Gebärmutter. Sie ist für den Stuhlgang erforderlich und auch für die Geburt.
- Zum allumfassenden Lachen aus dem Bauch braucht man sie auch.

Gerader Bauchmuskel

Der gerade Bauchmuskel (M. rectus abdominis) entspringt am Schwertfortsatz des Brustbeins und mit drei Zacken von den Knorpeln der fünften bis siebenten Rippe. Er hat in seinem Verlauf drei sehnige Unterbrechungen, die man leicht erkennt, wenn er trainiert ist. Im unteren Viertel wird er schmäler. Er setzt am oberen Schambeinrand zwischen dem Schambeinhöckerchen und der Symphyse an und ist in seiner Wirkung eng mit der seitlichen Bauchmuskulatur verbunden.

Seitliche Bauchmuskulatur

Die seitliche Bauchmuskulatur (Mm. obliqui und M. transversus abdominis) besteht aus drei Muskeln, die in drei Schichten übereinander liegen. Im Folgenden werden diese drei Muskeln von außen nach innen beschrieben.
- Der äußere Schrägmuskel (M. obliquus externus abdominis) entspringt an der Außenfläche der acht unteren Rippen und zieht schräg von oben außen nach unten innen. Er setzt an der vorderen Hälfte des äußeren Randes des Beckenkamms an sowie mittels einer breiten und platten Sehne am Leistenband. Beidseitig hilft er beim Beugen des Rumpfes, beim Ausatmen und bei der Bauchpresse, einseitig zieht er die Rippen der gleichen Seite nach unten und innen und hilft beim Drehen des Rumpfes. Zusammen mit dem inneren Schrägmuskel neigt er bei einseitiger Kontraktion den Rumpf zur Seite.
- Der innere Schrägmuskel (M. obliquus internus abdominis) entspringt von einer Mittelleiste des Beckenkamms, vom äußeren Teil des Leistenbands, und weiter hinten auch von der Fascia thoracolumbalis, der Ursprungssehne des breiten Rückenmuskels. Er verläuft am Bauch von unten und außen schräg aufwärts nach oben und innen und setzt an den unteren drei Rippen an sowie an zwei flächigen Sehnen, die den geraden Bauchmuskel außen und innen umhüllen. Wie die anderen Bauchmuskeln hilft er beidseitig beim Beugen des Rumpfes, beim Ausatmen und bei der Bauchpresse und einseitig beim Drehen und Seitwärtsneigen des Rumpfes.
- Der quere Bauchmuskel (M. transversus abdominis) bildet die tiefste Lage der drei seitlichen Muskeln. Er entspringt mit sechs Zacken von der Innenfläche der sechs unteren Rippen, von der Fascia thoracolumbalis und vom Innenrand des Beckenkamms. Er verläuft waagrecht, das heißt im rechten Winkel zur Längsachse des Körpers, nach innen und bildet, zusammen mit Fasern des inneren Schrägmuskels, das hintere Blatt der Rectusscheide – das ist die flächige Sehne an der Rückseite des geraden Bauchmuskels. Da er horizontal verläuft, ist er der einzige Bauchmuskel, der den Rumpf nicht beugt. Er wirkt bei der Ausatmung und vor allem bei der Bauchpresse mit.

Es gibt unzählige Arten, die Bauchmuskeln zu trainieren; sie sind das körperliche Symbol schlechthin für jugendlich straffes Gewebe. Bei Frauen zeigen sie zudem meist an, ob sie schon entbunden haben oder nicht. Um die Bauchmuskeln zu festigen, ist keine Maschine nötig, es genügt das eigene Körpergewicht.

Die am weitesten verbreiteten Formen der Bauchmuskelübung sind Klappmesser und Sit-ups. Sie gelten heute von der Technik her als veraltet, weil sie den unteren Rücken zu stark beanspruchen und nicht so effizient sind wie die heute stattdessen gelehrten Viertel-Sit-ups und Crunches.

Viertel-Sit-ups

Legen Sie sich in Rückenlage, die Beine sind entweder aufgestellt oder ruhen mit den Füßen auf einer Bank, sodass die Waden und Oberschenkel einen rechten Winkel bilden; die zweite Variante ist die effizientere. Bringen Sie die Hände hinter den Kopf, sodass die Fingerspitzen den Hinterkopf berühren. Die Hände sind nur als Stütze gedacht und nicht, um den Kopf zu heben. Richten Sie den Blick nach schräg vorn und heben Sie den Oberkörper mit dem Ausatmen langsam in einem Winkel von 30 bis 40 Grad vom Boden nach oben. Die Ellbogen bleiben dabei seitlich vom Körper. Rücken und Kopf bilden eine Linie – das Kinn geht nicht zur Brust. Am höchsten Punkt der Bewegung verharren Sie eine Sekunde und spannen dabei den geraden Bauchmuskel zusätzlich an. Mit dem Ausatmen lassen Sie sich wieder langsam zurücksinken, aber nicht ganz, Ellbogen und Kopf sollen den Boden nicht berühren – dadurch behält der gerade Bauchmuskel eine Grundspannung bei. 15 bis 20 Wiederholungen sind ausreichend.

Crunches

Die Ausgangsposition ist die gleiche wie bei den Viertel-Sit-ups. Der Unterschied besteht darin, dass Sie als Grundposition den Schultergürtel immer ein wenig vom Boden abgehoben halten und Sie den Oberkörper mit dem Ausatmen nur fünf bis zehn Zentimeter heben. Außerdem entfällt die Sekunde besonderer Anspannung am höchsten Punkt. Diese Übung wiederholen Sie so oft, wie Sie können.

Viertel-Sit-ups mit Akzent auf der seitlichen Bauchmuskulatur

Sie liegen in der gleichen Ausgangsposition wie bei den Viertel-Sit-ups mit dem Unterschied, dass Sie die aufgestellten Beine seitlich zu Boden sinken lassen. Um die Wirkung zu optimieren, legen Sie die Innenkante des oberen Fußes deckungsgleich auf die Innenkante des unteren Fußes. In dieser Stellung haben Sie mehr Kraft im Bauch, da der Milz-Pankreas-Meridian, der über die Innenkante des Fußes, die Innenseite des Beins und die Leiste zu Bauch und Brust verläuft, sich in dieser Lage mit dem Milz-Pankreas-Meridian des anderen Beins zu einem gemeinsamen Energiefeld zusammenschließt. Wie bei den Viertel-Sit-ups heben Sie den Oberkörper mit dem Ausatmen zu einem Winkel von 30 bis 40 Grad, verharren auf dem höchsten Punkt der Bewegung eine Sekunde lang und spannen dabei die Bauchmuskeln besonders an. Mit dem Einatmen lassen Sie sich wieder langsam zurücksinken, Kopf und Ellbogen berühren den Boden nicht, die Bauchmuskeln bleiben in einer Grundspannung. Nach 15 bis 20 Wiederholungen machen Sie die Übung für die andere Seite. Natürlich trainiert diese Übung auch den geraden Bauchmuskel, aber der Hauptakzent liegt auf der Kräftigung der seitlichen Bauchmuskulatur.

Viertel-Sit-ups

Bauchmuskelübung mit Akzent auf dem äußeren Schrägmuskel

Die Ausgangsposition ist ähnlich wie bei den Viertel-Sit-ups. Die Beine sind aufgestellt. Der rechte Fuß liegt auf dem linken Knie, sodass die Kniescheibe in der Mulde zwischen dem Außenknöchel und dem Fersenbein zu liegen kommt. Mit dem Ausatmen bewegen Sie den linken Ellbogen so weit wie möglich zum rechten Knie, sodass sich der Oberkörper in einer leicht drehenden Bewegung hebt. Auf dem höchsten Punkt der Bewegung verharren Sie eine Sekunde lang und spannen dabei die Bauchmuskeln, wie bei der Bauchpresse, besonders an. Mit dem Einatmen lassen Sie sich wieder langsam zurücksinken, Kopf und Ellbogen berühren den Boden nicht. Nach 15 bis 20 Wiederholungen machen Sie die Übung für die andere Seite.

Bauchmuskelübung

Callanetics-Übung für den geraden Bauchmuskel

Sie liegen am Rücken und heben die gestreckten Beine senkrecht nach oben. Dann fassen Sie die Rückseite der Oberschenkel knapp unterhalb der Knie mit den Händen und ziehen den Oberkörper nach vorne und oben, sodass sich der Schultergürtel vom Boden abhebt. Rollen Sie die Schultern nach vorne und spreizen Sie die Ellbogen zur Seite. Dadurch wird der obere Rücken gedehnt. Das Kinn liegt auf der Brust. Dann strecken Sie die Arme waagrecht nach vorn, lassen aber die Stellung der Beine unverändert. Aus dieser Position heben Sie den Oberkörper ungefähr zwei bis fünf Zentimeter nach vorn und lassen ihn dann gleich wieder zurücksinken. Je nach Kondition wiederholen Sie diese Bewegung 20- bis 100-mal.

Callanetics-Übung für die schräge Bauchmuskulatur

Sie liegen am Rücken und heben das gestreckte rechte Bein senkrecht nach oben. Dann fassen Sie die Rückseite des rechten Oberschenkels knapp unterhalb des Knies mit den Händen und ziehen den Oberkörper nach vorne und oben, sodass sich der Schultergürtel vom Boden abhebt. Rollen Sie die Schultern nach vorne und spreizen Sie die Ellbogen zur Seite. Das Kinn liegt auf der Brust. Dann lassen Sie das Bein los und strecken Sie die Arme waagrecht nach vorne. Aus dieser Position heben Sie den Oberkörper ungefähr zwei bis fünf Zentimeter nach vorne und lassen ihn dann gleich wieder zurücksinken. Je nach Kondition wiederholen Sie diese Bewegung 20- bis 100-mal. Danach machen Sie die Übung für die andere Seite. Diese Übung trainiert auch den geraden Bauchmuskel, legt aber den Hauptakzent auf die schräge Bauchmuskulatur.

Uddhiyana Banda

Callanetics-Übungen für die schräge Bauchmuskulatur

Uddhiyana Banda

Diese Übung aus dem Hatha-Yoga trainiert nicht nur die Bauchmuskeln, sondern übt auch eine massierende und entgiftende Wirkung auf Dünn- und Dickdarm aus.

Stellen Sie sich breitbeinig hin, die Füße etwa in Schulterbreite, die Knie leicht abgewinkelt, der Oberkörper in einem Winkel von 45 Grad nach vorn geneigt. Mit den Händen stützen Sie sich auf den Oberschenkeln oberhalb der Knie ab, die Fingerspitzen weisen dabei nach innen. Atmen Sie einige Male tief ein und aus. Ausatmen, dann Atempause. Während der Atempause ziehen Sie den Bauch mit den Bauchmuskeln 30-mal zur Wirbelsäule zurück und lassen ihn gleich wieder los. Dann wieder einige Male tief ein- und ausatmen. Die Übung insgesamt zwei- bis dreimal wiederholen.

Im Allgemeinen sind die hier angeführten Übungen für ein umfangreiches Training der Bauchmuskeln ausreichend. Wenn Sie die Bauchmuskeln noch weiter aufbauen möchten, können Sie das zusätzlich an den beiden folgenden Geräten tun.

Abdominals

Bei diesem Gerät haben Sie eine Rolle mit den daran montierten Gewichten vor der Brust. Mit dem Ausatmen drücken Sie die Rolle durch Kontraktion der Bauchmuskeln nach vorn Richtung Knie. Mit dem Einatmen richten Sie sich langsam wieder auf. Stellen Sie die Gewichte so ein, dass Sie von dieser Übung nicht mehr als 15 bis 20 Wiederholungen am Stück schaffen. Machen Sie eine kurze Pause, dann noch einmal 15 Wiederholungen.

Abdominals with psoas and rectus femoris

Bei diesem Gerät stützen Sie sich mit den Unterarmen auf der gepolsterten Unterlage ab und lassen die Beine zuerst hängen. Dann heben Sie die geschlossenen Knie mit dem Einatmen so hoch, wie es eben geht, mindestens aber auf Hüfthöhe. Machen Sie von dieser Übung so viele Wiederholungen, bis Sie die Anstrengung deutlich spüren. Nach einer kurzen Pause folgt eine weitere Serie von Wiederholungen.
Wenn Sie die Knie bei dieser Übung ganz langsam anheben, trainieren Sie den Hüftlendenmuskel (M. iliopsoas) mit, was ein großer Vorteil dieses Gerätes ist (siehe auch das folgende Kapitel). Der gerade Schenkelmuskel (M. rectus femoris) wird beim Anheben der Oberschenkel auf jeden Fall beansprucht.

Die Beine

Unsere Beine und Füße stützen und tragen uns. Sie spiegeln die Art wider, wie wir uns durchs Leben bewegen, auf welche Weise wir von einem Ort zum anderen gelangen. Ihre Form und Funktion sagen etwas darüber aus, welcher Art unser Kontakt zur Erde und zur Realität ist, ob wir „geerdet" sind, ob wir mit beiden Beinen im Leben stehen, ob wir uns auf uns selbst verlassen können.

Die Beine eines Menschen entwickeln sich auf die Art und Weise, wie sie benutzt werden, sowohl physisch als auch emotional. Bestimmte Beinstrukturen rufen aber auch bestimmte Verhaltensweisen hervor. Wenn jemand dicke Beine mit schwach entwickelten Muskeln hat, wird er schon einen kleinen Weg als anstrengend und mühsam empfinden und ihn daher tunlichst zu vermeiden suchen. Er wird das Auto nehmen, um zum nächsten Briefkasten zu fahren, und er wird den Lift benützen, statt die Treppen zu steigen. Beine sind zwar sehr unterschiedlich, Formen und Proportionen der Beine lassen sich jedoch in fünf Haupttypen einteilen.

Schlanke, kräftige und formschöne Beine

Solche Beine sind kräftig und muskulös, ohne hart und unnachgiebig zu sein. Sie haben sowohl Standfestigkeit als auch Flexibilität, können sowohl laufen und lange gehen als auch faul sein und locker lassen. Sie gehören zu Menschen, die ihren eigenen Standpunkt vertreten und selbstständig sind im Denken und Handeln; die nicht starr auf ihren Positionen beharren und die imstande sind, nachzugeben und den Standpunkt zu ändern, wenn die Zeit dazu gekommen ist.

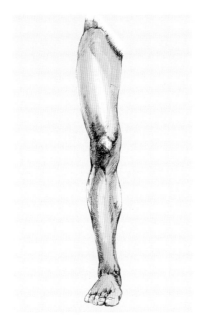

Kräftiges, formschönes Bein

Schwache Beine mit unterentwickelter Muskulatur

Menschen mit schwächlichen Beinen haben Schwierigkeiten, auf eigenen Füßen zu stehen, sind unselbstständig und daher meist von anderen abhängig, sie benötigen Stützung und Vertrauen. Oft müssen sie die Schwäche mit anderen Körperbereichen ausgleichen. Sie versuchen mithilfe ihrer Arme und Schultern, ihres Halses und Nackens, ihrer Kiefermuskulatur, ihrer Augen oder ihres Intellekts Halt zu gewinnen, um die fehlende Kraft und Stützung in den Beinen auszugleichen.

Manchmal sind bei solchen Menschen der Brustkorb, die Schultern und Arme sehr muskulös und überproportional entwickelt. Diese Menschen suchen ihren Halt vor allem im sozialen Bereich, dort dominieren und kontrollieren sie. Meist brauchen sie jemanden, der sie erdet und auf den sie sich stützen können, ohne dass sie das zugeben würden. In der psychologischen Literatur wird diese Körperstruktur

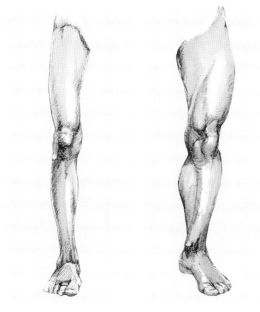

Schwaches Bein **Massives Bein**

Massive Beine mit überentwickelter Muskulatur

Starke Beine mit überentwickelter Muskulatur deuten auf eine starre und steife Persönlichkeit hin. Ein Mensch mit solchen Beinen „klebt an der Erde fest". Er hat meist Schwierigkeiten mit Veränderungen und jeder Form von unstrukturierter, spontaner Aktivität. Er verbringt eine Menge Zeit damit, Situationen „durchzustehen" und Positionen aufrechtzuerhalten, die ein anderer, flexiblerer Mensch schon längst aufgegeben hätte. Menschen mit massiven Beinen haben ihre Selbstkontrolle und ihre Fähigkeiten, Bodenkontakt zu halten, überentwickelt und neigen daher zu einem zwanghaften und rigiden Verhalten. Dadurch hemmen sie sich und andere am lebendigen Fluss.

Für Menschen mit massiven Beinen sind alle Bewegungsarten gesund, bei denen man sich rasch, spontan und in variabler Art und Weise mit den Beinen bewegt. Das sind zum Beispiel Dehn- und Lockerungsübungen, Step Aerobic, Rock 'n' Roll, Tango und andere lateinamerikanische Tänze, Taekwondo, Karate und Jiu-Jitsu. Für sie sind auch alle Arten von Ballspielen geeignet, die so genannten Stop-and-go-Sportarten, bei denen es auf rasche Reaktion und tänzelnde Beinbewegungen ankommt, wie zum Beispiel Fußball, Handball, Basketball und Tennis.

Keineswegs sollten Menschen mit massiven Beinen ihre ohnehin schon kräftigen Muskeln in der Kraftkammer weiter aufbauen. Manchmal sieht man Bodybuilder mit derart überentwickelter Beinmuskulatur, dass sie die Beine beim Gehen kaum mehr aneinander vorbei bringen, geschweige denn leichtfüßig einen Raum verlassen können.

psychopathischer Charakter genannt; sie wird im Kapitel *Körpertypen* ausführlich beschrieben.[2]

Bei Menschen mit schwächlichen Beinen kann das Aufbautraining der Beinmuskulatur einen großen Umschwung in ihrer Persönlichkeit bewirken. In dem Maße, wie ihre Beine kräftiger werden, werden sie selbstständiger sein, wird sich ihr Kontakt zur Realität verbessern und sie werden sich besser auf sich verlassen können. Sie werden stabiler sein und weniger Stützung von außen benötigen, sie werden nicht mehr auf einen Partner angewiesen sein, der ihnen Halt gibt (und wofür sie wahrscheinlich Kompromisse eingehen müssen), und auch weniger dazu neigen, einen Partner zu kontrollieren und eifersüchtig zu sein, weil sie tief innen wissen, dass sie im Leben auch auf sich alleine gestellt ganz gut vorankommen.

Dicke Beine mit unterentwickelter Muskulatur

Dicke Beine charakterisieren meist Personen, die sich schleppend in der Welt fortbewegen; sie haben Schwierigkeiten, in Gang zu kommen, aktiv zu werden und Tätigkeiten durchzuhalten, die Energie verlangen.

Auf diese Menschen sind die Programme der Fitnesscenter bestens zugeschnitten. Für sie sind sowohl die verschiedenen Aerobic-Programme als auch die Kraftkammer gut geeignet: in dem Maße, wie ihre Beine schlanker und kräftiger werden, werden sie sich dynamischer und leichter im Leben fortbewegen können, sie werden auch immer mehr imstande sein, Situationen durchzustehen, die Ausdauer verlangen.

Dünne, angespannte Beine

Solche Beine charakterisieren Menschen, die ruhelos sind und die sich in einer nervösen und unbeständigen Weise durchs Leben bewegen, manchmal mit großem Fluss und großer Motivation, manchmal mit einem Mangel an Eigenständigkeit und dem Bedürfnis, von außen mobilisiert zu werden. Diese Form der Beine ist von schlanken und kräftigen Beinen zu unterscheiden.

Es sind Beine, die sich in ständiger Anspannung befinden, Beine, die ständig auf dem Sprung sind, etwas Altes zu lassen und etwas Neues zu tun. Es sind moderne Beine, zu einer hektischen, modernen, handybewaffneten Persönlichkeit gehörend, die es sich nicht erlaubt, sich gehen zu lassen. Sich gehen

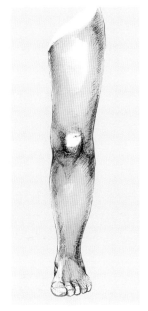

Dickes Bein **Dünnes Bein**

lassen bedeutet, dass man es zulässt, den eigenen spontanen Impulsen zu folgen, auch einmal ins Leere zu gehen und nicht schon im Vorhinein genau zu wissen, was man in der nächsten Stunde tun wird. Versuchen Sie einmal Folgendes: Verlassen Sie das Haus und lassen Sie die Beine gehen, wohin sie wollen. Nicht wohin *Sie* wollen. Gehen Sie einfach ohne Plan. Gehen Sie irgendwohin. Sehen Sie zu, wohin Sie Ihre Beine tragen. Beobachten Sie, wie der Kopf sich immer wieder einzuschalten versucht.

Für Menschen mit dünnen und angespannten Beinen sind Dehnübungen und Muskelaufbau wichtiger als Aerobic. Vor allem ruhige Bewegungsübungen wie Yoga und Tai-Chi, aber auch Atemübungen und sitzende Meditation wirken sich integrierend und heilsam auf die Gesamtpersönlichkeit aus.

Form und Funktion unserer Beine bestimmen also mit, wie wir an Dinge herangehen und wie wir im Leben vorankommen. Wenn wir also unsere Beine durch ein gezieltes Training kräftigen und formen, verändern wir auch emotionale Grundeigenschaften und stellen sie auf eine neue Basis. Denn, wie wir oben gesehen haben, sind wesentliche Eigenschaften wie Selbstständigkeit, Dynamik, Flexibilität und Ausdauer eng mit Form und Funktion unserer Beine und Füße verknüpft.

Die Muskeln des Oberschenkels

Hüftlendenmuskel

Der Hüftlendenmuskel (M. iliopsoas) besteht aus dem großen Lendenmuskel (M. psoas major) und dem Darmbeinmuskel (M. iliacus). Der große Lendenmuskel ist ein in den Bauchraum an die Lendenwirbelsäule vorgeschobener Beinmuskel. Er entspringt dem zwölften Brust- und allen fünf Lendenwirbeln. Zusammen mit dem quadratischen Lendenmuskel (M. quadratus lumborum) bildet er die muskulöse Begrenzung der hinteren Bauchwand. Energetisch hat der Psoas eine enge Beziehung zu den Nieren, die jeweils vorne und seitlich des Psoas-Ursprungs liegen.

Der Darmbeinmuskel entspringt an der Innenfläche des Darmbeins und zieht gemeinsam mit dem Psoas major, von nun an Iliopsoas genannt, unter dem Leistenband hindurch zu seiner Ansatzstelle, dem kleinen Rollhügel (Trochanter minor) an der Innenseite des Oberschenkelknochens.

Der Iliopsoas ist ein starker Beuger im Hüftgelenk. Außerdem rotiert er den Oberschenkel auswärts und adduziert ihn. Wenn der Oberschenkel den Fixpunkt bildet, beugt er die Lendenwirbelsäule nach vorn und hilft dadurch mit, das Becken im Stand nach vorne zu kippen.

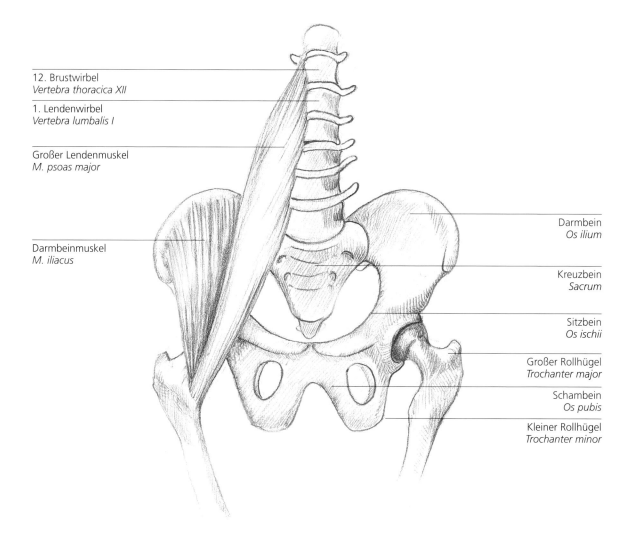

12. Brustwirbel
Vertebra thoracica XII

1. Lendenwirbel
Vertebra lumbalis I

Großer Lendenmuskel
M. psoas major

Darmbeinmuskel
M. iliacus

Darmbein
Os ilium

Kreuzbein
Sacrum

Sitzbein
Os ischii

Großer Rollhügel
Trochanter major

Schambein
Os pubis

Kleiner Rollhügel
Trochanter minor

Becken mit Iliopsoas

Entgegen dem allgemeinen Sprachgebrauch sagt man im Bereich der Körperarbeit und der Medizin, dass das Becken in so einem Falle nach oben oder auch nach hinten geneigt sei, und zwar deshalb, weil man sich das Becken als eine Schale vorstellt, die Flüssigkeit enthält, und diese Flüssigkeit beim flachen Rücken hinten herablaufen würde, wohingegen sie beim nach vorne gekippten Becken, beim Hohlkreuz, an der Vorderseite des Körpers herunterläuft.

Der Iliopsoas initiiert die Gehbewegung: beim physiologisch richtigen Gehen beginnt die Gehbewegung – das heißt die Beugung im Hüftgelenk, wodurch der Oberschenkel sich nach vorne hebt – mit einer Kontraktion des Iliopsoas. Erst nachdem der Iliopsoas in Aktion getreten ist, wird Sekundenbruchteile später die Beugung im Hüftgelenk durch eine Kontraktion des geraden Schenkelmuskels (M. rectus femoris) vervollständigt und das Bein weiter nach vorne gehoben.

Vipassana-Meditation und Psoas-Gang

Mit dieser Übung können Sie den Iliopsoas wieder aktivieren, wenn er starr und verkürzt ist, und ihn kräftigen, wenn er schwach und überdehnt ist. Außerdem lernen Sie, die Gehbewegung aus dem Bauch heraus zu spüren und zu vollziehen.
In der buddhistischen Kultur wie in seiner japanischen Spielart, dem Zen, gibt es – für Mönche wie für Laien – religiöse Übungen, die in der englischen Übersetzung *meditation retreats* genannt werden, was so viel wie meditativer Rückzug bedeutet.
Die zentrale spirituelle Technik im Buddhismus ist die Vipassana-Meditation. Dabei sitzt man im Schneider- oder Lotussitz mit aufgerichteter Wirbelsäule am Boden und konzentriert die Aufmerksamkeit und das Bewusstsein bei geschlossenen Augen auf die Empfindungen, die das Strömen der Atemluft beim Ein- und Ausatmen in der Nasenwurzel hervorrufen. Wenn Gedanken, Gefühle oder körperliche Empfindungen ins Bewusstsein treten, lässt man diese wie Wolken am blauen Himmel wieder ziehen und wendet seine Aufmerksamkeit sanft dem Strömen der Atemluft in der Nase zu. Durch diese Technik werden der Geist und das Sein von den vergänglichen Manifestationen der Erscheinungswelt gereinigt und so findet an einem gewissen Punkt eine Qualitätsänderung unserer Bewusstseinsstruktur statt, die man gemeinhin Erleuchtung nennt.

Anfangs sind 20 Minuten Vipassana-Meditation ausreichend. Mit fortschreitender Übung kann man diesen Zeitraum auf 45 bis 60 Minuten ausdehnen.
Bei den *meditation retreats* wechseln 45 Minuten der sitzenden Meditation mit 45 Minuten eines Gehens im Zeitlupentempo ab, das im Zen Kinhin genannt wird. Mit zum Boden gesenktem Blick bewegt man sich möglichst langsam nach vorn. Man geht aus dem Hara heraus, das heißt vom Psoas her. Man hebt den einen Oberschenkel in Zeitlupe, streckt dann ganz langsam das Bein, tritt in Zeitlupe mit der Ferse auf und lässt sich langsam über den Fuß nach vorne rollen, bis sich die Ferse des anderen Beins, ebenso in Zeitlupe, vom Boden gehoben hat. Dann hebt man langsam das andere Bein und so fort. Wenn man eine Zeitlang auf diese Weise geht, spürt man die Bewegung als einen langsamen, breiten Fluss, der aus dem Bauch heraus kommt.
In einem Kloster in Indonesien brauchte ich bei einem *meditation retreat* einmal ungefähr 20 bis 30 Minuten für etwa 50 Meter, um im Kinhin von meiner Zelle ins Nachbargebäude zu gehen. Die Mönche hatten in diesem Kloster jeden Weg mit verschiedenen Mosaiksteinchen und andersfarbigen Kacheln ausgelegt. Jeder Weg war anders gestaltet. Wenn man zehn Tage lang nur mit gesenktem Blick durch ein Klostergelände geht, erfreut man sich an solchen künstlerischen Details. Ich habe damals in zehn Tagen den Blick nur einmal zum

Horizont erhoben – um den Sonnenuntergang über dem Meer zu sehen. Außerdem glaubte ich nach zehn Tagen, jede Ameise zu kennen, die auf dem Klostergelände umhereilte.
Jahre später erkannte ich dann, warum das langsame Gehen aus dem Bauch heraus eine so zentrale Rolle in der buddhistischen Religion spielt. Wie bereits erwähnt grenzen die Nieren an den Psoas und stehen mit ihm in enger energetischer Beziehung: bei jeder An- und Entspannung des Lendenmuskels werden sie selbst in Bewegung versetzt und massiert.
In der chinesischen Medizin gibt es die Lehre von den sechs Energieschichten des Körpers, von denen jede von zwei Organen energetisch versorgt wird. Die innerste Energieschicht des Organismus heißt Shao Yin; sie wird von Herz und Niere gebildet und gespeist. Wenn wir meditieren, fließt vermehrt Energie nach innen, in diese innerste Schicht. Je mehr Energie sich im Shao Yin ansammelt, desto wacher und heller ist unser Bewusstsein, denn das Herz ist die Wohnstatt des Shen, was übersetzt Esprit, Geist, Bewusstsein, Gott und göttlich bedeutet.[3] Die Niere ist der Sitz des Zhen. So wie Shen als die Kraft und Essenz des Elements Feuer angesehen wird, ist Zhen die Kraft des Elements Wasser. Das chinesische Zeichen Zhen bedeutet Willenskraft, Wille zum Überleben, sexuelle Lust und Vitalität.

Das physiologisch richtige Gehen erfolgt aus der Tiefe des Bauches heraus – eine Tatsache, auf die im Tai Ji und auch in allen anderen asiatischen Kampfkünsten großer Wert gelegt wird. Der physische Impuls zum Gehen oder Laufen beginnt in der Gegend der Nieren, in der Tiefe des Hara, wie die Japaner und Chinesen das Kraftzentrum im Unterbauch nennen. Der Bewegungsimpuls breitet sich entlang des Psoas zur Hüfte hin aus und wird dort vom geraden Oberschenkelmuskel übernommen. Eine physiologische Gehbewegung erkennen wir an ihrer Anmut und Natürlichkeit: es ist eine Bewegung, die den unteren Rücken, den Bauch, das Becken und das Bein umfasst. Bei dieser ganzheitlichen Bewegung werden die Hüften beim Gehen geschwungen – was auch dadurch zustande kommt, dass die seitliche Bauchmuskulatur und der quadratische Lendenmuskel (M. quadratus lumborum) die Hüften beim Gehen abwechselnd heben. Diese Art zu gehen ist locker und hat eine natürliche Erotik, weshalb sie in den Hochkulturen – von China bis zum christlichen Abendland – immer wieder unterdrückt und, je nachdem, als hurenhaft oder schwul beschimpft und verurteilt worden ist. Die afrikanischen Kulturen und die meisten Naturvölker haben diese Bewegungstabus nicht, deshalb kann man bei ihnen einen natürlichen und unverkrampften Gang beobachten.

Wenn man beim Gehen den Bauch und die Hüften bewegt und nicht mit starrem Rumpf daherstolziert wie eine Marionette, kann man an den Hüften schwerlich viel Fett ansetzen. Insofern ist es paradox, dass Frauen, die sich im Beruf und auch im Privatleben eines braven und gesitteten Ganges befleißigen, sich in ihrer Freizeit in Bauch-Bein-Po-Workouts stürzen, um den durch Bewegungsmangel an Bauch und Oberschenkel angesammelten Speck wieder abzutrainieren.

Bei vielen Menschen in unserer Kultur ist der Psoas entweder überdehnt oder chronisch verkürzt, auf jeden Fall nimmt er am Beugen in der Hüfte beim Gehen kaum oder gar nicht mehr teil; die Beugung der Hüfte beim Gehen wird dann lediglich vom geraden Schenkelmuskel durchgeführt. Auch bei vielen Sportlern und Bodybuildern findet man ein Missverhältnis zwischen einem übertrainierten Quadrizeps und einem atrophierten Iliopsoas. Das bedeutet, dass nicht nur Amateure, sondern gerade auch viele Leistungssportler mit dem geraden Oberschenkelmuskel von der Hüfte her und nicht mit dem Psoas vom Bauch aus laufen.

Der Iliopsoas ist als Muskel also energetisch der Niere zugeordnet; seine Funktion ist eng mit unserer Vitalität und Sexualität verbunden. Wenn wir vital und lebendig sind und ein befriedigendes Liebesleben haben, ist dieser Muskel voll und kräftig, aber auch weich und entspannt.

Der Psoas-Gang ist in idealer Weise dazu geeignet, Sie die Essenz des Gehens zu lehren. Indem Sie lernen, aus dem Bauch heraus zu gehen, wird Ihr Gang natürlicher und anmutiger sein. Wenn Sie den Psoas-Gang oder das Kinhin üben wollen, stellen Sie sich einfach hin und gehen Sie ganz langsam im Zeitlupentempo in der oben beschriebenen Weise. Für den Anfang werden fünf bis zehn Minuten ausreichend sein. Beobachten Sie dabei Ihre Gedanken und Gefühle. Wenn Sie in das ozeanische Gefühl, das diese Übung geben kann, einzutauchen vermögen, wird sich die Meditationszeit von alleine verlängern. Verbinden Sie den Psoas-Gang mit der Vipassana-Meditation: Für den Anfang setzen Sie sich einfach 20 Minuten lang hin und beobachten Sie den Atem, wie er durch die Nasenwurzel strömt. Dann stehen Sie auf und gehen im Kinhin 20 Minuten lang im Raum umher. Überlassen Sie sich Ihren Füßen, gehen Sie, wohin sie Sie tragen. Wenn Sie möchten, können Sie die Zeiten entsprechend verlängern.

Psoas-Beckenbewegung und Sexualität

Der chronisch verkürzte Iliopsoas ist zusammen mit einem verkürzten geraden Schenkelmuskel und anderen Muskeln eine der Hauptursachen für eine Lordose (so wird die ventral konvexe Krümmung der Lendenwirbelsäule bezeichnet), da er verhindert, dass das Becken sich aufrichtet. Er sorgt dafür, dass das Becken immer in einer leicht nach vorn gekippten Stellung bleibt.
Das hat eine große Auswirkung auf unseren Gang, aber vor allem auch auf unsere Sexualität, da dadurch die natürlichen Beckenbewegungen – und damit eine befriedigende sexuelle Entladung und Entspannung – unterbunden werden.
Die natürlichen Beckenbewegungen in der Sexualität kommen dadurch zustande, dass der Psoas sich rhythmisch verkürzt und wieder entspannt. Wenn der Psoas kontrahiert wird, kippt das Becken nach vorn, wodurch die energetische Ladung des Beckens zunimmt. Wenn der Psoas loslässt, kann sich das Becken aufrichten und die angesammelte Energie entladen. Meist folgt die Beckenbewegung dem Atemrhythmus.

Wenn man beginnen möchte, diese Bewegung bei sich selbst bewusst zu machen, ist es am besten, den Psoas mit dem Einatmen anzuspannen und ihn mit dem Ausatmen wieder loszulassen. Legen Sie sich auf einer Matte auf den Rücken und stellen Sie die Beine auf. Kippen Sie das Becken mit dem Einatmen langsam nach vorn, sodass sich die Krümmung Ihrer Lendenwirbelsäule vergrößert und sich der untere Rücken weiter von der Unterlage hebt. Mit dem Ausatmen lassen Sie den Psoas los und das Becken zurücksinken, sodass der untere Rücken ganz flach auf der Matte zu liegen kommt. Unterstützen Sie diese Beckenbewegung durch die Mundatmung und geben Sie beim Ausatmen einen Seufzer oder einen anderen Laut von sich. Achten Sie darauf, dass sich die Wirbelsäule bis zum Kopf hinauf beim Ein- wie beim Ausatmen mitbewegt. Versuchen Sie dabei, die rhythmischen Kontraktionen des Lendenmuskels in der Tiefe Ihres Bauches und in der Leiste zu fühlen. Machen Sie diese Übung ein bis zehn Minuten lang. Versuchen Sie diese Beckenbewegung so auszuführen, dass Sie sich danach energetisch aufgeladen fühlen und dass sie Ihnen Lust und Freude bereitet.

Der Psoas-Gang und die Vipassana-Meditation eignen sich besonders für den Abend, um sich zu sammeln und zu einer tiefen, inneren Ruhe zu kommen.

Abschließend sei noch erwähnt, dass zwischen dem Spannungszustand des Iliopsoas und dem des geraden Bauchmuskels ein äußerst sensibles Gleichgewicht herrscht. Die Kraft beider Muskeln sollte sich in etwa die Waage halten. Je stärker man den geraden Bauchmuskel trainiert, desto mehr nimmt das Volumen und die Muskelkraft des Psoas ab. Und das hat, auf lange Sicht hin gesehen, eine deformierende Wirkung auf unsere Fähigkeit, natürlich zu gehen.

Quadrizeps
Der vierköpfige Schenkelmuskel (M. quadriceps femoris) prägt das Relief der Vorderseite des Oberschenkels. Mit seinem lang gestreckten Kopf, dem geraden Schenkelmuskel (M. rectus femoris), beginnt er am oberen vorderen Darmbeinstachel des Beckens. Die drei kurzen Köpfe entspringen direkt dem Oberschenkelknochen und bilden die Hauptmasse der Muskulatur an der Vorderseite des Oberschenkels. Sie heißen äußerer Schenkelmuskel (M. vastus lateralis), innerer Schenkelmuskel (M. vastus medialis) und tiefer Schenkelmuskel (M. vastus intermedius).

Im distalen Teil des Oberschenkels vereinigen sich die vier Muskeln zu der Quadrizepssehne, die vorne und oben am Schienbein, am so genannten rauen Höcker des Schienbeins (Tuberositas tibiae), ansetzt. Die Kniescheibe ist ein Sesambein, das bedeutet, dass sie einen Teil einer Sehne bildet. In diesem Fall ist sie der Mittelteil der Ansatzsehne des Quadrizeps. Die Kniescheibe schützt das Kniegelenk vor Verletzungen von vorn; außerdem gibt sie der Quadrizepssehne Stabilität. Der M. rectus femoris ist ein zweigelenkiger Muskel, das heißt, er wirkt auf zwei Gelenke: er beugt im Hüftgelenk und streckt im Kniegelenk. Die anderen drei Muskeln des Quadrizeps sind nur eingelenkig, sie strecken das Knie.

Zusammen mit dem großen Gesäßmuskel, den Kniebeugern und dem Wadenmuskel gehört der Quadrizeps zu den wichtigsten Muskeln, die wir für unsere Fortbewegung benötigen. Einen kräftigen Quadrizeps zu haben, bedeutet, dass wir imstande sind, Kraft und Dynamik in unsere Unternehmungen zu legen und einen weiten und beschwerlichen Weg zu gehen.

Ebenso wie Bauchmuskel und Bizeps gehört er zu den Muskeln, die bereits in der Antike eigens trainiert wurden. Vielleicht die älteste Art, ihn gemeinsam mit dem großen Gesäßmuskel und dem Wadenmuskel zu trainieren und sich damit fürs Laufen und Kämpfen zu kräftigen, sind die Kniebeugen. Eine andere, modernere Art ist das Gerät in der Kraftkammer, welches *Knee Extension* genannt wird.

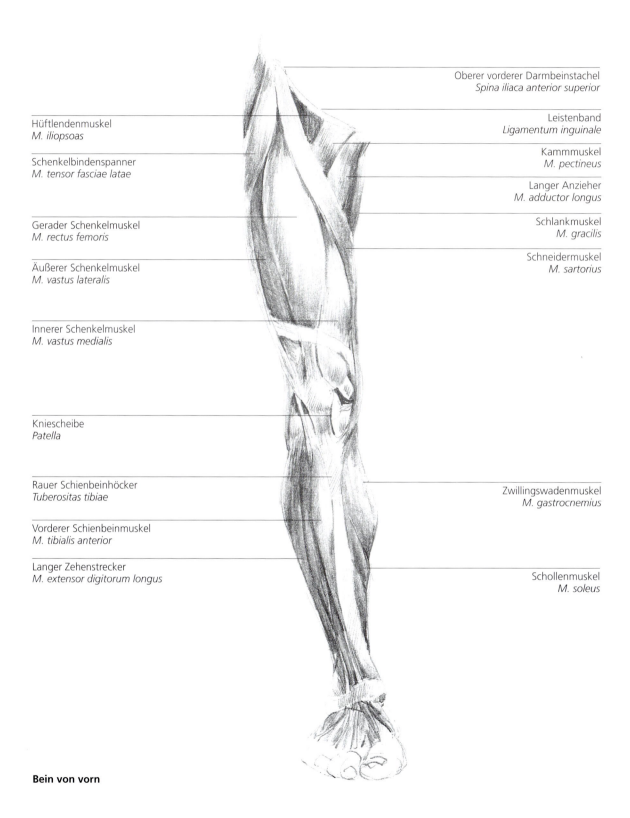

Hüftlendenmuskel *M. iliopsoas*	Oberer vorderer Darmbeinstachel *Spina iliaca anterior superior*
Schenkelbindenspanner *M. tensor fasciae latae*	Leistenband *Ligamentum inguinale*
Gerader Schenkelmuskel *M. rectus femoris*	Kammmuskel *M. pectineus*
Äußerer Schenkelmuskel *M. vastus lateralis*	Langer Anzieher *M. adductor longus*
Innerer Schenkelmuskel *M. vastus medialis*	Schlankmuskel *M. gracilis*
Kniescheibe *Patella*	Schneidermuskel *M. sartorius*
Rauer Schienbeinhöcker *Tuberositas tibiae*	Zwillingswadenmuskel *M. gastrocnemius*
Vorderer Schienbeinmuskel *M. tibialis anterior*	
Langer Zehenstrecker *M. extensor digitorum longus*	Schollenmuskel *M. soleus*

Bein von vorn

Die Muskeln des Oberschenkels

Kniebeugen

Sie stehen aufrecht, Füße in Schulterbreite, die Arme waagrecht nach vorn gestreckt. Mit dem Ausatmen gehen Sie langsam in die tiefe Hocke, ohne die Fersen vom Boden zu heben. Mit dem Einatmen stehen Sie langsam wieder auf, strecken aber die Knie nicht ganz durch. Der Trainingseffekt ist größer, wenn Sie die Kniebeugen langsam durchführen und den Oberkörper dabei aufrecht halten. 10 bis 100 Wiederholungen, je nach Kondition. Für die Kräftigung und den Aufbau des Quadrizeps sind die Kniebeugen im Allgemeinen ausreichend.

Ausfallschritt mit der Langhantel

Nehmen Sie eine Langhantel mit leichtem Gewicht und legen Sie sich diese auf die Schultern. Für den Anfang genügt meist das Gewicht der Stange allein. Machen Sie einen mittleren Ausfallschritt. Mit dem vorderen, gebeugten Bein gehen Sie langsam mit dem Ausatmen so weit wie möglich hinunter. Mit dem Einatmen erheben Sie sich wieder langsam, ohne das Bein ganz durchzustrecken. Der Trainingseffekt ist für den Quadrizeps des vorderen Beins gedacht, lassen Sie daher das Gewicht während der gesamten Übung auf dem vorderen Bein. Das hintere Bein dient lediglich der Balance. 10 bis 30 Wiederholungen, je nach Kondition. Wechseln Sie nun den Ausfallschritt und machen die Übung für das andere Bein.

Kniebeugen mit der Langhantel

Ebenso wie die vorige Übung dienen Kniebeugen mit der Langhantel einer stärkeren Ausbildung des großen Gesäßmuskels und des Quadrizeps, als es durch Kniebeugen allein möglich ist. Viele Bodybuilder erachten sie als die wichtigste Übung zur Kräftigung von Gesäß und Oberschenkel. Im Unterschied zur vorher beschriebenen Übung hat diese aber den Nachteil, dass die Nackenmuskeln sich bei der Kniebeuge mit der Langhantel automatisch verkürzen und man daher gezwungen wird, den Kopf ganz in den Nacken zu legen. Wenn man mit schweren Gewichten arbeitet, drückt die Langhantel auf die Halswirbelsäule, was bei entsprechender Veranlagung und in einem unglückseligen Moment eine Beschädigung dieser sensiblen Region zur Folge haben kann. Es ist außerdem nicht empfehlenswert, den Quadrizeps zu stark aufzubauen, darauf werde ich in der nächsten Übung eingehen.

Knee Extension

Bei diesem Gerät strecken Sie die Knie im Sitzen. Eine Rolle mit einem Seilzug zu den Gewichten ist so montiert, dass sie auf die Vorderseite der Fußgelenke zu liegen kommt. Den Quadrizeps anspannend heben Sie die Rolle langsam hoch, bis die Knie fast ganz gestreckt sind.

Zu diesem Gerät ist zu sagen, dass es die Kniegelenke stark belastet, wenn man größere Gewichte auf diese Weise bewegt. Außerdem verleitet es dazu, den Quadrizeps zu stark auszubilden. Da die meisten nicht genug auf Dehnübungen achten, wird der Quadrizeps dadurch häufig verkürzt. Ein verkürzter Quadrizeps allerdings hat zweierlei Nachteile für die Körperhaltung: Die meisten Menschen in unserem Kulturkreis stehen mit durchgestreckten Knien, was eine Funktion des vierköpfigen Schenkelmuskels ist. Dadurch wird der Energiefluss durch die Beinmeridiane behindert oder ganz blockiert; ein übertrainierter Quadrizeps verstärkt diese Tendenz. Bei den meisten Menschen ist also eher ein Dehnen als ein Verkürzen des Quadrizeps angesagt, was im Allgemeinen mit Dehnübungen und im Speziellen mit den fasziendehnenden Techniken der Posturalen Integration (siehe Seite 166 f.) gelingt. Zweitens ist ein verkürzter Rectus femoris, zusammen mit dem Iliopsoas und anderen Muskeln, einer der konstituierenden Muskeln für ein Hohlkreuz. Da man die drei anderen Köpfe des Schenkelmuskels mit dem Knee-Extension-Gerät nicht gesondert trainieren kann und man den rectus femoris immer mit ausbildet, sollte man es besser unterlassen, bei diesem Gerät mit schweren Gewichten zu arbeiten, wenn man eine Neigung zum Hohlkreuz hat.

Kniebeuger

Bei den hinteren Muskeln des Oberschenkels (Flexoren) handelt es sich um eine Gruppe von drei Muskeln, die gemeinsam am Höcker des Sitzbeins entspringen und an der Rückseite des Oberschenkels verlaufen. Knapp vor der Kniekehle trennen sie sich in eine mediale Gruppe, die vom Halbsehnenmuskel (M. semitendinosus) und vom Plattsehnenmuskel (M. semimembranosus) gebildet wird, und einen lateralen Muskel, dem zweiköpfigen Schenkelmuskel (M. biceps femoris).

Sowohl der Halbsehnen- als auch der Plattsehnenmuskel setzen am inneren Schienbeinknorren (Condylus medialis tibiae) an, einer Stelle, die Gänsefuß (Pes anserinus superficialis) genannt wird. Ihre Sehnen sind die inneren Kniesehnen, sie bilden die mediale Begrenzung der Kniekehle.

Der zweiköpfige Schenkelmuskel entspringt mit seinem langen Kopf vom Höcker des Sitzbeins und mit seinem kurzer Kopf am mittleren Drittel der Rückseite des Oberschenkelknochens. Die gemeinsame Sehne ist die äußere Kniesehne, sie bildet die laterale Begrenzung der Kniekehle und setzt am Wadenbeinköpfchen an. Sowohl der Halbsehnen- als auch der Plattsehnenmuskel und der lange Kopf des Biceps femoris sind zweigelenkige Muskeln: sie beugen im Kniegelenk (deshalb werden sie Flexoren genannt) und strecken im Hüftgelenk. Nur der kurze Kopf des Biceps femoris ist eingelenkig: er beugt das Knie.

Die Flexoren machen den Großteil der Muskelmasse der Oberschenkelrückseite aus. Bei vielen Menschen in unserem Kulturkreis, vor allem bei Männern, sind sie chronisch angespannt und leicht verkürzt. Das ist der Fall, wenn es jemandem schwer fällt, sich bei durchgestreckten Beinen aus dem Stand mit dem Oberkörper vornüber sinken zu lassen, sodass die Fingerspitzen oder gar die Handflächen den Boden berühren. Die chronische Anspannung der Flexoren ist ein Verspannungsmuster, das meist aus Kindheit und Jugend herrührt und sowohl rein körperliche als auch seelische Ursachen haben kann.

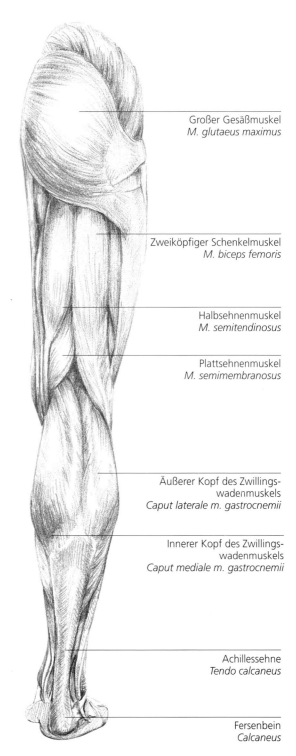

Großer Gesäßmuskel
M. glutaeus maximus

Zweiköpfiger Schenkelmuskel
M. biceps femoris

Halbsehnenmuskel
M. semitendinosus

Plattsehnenmuskel
M. semimembranosus

Äußerer Kopf des Zwillingswadenmuskels
Caput laterale m. gastrocnemii

Innerer Kopf des Zwillingswadenmuskels
Caput mediale m. gastrocnemii

Achillessehne
Tendo calcaneus

Fersenbein
Calcaneus

Bein von hinten

Die chronische Anspannung der Kniebeuger rührt von allen Bewegungsformen und Tätigkeiten her, bei denen man über einen längeren Zeitraum und immer wieder in ständiger Bereitschaft war, gleich loszulaufen und in Aktion zu treten. Deshalb findet man verkürzte Flexoren besonders häufig bei Menschen, die schon in ihrer Jugend Stop-and-go-Sportarten betrieben haben, vor allem Fußball, Basketball und Tennis.

Verkürzte Kniesehnen können aber auch Folge einer ständigen geistigen Anspannung sein. Vielleicht musste man sich in der Schule sehr anstrengen oder hat in anderen Bereichen einen starken Ehrgeiz entwickelt, besonders gute Leistungen zu erbringen. Die Verkürzung – oder andererseits die Weichheit und Dehnbarkeit – der Kniebeuger ist ein Gradmesser dafür, inwiefern jemand imstande ist loszulassen. Menschen mit verkürzten Kniesehnen neigen eher dazu, überkontrolliert und hyperaktiv zu sein; sie sind mit zig Dingen gleichzeitig beschäftigt, immer bereit, etwas Neues zu tun, schlafen schlecht ein und erinnern sich im Allgemeinen selten an ihre Träume. Das gilt vor allem für Menschen in jungen und mittleren Jahren; im Alter gibt es eine physiologische Verkürzungstendenz der Muskulatur, die nur dann ausbleibt, wenn man mit Dehnübungen und Körperdisziplinen wie Yoga und Tai Ji konsequent dagegen angeht. Bei manchen Menschen zeigt die chronische Verkürzung der Kniebeuger auch nur an, dass es in ihrer Lebensgeschichte eine Zeit gab, in der sie in ständiger Anspannung gelebt haben, und es ist durchaus möglich, dass sie mittlerweile (wieder) gelernt haben, loszulassen und sich zu entspannen.

Das Problem ist, dass einmal verklebte und verkürzte Muskelfaszien für den Rest des Lebens im Großen und Ganzen so bleiben, wie sie sind; es sei denn, man dehnt die verkürzten Muskelfaszien mit einem konsequenten und schonenden Übungsprogramm – oder mit Rolfing (siehe Seite 171) und Posturaler Integration. Die Verkürzung der Flexoren geht fast immer mit einer Verklebung der Muskelfaszien untereinander einher. An der Rückseite des Oberschenkels bedeutet das, dass die Faszien zwischen dem Halbsehnen- und dem Plattsehnenmuskel einerseits und dem Biceps femoris andererseits miteinander verklebt sind. In dem Raum zwischen diesen Muskeln fließt jedoch das Qi des Blasenmeridians. Die Funktion dieses Meridians ist Loslassen und Entspannen. Wenn also in irgendeinem Abschnitt dieses Meridians chronische Verspannungen und energetische Blockaden auftreten, wird deshalb unsere Fähigkeit beeinträchtigt, die Ereignisse des Tages loszulassen und uns wieder zu entspannen.

Der Blasenmeridian geht beidseits vom inneren Augenwinkel aus, zieht über den Kopf beidseits der Wirbelsäule den Rücken hinab, über das Gesäß und die Rückseite der Beine zur Außenkante des Fußes bis zum kleinen Zeh. Am Unterschenkel fließt er zwischen den zwei Köpfen des Wadenmuskels nach unten.

Die Folge von Energieblockaden in diesen Bereichen, die leider häufig auftreten, sind vor allem Kopf-, Nacken- und Rückenschmerzen, Hexenschuss, Ischias und Wadenkrämpfe. Die Muskeln in diesen Bereichen – insbesondere den Trapezius, die Rückenstrecker, die Kniebeuger und den Wadenmuskel – sollte man nur so weit aufbauen, als man sie durch Dehnübungen weich und geschmeidig halten kann. Ansonsten können langfristig Rückenschmerzen, Bandscheibenschäden und Ischias die Folge sein. Außerdem hat eine Zunahme der Spannung im Blasenmeridian auch psychische Auswirkungen. Die allgemeine nervöse Spannung kann zunehmen, man grübelt und macht sich viele unnötige Sorgen, nur weil der Gehirnstoffwechsel die Gewohnheit angenommen hat, Gedanken am laufenden Band zu produzieren. Es fällt schwerer, einfach abzuschalten und in seinen fünf Sinnen zu ruhen.

Die Zunahme der Spannung im Blasenmeridian – und das bedeutet die Zunahme der Spannung auf unserer Rückseite, die für das Unbewusste steht – liegt im allgemeinen Trend unserer gegenwärtigen

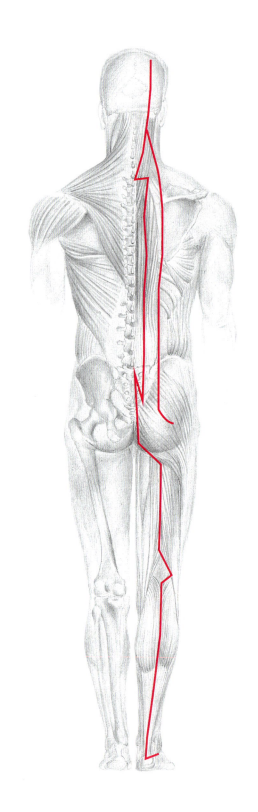

Blasenmeridian

42 | Die Beine

Zeit, weg von den Gefühlen und hin zum Kopf, weg von den fünf Sinnen und hin zur virtuellen Welt. Es ist ein Gesetz der Kulturentwicklung, dass vorübergehende kleinere Moden und Trends nur kleine Wellen im Mainstream der Kulturströmung sind, so wie Wellen des Golfstroms, die sich je nach Windrichtung immer wieder ändern, deren Wasser aber dennoch in die Richtung des Golfstroms zieht.

Man kann jetzt, zu Beginn des dritten Jahrtausends, sicherlich feststellen, dass die Menschheit in einem Prozess der Intellektualisierung und Individualisierung begriffen ist. Das bedeutet, dass wir trotz Fitnessboom, steigendem Ernährungsbewusstsein und immer neuen Wunderdiäten weniger im Körper und in den fünf Sinnen leben, als es noch unsere Großeltern taten. Das hängt auch damit zusammen, dass für die meisten Menschen die sinnlich erfassbare Welt immer eintöniger wird. Man kann es an unseren Alltagsgeräten erkennen: immer mehr Griffe und Flächen sind aus Plastik und anderem synthetischen Material, das sich steril und nichts sagend anfühlt. Wo früher Holz war und Lehm, Ton, Stroh und Eisen, ist heute eins wie das andere, alles gleich. Ganz anders erlebten das unsere Großeltern: Sie spürten, dass nicht nur jede Holzart sich eigen anfühlt, sondern dass jedes einzelne Holzstück eine eigene Maserung und Textur hat, weil jeder Baum eine Seele hat, eine unverwechselbare Identität, die natürlich gewachsen ist. Oder denken Sie an die heutige Musik: die meisten Formen der Unterhaltungsmusik entwickeln sich immer mehr zum Klangbrei, in dem Lautstärke melodische Differenziertheit ersetzt und synthetische Klänge die Vielfalt natürlicher Obertonreihen. Ich wage die Behauptung, ohne das belegen zu können, dass im 17. und 18. Jahrhundert viel mehr Menschen als heute einer vielstimmigen Melodie nicht nur mit Mühe, sondern vor allem mit Genuss folgen konnten – sonst hätten die Komponisten der damaligen Zeit wahrscheinlich nicht so viele drei- und vierstimmige Fugen geschrieben.

Auch im Bereich von Fitness, Ernährung und Gesundheit werden heutzutage Ideen gelehrt, die letztlich zu Intellektualisierung und Vereinzelung des Individuums führen, die aber nicht für wirkliches Wohlbefinden und Gesundheit im ganzheitlichen Sinne taugen. Denn den Weg zu tiefer Befriedigung am Leben selbst – am eigenen Körper, am Essen, an der Bewegung und an der Sexualität – zu lehren, ist heute ein Tabu. Der Mensch soll konsumieren, soll die Befriedigung außerhalb seines Selbst suchen, damit das Rad der Wirtschaft sich dreht. Schon ein Nullwachstum der Konsumindustrie bedeutet Katastrophe. So laufen wir weiter in dem Hamsterrad aus Konsum und Kommerz, damit es uns nicht schlechter geht. Am Grunde der Kulturströmung entdecken wir die Angst. Das Volk, das am meisten hat, hat auch am meisten Angst: die US-Amerikaner stellen 4% der Weltbevölkerung und verbrauchen 40% der Rohstoffe der Erde. Gleichzeitig haben sie am meisten vor allem Realen und Eingebildeten Angst. Das ist wissenschaftlich belegt[4] – und keine Ermutigung, bei der heute grassierenden Priorität wirtschaftlicher Ziele und Marktgesetze in der gesamtgesellschaftlichen Entwicklung bedenkenlos mitzumachen.

Nach der chinesischen Lehre ist der Sitz von Furcht und Angst die Niere und die Blase.[5] Es gibt also einen Zusammenhang zwischen der Art des Energieflusses in den Meridianen von Blase und Niere und unserer Vitalität und Sexualität einerseits und unserer Angstbereitschaft andererseits. Hier schließt sich der Kreis. Es ist gut möglich, dass diese Aspekte des Körperbewusstseins in den modernen Fitnesstempeln deswegen nicht genug beachtet werden, weil sie zum blinden Fleck der Kulturentwicklung gehören. Vielleicht fällt es gar nicht mehr weiter auf, dass die Leute immer nervöser und hektischer werden. Gerade deshalb aber ist es besonders wichtig, bei sich selbst zu beobachten, welchen ganzheitlichen Effekt die praktizierten Fitnessübungen und Ernährungsmethoden auf das eigene Leben haben.

Dehnen der Beinrückseite im Stand

Dies ist die einfachste und am häufigsten praktizierte Übung für das Dehnen dieser Region. Sie stehen mit durchgestreckten Knien, die Füße in Schulterbreite, und lassen den Oberkörper so weit wie möglich nach vorn sinken. Wenn die Rückseite der Beine und der untere Rücken entspannt und flexibel sind, können Sie den Boden leicht mit den Fingerspitzen berühren; manchen gelingt es sogar mit den Handflächen. Lassen Sie sich eine halbe Minute bis eine Minute lang hängen und stellen Sie sich dabei vor, etwaige Spannungen den Blasenmeridian entlang nach unten zur äußeren Fußkante zu atmen – und durch die kleine Zehe aus dem Körper heraus.

Wichtig ist, dass dabei auch die Nackenmuskulatur ganz entspannt ist und dass das Gewicht von Kopf und Rumpf die Dehnung langsam vollzieht. Mit einer Einatmung beginnend richten Sie sich langsam wieder auf, wobei sich das Kreuzbein zuerst aufrichtet, gefolgt von allen Wirbeln in ihrer Reihenfolge von unten nach oben und zuletzt dem Kopf. Sie spüren sich und die Beweglichkeit der eigenen Wirbelsäule am deutlichsten, wenn Sie sich im Zeitlupentempo aufrichten, was mehrere Atemzyklen dauern kann. Wenn Sie wieder ganz aufrecht sind, bleiben Sie noch einige Sekunden mit geschlossenen Augen still stehen und nehmen Sie den Innenraum des Körpers wahr.

Die Zange oder Pashimottasana

Das seit über drei Jahrtausenden bewährte System des Hatha-Yoga kennt viele Übungen zur Kräftigung der Muskulatur. Vor allem Arme und Schultern, aber auch Brust-, Bauch- und Rückenmuskeln werden durch die Asanas, die traditionellen Yogahaltungen, trainiert. Die Rückseite der Beine jedoch wird fast immer nur gedehnt, sei es durch das Sonnengebet (siehe Seite 76) oder durch Pashimottasana, auch Zange genannt.
Sie sitzen mit gestreckten Beinen und dehnen den Oberkörper mit dem Ausatmen langsam nach vorn, bis Sie, je nach Flexibilität, entweder die Fußspitzen, den Fußrücken, die Fußgelenke oder auch nur die Schienbeine zu fassen bekommen. Sie sollten sich nur so weit nach vorne dehnen, wie es ohne Schmerzen möglich ist. Als Varia-

Dehnen der Beinrückseite

tion können Sie ein Handtuch über die Fußsohlen legen, die beiden Enden mit den Händen fassen und sich daran langsam nach vorn ziehen. Bei dieser Variation dehnen Sie durch zusätzliche Krafteinwirkung, was besonders bei stark verkürzten Muskeln der Beinrückseite von Vorteil ist.

Wie in der vorigen Übung atmen Sie die Spannungen am besten entlang des Verlaufs des Blasenmeridians aus. Bleiben Sie etwa eine Minute lang in dieser Position. Der Kopf hängt dabei die ganze Zeit entspannt nach vorn. Nach einer Minute richten Sie sich langsam wieder auf.

Als Variation können Sie die Zange mit einem ausgestreckten und einem angewinkelten Bein machen, wodurch Sie sich ganz auf die Dehnung des gestreckten Beins konzentrieren können.

Fällt Ihnen diese Übung schwer, sollten Sie sie nur in aufgewärmtem Zustand durchführen und sich eventuell vorher entlang des Blasenmeridians – vom unteren Rücken über die Beinrückseite bis zum kleinen Zeh – massieren. Diese Selbstmassage geben Sie sich am besten aus dem Stand, beugen Sie sich dabei vornüber, bis Sie mit den Händen unten bei den Füßen angelangt sind.

Dehnen der Beinrückseite an der Stange

Sie stehen auf einem Bein und legen das andere auf eine Stange oder Leitersprosse, etwa in Beckenhöhe. Dann dehnen Sie die Rückseite des hochgelegten Beins auf die bei den vorigen Übungen beschriebene Art und Weise. Das Standbein ist dabei immer leicht gebeugt.

Variation: Strecken Sie mit dem Einatmen beide Arme über den Kopf, verschränken Sie die Finger ineinander und ziehen Sie die Hände, Handflächen nach oben, gen Himmel. Mit dem Ausatmen bringen Sie die Hände zu der Fußspitze des hochgelegten Beins und dehnen dabei Rücken und Bein.

Leg Curl

Dieses Fitness-Gerät dient der Kräftigung der Oberschenkelrückseite. Es ist für all jene zu empfehlen, die schwache und dünne Beine haben und die an den Oberschenkeln an Muskelmasse zunehmen möchten. Für alle anderen ist diese Maschine aus den oben beschriebenen Gründen nicht besonders nützlich, vor allem nicht mit schweren Gewichten.

Die Muskeln des Oberschenkels

Wie aus dem Gesagten hervorgeht, sind die psychosomatischen Zusammenhänge auf der Rückseite unseres Körpers, insbesondere im Bereich der Kniebeuger und der Rückenstrecker, ein komplexes Kapitel. Es ist also außerordentlich wichtig, selbst zu spüren und zu entscheiden, inwieweit man die Kniebeuger und die anderen Muskeln im Bereich des Blasenmeridians aufbaut und trainiert.

Abduktoren

Alle Muskeln, die das Bein zur Seite heben, werden Abduktoren genannt. Jeder Muskel, der an der Außenseite über das Hüftgelenk verläuft, hat eine abduzierende Wirkung auf das Bein (Abduktion ist für jeden Muskel möglich, der lateral von der vorgestellten Sagittalachse durch das Hüftgelenk verläuft – eine Sagittalachse ist jede Achse durch den Körper, die von vorn nach hinten geht).

Die kräftige Schicht der äußeren Hüftmuskeln sind zum Großteil Abduktoren. Es sind dies: die oberen Fasern des großen Gesäßmuskels (M. glutaeus maximus), der mittlere Gesäßmuskel (M. glutaeus medius) und der Spanner der Oberschenkelbinde (M. tensor fasciae latae). Von den tiefen äußeren Hüftmuskeln hat nur der kleine Gesäßmuskel (M. glutaeus minimus) eine abduzierende Wirkung; die anderen rotieren das Bein lediglich nach außen. Da die Gesäßmuskeln das Bein nicht nur abduzieren, sondern auch, je nach Lage und Verlauf der Fasern, nach innen oder außen rotieren und in der Hüfte beugen oder strecken, werden sie später im Kapitel *Po* angeführt.

Wenn man die Abduktoren trainiert, baut man alle abduzierenden Muskelfasern gemeinsam auf.

Der Spanner der Oberschenkelbinde (M. tensor fasciae latae) entspringt an der Seitenfläche des oberen vorderen Darmbeinstachels (Spina iliaca anterior superior) und verläuft vor dem großen Rollhügel (Trochanter major) schräg abwärts und nach hinten zur Oberschenkelbinde, dem Tractus iliotibialis. Die Oberschenkelbinde oder der Maissiat-Streifen, wie

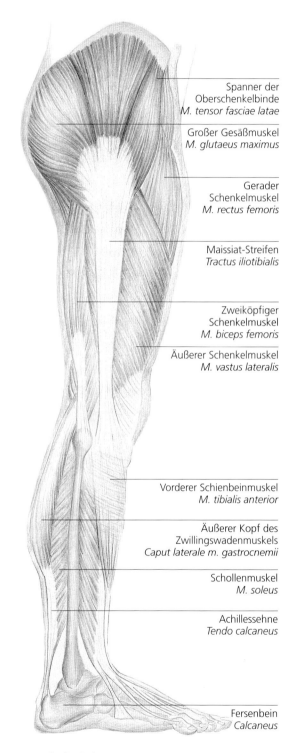

Anatomie des Beins

sie auch genannt wird, ist ein breiter und kräftiger Sehnenzug, der die Seite des Oberschenkels bedeckt, ähnlich dem Seitenstreifen einer Uniform. Dieser Sehnenzug setzt an der Außenseite des äußeren Schienbeinknorrens (Condylus lateralis tibiae) an. Er wird vom Musculus tensor fasciae latae in einer Grundspannung gehalten; wenn sich der Schenkelbindenspanner verkürzt, wird das Bein vom Schienbein her abduziert.

Auf der Seite des Körpers verläuft der Gallenblasenmeridian. Er zieht vom oberen vorderen Darmbeinstachel schräg nach hinten über die Hüfte zum großen Gesäßmuskel und von dort über die Oberschenkelbinde die Seite des Beins hinab bis zum vierten Zeh. In der chinesischen Medizin wird die Gallenblase mit unserer Tatkraft und unserem Mut, mit unserer Entschlussfreudigkeit und Handlungsfähigkeit assoziiert. Sie gehört zum chinesischen Element Holz; wenn das Holz verstreut und nicht gesammelt ist, läuft einem die Galle über.[6]

Da der Gallenblasenmeridian mit den Abduktoren in energetischer Wechselwirkung steht, stärken wir unsere Gallenblasenenergie und unser Element Holz, wenn wir die Abduktoren aufbauen und trainieren. Das heißt, wir werden dynamischer und entschlussfreudiger, tatkräftiger und mutiger.

Eine chronische Anspannung und damit einhergehende Verkürzung der Abduktoren hat O-Beine zur Folge. In diesem Falle empfiehlt es sich, das Aufbautraining der Abduktoren gänzlich zu unterlassen, da man sonst die O-Beine verstärkt (siehe auch Seite 120 f.).

Wenn Sie einen Muskel aufbauen, das heißt seine Kraft und sein Volumen vergrößern möchten, müssen Sie das Gewicht der Hanteln so wählen, dass Sie sie langsam 10- bis 15-mal heben und senken können – aber nicht öfter. Wenn Sie ein Gewicht ohne große Mühe öfter als 15-mal heben können, dient das der Kondition, nicht aber dem Aufbau des Muskels. Die Abfolge, ein Gewicht 10- bis 15-mal hintereinander zu bewegen, wird *ein Satz* genannt. Für den Aufbau eines bestimmten Muskels werden im Allgemeinen drei Sätze pro Training empfohlen. Zwischen jedem Satz macht man eine kleine Pause.

Diese Art des Krafttrainings regt im trainierten Muskel die Neubildung von Kapillaren und – in der Folge – von Arteriolen und Venolen an, wodurch die Blutversorgung und damit das Heranbringen von Bausubstanz für den weiteren Aufbau von Muskelfasern verbessert wird. Der durch das Training im Muskel gesetzte Reiz, neue Kapillaren zu bilden, hält in etwa drei Tage an. Wenn man in dieser Zeit den Muskel nicht wieder entsprechend belastet, bilden sich die neu gebildeten Kapillaren zurück und man beginnt beim nächsten Training von vorn. Für einen kontinuierlichen Muskelaufbau ist es daher sinnvoll, an jedem zweiten oder dritten Tag Krafttraining zu machen. Wie bei anderen Dingen im Leben auch haben regelmäßige kleinere Trainingseinheiten mehr Erfolg als vereinzelte Mammuttrainings mit wochenlangen Pausen dazwischen.

Stärken der Abduktoren in der Seitenlage

Sie liegen auf der Seite, den Kopf auf den am Boden liegenden Arm gelegt. Die Beine sind nicht ganz durchgestreckt, die Zehen ziehen Sie Richtung Boden, sodass das Bein leicht innenrotiert ist. Mit dem Einatmen heben Sie langsam das obere Bein, mit dem Ausatmen senken Sie es wieder, legen es aber während der gesamten Übung nie ganz auf das untere Bein ab. 10 bis 50 Wiederholungen, dann die Übung für das andere Bein durchführen.

Variation mit höherem Trainingseffekt: Gleiche Ausgangsposition. Heben Sie das Bein etwa 30 bis 40 Zentimeter hoch und beginnen Sie auf dieser Höhe zu wippen: Das bedeutet, dass Sie die Abduktoren kurz anspannen und damit das Bein etwa fünf Zentimeter heben, es gleich wieder fünf Zentimeter senken, wieder heben, wieder senken und so fort. Es erhöht die Wirkung, wenn Sie die Wippbewegungen kontrolliert ausführen. Diese Übung machen Sie anfangs eine halbe Minute für das eine Bein, eine halbe Minute für das andere, später steigern Sie die Dauer.

Dehnen der Abduktoren im Sitzen

Sie sitzen auf der Matte, das rechte Bein vor sich ausgestreckt. Stellen Sie den Fuß des angewinkelten linken Beins neben die Außenseite des rechten Knies. Fassen Sie nun das linke Knie mit den Händen und drücken es nach rechts, sodass die Abduktoren gedehnt werden. Dehnen Sie ungefähr eine Minute lang, dann wechseln Sie die Seite und dehnen die rechten Abduktoren. Diese Übung ist besonders wichtig, wenn Sie O-Beine haben oder wenn Sie die Abduktoren mit schweren Gewichten an der Maschine trainiert haben.

Abductors: Das Fitness-Gerät für die Abduktoren

Wem das Stärken der Abduktoren mit dem Eigengewicht des Beins nicht ausreicht, der kann die Abduktoren mit diesem Gerät weiter aufbauen. Sie sitzen auf dem Gerät und drücken die Beine langsam gegen den Widerstand der Gewichte so weit wie möglich auseinander. Dann halten Sie eine Sekunde die Beine gespreizt.

Lassen Sie den Druck der Gewichte die Beine langsam wieder zusammenführen – ohne dass die Gewichtsplatten einander berühren. Das Training mit diesem Gerät ist vor allem Menschen zu empfehlen, die X-Beine haben, weil die X-Beine unter anderem aus einer Abduktorenschwäche resultieren (siehe Seite 121).

Adduktoren

Die Adduktoren sind die Antagonisten der Abduktoren, das heißt, sie führen das Bein an die Körperlängsachse und an das andere Bein heran. Die meisten der Muskeln, die die Innenseite des Oberschenkels bilden und das Becken mit dem Oberschenkelknochen oder dem Schienbein verbinden, sind Adduktoren, da sie medial von der Sagittalachse durch das Hüftgelenk verlaufen (nur der Schneidermuskel und der Halbsehnen- und Plattsehnenmuskel liegen noch an der Oberschenkelinnenseite, sie haben aber keinen Kraftarm auf die Sagittalachse). Die Adduktoren schieben sich als Keil zwischen die vordere und hintere Muskelgruppe. Die Schneide dieses Keils setzt längs an der Rückseite des Oberschenkelknochens an. Die Ursprünge der Adduktoren kommen vom Sitzbein und Schambein.

Die oberste Schicht der Adduktoren besteht aus dem Kammmuskel (M. pectineus), dem langen Adduktor (M. adductor longus) und dem schlanken Muskel (M. gracilis). Die mittlere Schicht wird vom kurzen Adduktor (M. adductor brevis) gebildet, die tiefe Schicht vom großen Adduktor (M. adductor magnus), der breitflächig vom Sitzbein entspringt.

An der Innenseite des Beins ziehen drei Yin-Meridiane hoch – von der Innenkante des Fußes zum Becken und weiter über den Bauch zur Brust. Es sind dies der Leber-, der Nieren- und der Milz-Pankreas-Meridian. Die Yin-Energie ist wichtig für unsere weichen und empfänglichen Seiten. Alle drei Yin-Meridiane wirken daher entspannend und kräftigend auf die Sexualität, bei Frauen zudem regulierend auf die Menstruation und die Fruchtbarkeit. Sie reinigen und entspannen die Bauchorgane. Wenn man die Adduktoren sowohl dehnt als auch trainiert, regt man den Fluss des Qi in diesen drei Meridianen an, was einen positiven und heilsamen Effekt auf Bauch und Becken und damit auf Verdauung, Stoffwechsel, Ausscheidung und Sexualität hat.

Für Menschen mit O-Beinen ist Adduktorentraining anzuraten, da O-Beine auf eine Adduktorenschwäche bei relativ starken Abduktoren zurückzuführen sind.

Eine chronische Anspannung und damit einhergehende Verkürzung der Adduktoren hingegen führt zu X-Beinen. Wer X-Beine hat, sollte die Adduktoren nicht weiter aufbauen, da er sonst die X-Bein-Struktur festigt und verstärkt.

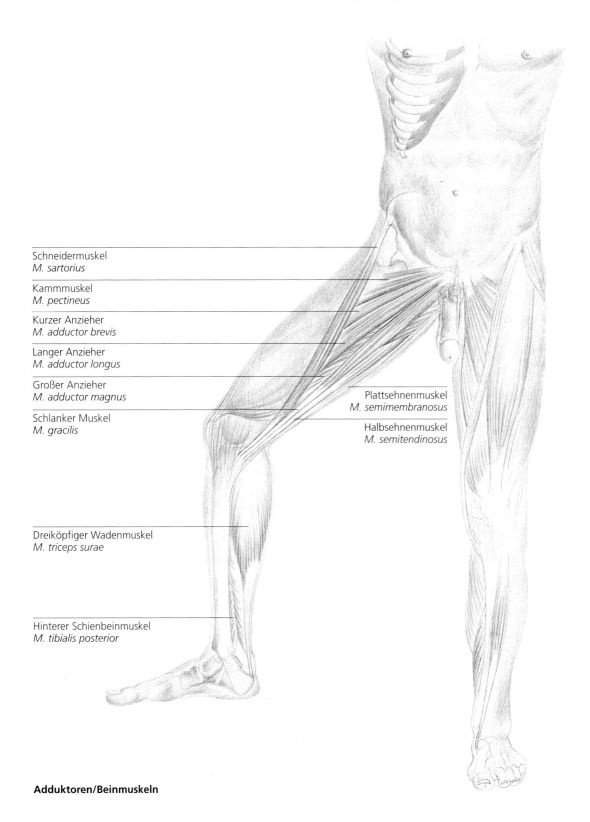

Schneidermuskel
M. sartorius

Kammmuskel
M. pectineus

Kurzer Anzieher
M. adductor brevis

Langer Anzieher
M. adductor longus

Großer Anzieher
M. adductor magnus

Schlanker Muskel
M. gracilis

Plattsehnenmuskel
M. semimembranosus

Halbsehnenmuskel
M. semitendinosus

Dreiköpfiger Wadenmuskel
M. triceps surae

Hinterer Schienbeinmuskel
M. tibialis posterior

Adduktoren/Beinmuskeln

Die Muskeln des Oberschenkels

Kräftigung der Adduktoren im Sitzen

Sie sitzen mit gestreckten Beinen auf der Matte. Stellen Sie einen Hocker oder Sessel zwischen die Füße. Legen Sie die Fußrücken an die Sesselbeine und drücken Sie diese mit den Adduktoren fest zusammen. Die Beine sind dabei im Knie nicht ganz durchgestreckt und zehn Zentimeter über dem Boden, die Hände ruhen locker auf der Innenseite der Oberschenkel. Lassen Sie erst locker, wenn Sie bis hundert gezählt haben.

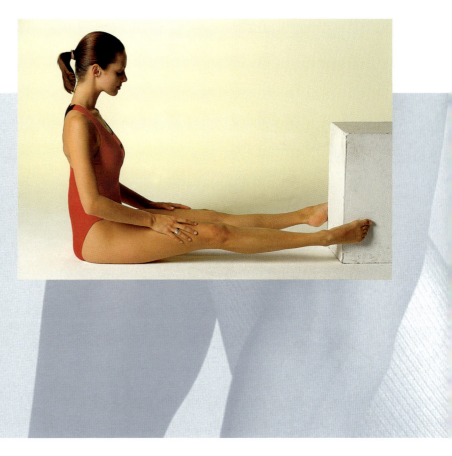

Kräftigung der Adduktoren in der Seitenlage

Sie liegen auf der Seite, den Kopf auf den am Boden liegenden Arm gelegt. Das obere Bein ist angewinkelt, das untere fast ganz durchgestreckt. Mit dem Einatmen heben Sie – mit den Adduktoren – langsam das untere Bein, mit dem Ausatmen senken Sie es wieder. 10 bis 50 Wiederholungen sind empfehlenswert. Sie können diese Übung ganz nach Belieben in schnellerem oder langsamerem Tempo durchführen.

Adductors: Fitness für die Adduktoren

Dieses Gerät ist vor allem für Menschen mit schwachen und dünnen Beinen zu empfehlen, da es die Muskelmasse der Oberschenkel erhöht.

Sie sitzen auf dem Gerät mit gegrätschten Beinen und drücken die gestreckten Beine mit dem Ausatmen gegen den Widerstand der Gewichte langsam nach innen. Wenn die Beine fast geschlossen sind, halten Sie dem Druck eine Sekunde stand. Dann öffnen Sie die Beine langsam und kontrolliert mit dem Einatmen. Nach den 10 bis 15 Wiederholungen lassen Sie die Innenseite der Beine durch die Gewichte sanft dehnen; das Dehnen sollte nur mit wenig Gewicht erfolgen.

Die Muskeln des Unterschenkels

Vorderer Schienbeinmuskel

Der vordere Schienbeinmuskel (M. tibialis anterior) entspringt an der Vorderfläche des Schienbeins und der Zwischenknochenmembran (Membrana interossea), einer Membran aus derbfasrigem Bindegewebe, die zwischen Schien- und Wadenbein gespannt ist und die beide Knochen in ihrer Stellung zueinander stabilisiert. Der Muskel ist medial von der Vorderkante des Schienbeins in der ganzen Länge des Unterschenkels zu tasten. Seine kräftige Sehne verläuft oberhalb des Innenknöchels zur Innenkante des Fußes, sie setzt am inneren Keilbein (Os cuneiforme mediale) und an der Basis des ersten Mittelfußknochens (Os metatarsale I) an. Der vordere Schienbeinmuskel hebt den Fußrücken (Extension) und den inneren Fußrand (Supination). Bei der Supination wirkt er mit dem hinteren Schienbeinmuskel zusammen.

Hinterer Schienbeinmuskel

Ebenso wie der vordere Schienbeinmuskel hat auch der hintere Schienbeinmuskel (M. tibialis posterior) für die Statik des Beins große Bedeutung. Er entspringt an der Rückfläche des Schien- und Wadenbeins und von der Zwischenknochenmembran. Im unteren Teil der Unterschenkelinnenseite, etwas oberhalb des Innenknöchels, ist er tastbar. Dort verläuft er entlang des Schienbeins und ist nur an dieser Stelle von keinem anderen Muskel bedeckt. Seine Sehne zieht unten um den Innenknöchel herum und setzt an der Fußwurzel am Kahnbein (Os naviculare) und am mittleren und äußeren Keilbein (Os cuneiforme intermedium und laterale) an. Die Ansatzstelle am Kahnbein ist die deutlich fühlbare Rauigkeit an der Innenkante des Fußes (Tuberositas ossis navicularis).

Der hintere Schienbeinmuskel unterstützt das Senken des Fußrückens (Plantarflexion) und hebt die Innenkante des Fußes (Supination). Er ist an der Stützung des Fußlängs- und -quergewölbes beteiligt.

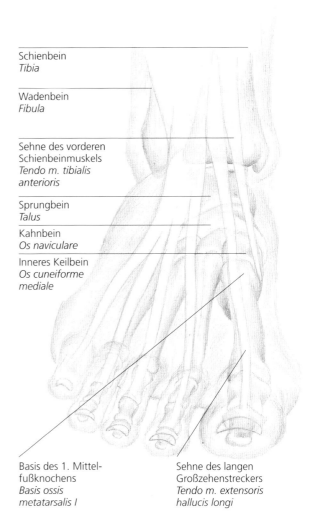

Schienbein
Tibia

Wadenbein
Fibula

Sehne des vorderen Schienbeinmuskels
Tendo m. tibialis anterioris

Sprungbein
Talus

Kahnbein
Os naviculare

Inneres Keilbein
Os cuneiforme mediale

Basis des 1. Mittelfußknochens
Basis ossis metatarsalis I

Sehne des langen Großzehenstreckers
Tendo m. extensoris hallucis longi

Skelett des Fußes

Für die Abbildung des vorderen Schienbeinmuskels siehe die Anatomiezeichnungen des Beins von vorne (bei der Beschreibung des vierköpfigen Schenkelmuskels) und von der Seite (bei der Beschreibung des Spanners der Oberschenkelbinde) weiter oben. Die Ansatzsehne am inneren Keilbein und an der Basis des ersten Mittelfußknochens wird in der folgenden Abbildung dargestellt.

Langer Wadenbeinmuskel

Der lange Wadenbeinmuskel (M. peronaeus longus) entspringt vom Kopf (Caput fibulae) und den oberen zwei Dritteln der Außenfläche des Wadenbeins, außerdem noch von den derben Bindegewebsfaszien (Septa intermuscularia und Fascia cruris), die die Loge der Peronaeusgruppe bilden. Seine kräftige Sehne zieht hinten und unten um den Außenknöchel herum, verläuft quer über die Fußsohle zur Innenkante des Fußes und setzt am inneren Keilbein (Os cuneiforme mediale) und an der Basis des ersten Mittelfußknochens (Os metatarsale I) an.

Der lange Wadenbeinmuskel wirkt am Senken des Fußrückens (Plantarflexion) mit und hebt, zusammen mit dem kurzen Wadenbeinmuskel, die Außenkante des Fußes (Pronation). Durch seinen Verlauf quer über die Fußsohle hat er eine wichtige Funktion bei der Aufrechterhaltung des Quer- und Längsgewölbes des Fußes.

Kurzer Wadenbeinmuskel

Der kurze Wadenbeinmuskel (M. peronaeus brevis) entspringt von den unteren zwei Dritteln der Außenseite des Wadenbeins und von den oben beschriebenen Muskelscheidewänden. Er ist in seinem Verlauf meist vom langen Wadenbeinmuskel bedeckt. Seine Sehne zieht ebenfalls hinten und unten um den Außenknöchel herum und setzt an der Rauigkeit des fünften Mittelfußknochens (Tuberositas ossis metatarsalis V) an. Gemeinsam mit dem langen Wadenbeinmuskel hebt er die Außenkante des Fußes (Pronation).

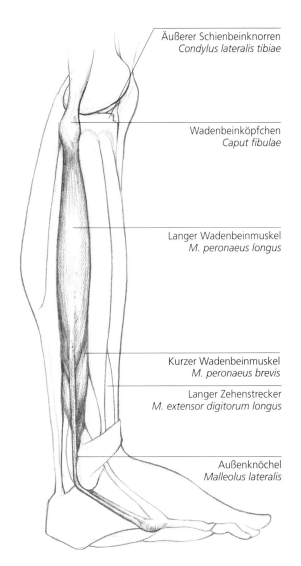

Muskeln des Unterschenkels

Dreiköpfiger Wadenmuskel

Die Wade besteht aus dem zweiköpfigen Wadenmuskel (M. gastrocnemius) und dem Schollenmuskel (M. soleus), gemeinsam bilden sie den dreiköpfigen Wadenmuskel (M. triceps surae). Der M. gastrocnemius entspringt mit seinen beiden Köpfen von der Rückseite der Knorren (Condylen) des Oberschenkelknochens. Der Schollenmuskel entspringt an der Rückfläche des Schienbeins, dem Köpfchen und den oberen zwei Dritteln des Wadenbeins. Beide Muskeln vereinigen sich zur Achillessehne (Tendo calcaneus), die am Fersenbeinhöcker ansetzt.

Der zweiköpfige Wadenmuskel ist ein zweigelenkiger Muskel: er beugt im Knie und hebt die Ferse. Er gibt der Wade die charakteristische geschwungene Form, deshalb wird er von allen Muskeln des Unterschenkels am meisten trainiert. Der Schollenmuskel ist nur eingelenkig, er hebt die Ferse.

Zwischen den zwei Köpfen des Wadenmuskels fließt der Blasenmeridian, der ab der Mitte des Unterschenkels am Außenrand der Achillessehne entlang abwärts zum Fersenbein und über die Außenkante des Fußes zum kleinen Zeh zieht. Verspannungen im Wadenmuskel können zu einer Blockade des Qi-Flusses im Blasenmeridian führen. Die psychischen Auswirkungen dieser Blockade wurden schon im Zusammenhang mit den Flexoren des Oberschenkels angesprochen.

Verspannungen des Wadenmuskels und Druckschmerz der Punkte des Blasenmeridians schon bei leichter Berührung deuten bei vielen Menschen darauf hin, dass sie ihre Gefühle und ihr Verhalten mehr als nötig kontrollieren, dass sie mental überaktiv sind und dass sie sich schwer tun, zu entspannen und sich gehen zu lassen. Daher ist es beim Aufbau des Wadenmuskels, genauso wie bei den Kniebeugern, wichtig, den Muskel nach dem Training durch abschließende Dehnübungen wieder zu entspannen, um ein langsam und subtil entstehendes Anspannungs- und Aktivitätsmuster des Geistes zu verhindern.

Dehnen der Schienbeinmuskeln

Sie können diese Muskeln in fast jeder Lage dehnen – im Stehen, Sitzen oder Liegen. Im Stehen verlagern Sie das Gewicht auf ein Bein und heben die Außenkante des Fußes des Spielbeins langsam und möglichst weit nach oben, etwa 50- bis 100-mal. Wenn Sie O-Beine haben und diese unter anderem durch das Dehnen der Schienbeinmuskeln korrigieren möchten, sollten Sie dies mehrmals täglich tun.

Kräftigen der Schienbeinmuskeln

Das Kräftigen der Schienbeinmuskeln ist zur Korrektur von X-Beinen wichtig. Dies gelingt durch alle Sportarten, bei denen die Füße über einen längeren Zeitraum vielfältige und variationsreiche Pronations- und Supinationsbewegungen ausführen. Die geeignetsten Sportarten sind Joggen in unebenem Gelände, Inlineskating, Skifahren, Surfen, Windsurfen, Reiten und alle Ballspiele, vor allem Fußball und Tennis.

Dehnen der Peronaeusgruppe

Ebenso wie die Schienbeinmuskeln kann man die Peronaeusgruppe im Stehen, Sitzen oder Liegen dehnen. Im Stehen verlagern Sie das Gewicht auf ein Bein und heben die Innenkante des Fußes des Spielbeins langsam und möglichst weit nach oben, etwa 50- bis 100-mal. Wenn Sie X-Beine haben, sind diese Muskeln meist chronisch verkürzt. In diesem Falle ist es ratsam, diese Muskeln mehrmals täglich zu dehnen.

Kräftigen der Peronaeusgruppe

Das Kräftigen der Wadenbeinmuskeln ist zur Korrektur bei O-Beinen wichtig. Auch sie werden durch alle Sportarten gekräftigt, bei denen die Füße vielfältige und variationsreiche Pronations- und Supinationsbewegungen ausführen. Die geeignetsten Sportarten sind Joggen in unebenem Gelände, Inlineskating, Ski fahren, Surfen, Windsurfen, Reiten und Ballspiele.

Dehnen des Wadenmuskels

Die Dehnung des Wadenmuskels ist vor allem für Menschen wichtig, die eine chronisch verkürzte Achillessehne haben. Viele Frauen, die jahrelang in Stöckelschuhen gegangen sind, haben eine verkürzte Achillessehne und sollten daher den Hauptakzent auf die Dehnung legen.

Sie stellen sich im mittleren Ausfallschritt hin, das hintere Bein ist gestreckt. Die Fußsohlen bleiben während der ganzen Übung auf dem Boden, damit die Dehnung erfolgt. Die Hände sind locker auf dem Oberschenkel des anderen Beins abgestützt. Den Körper langsam nach vorn bewegen, bis Sie eine Spannung im Wadenmuskel spüren. Dann den Wadenmuskel Millimeter für Millimeter nach vorne dehnen. Bleiben Sie ungefähr eine Minute in dieser Position,

Dehnen des Wadenmuskels

machen Sie nun die Übung für das andere Bein.

Sie können die Wadenmuskulatur auch einfach auf der Bordsteinkante, auf einer erhöhten Türschwelle, auf Treppenstufen oder auf den Gewichtsscheiben im Fitnesscenter dehnen. Lassen Sie dabei das Eigengewicht des Körpers auf den Wadenmuskel einwirken.

Kräftigen des Wadenmuskels an der Treppenstufe

Sie stellen sich wie bei der vorhergehenden Dehnung mit den Fußspitzen auf eine Stufe, eine Türschwelle oder eine Bordsteinkante. Lassen Sie auch hier das Eigengewicht des Körpers die Wadenmuskeln zuerst dehnen. Heben Sie nun den aufrechten Körper mit dem Ausatmen und senken ihn wieder mit dem Einatmen. Je nach Kondition und gewünschtem Effekt heben Sie den Körper mit den Wadenmuskeln 20- bis 100-mal. Wichtig dabei ist, dass Sie die Wade nach der Kräftigung ungefähr eine halbe Minute lang dehnen.

Calfraise

Menschen, die die Waden weiter aufbauen möchten, zum Beispiel weil sie dünne und schwache Beine haben, kann dieses Gerät empfohlen werden. Es funktioniert nach dem gleichen Prinzip wie die vorhergehende Übung, nur wird der Trainingseffekt dadurch vergrößert, dass man zusätzlich noch Gewichte auf den Schultern trägt.

Bei modernen, verbesserten Geräten sitzt man beim Aufbau der Waden und trägt das Gewicht auf den Knien, wodurch die Wirbelsäule nicht zusätzlich belastet wird.

Der Po

Die Tabus, die es in unserer Gesellschaft in Bezug auf die Sexualität gibt, haben sich, was den Po anlangt, interessanterweise mehr im sprachlichen als im optischen Bereich gehalten. Auf vielen Plakatwänden und in vielen Werbespots sieht man entblößte Hintern, aber wenn man einen Vortrag hält oder ein Buch schreibt, ist das Wort „Hintern" oder „Po" schon fast zu anstößig. Was soll man dann sagen? „Gesäß" vielleicht? Das kommt von sitzen und eignet sich höchstens für die Beschreibung eines bürokratischen Beckens, drückt aber in keiner Weise die Kraft und Dynamik des Hinterteils aus.

Das Wort „Becken" ist angenehm neutral und unbelastet, jedoch ist es erstens ein zu umfassender Begriff, weil es die Genitalregion mit einschließt, und bezieht sich zweitens vor allem auf das knöcherne Skelett. Das wiederum ist kaum Thema dieses Buches und außerdem in der Analogie nicht ganz richtig, schließlich spreche ich bei der Brust ja auch nicht vom Brustkorb, um das Wort „Brust" zu vermeiden. In einigen Büchern wird der Tatbestand durch das Wort „Hüfte" umschrieben, doch das ist ebenfalls ein Ausweichen, denn Hüfte ist die Bezeichnung für die seitliche Beckenregion.

Wenn ich ganz unverfänglich und unanfechtbar sein wollte, müsste ich in diesem Kapitel von der „hinteren Beckenregion" sprechen, aber das ist etwas umständlich und lang. Dann gibt es noch die „Analregion", ein wissenschaftlicher und vor allem psychoanalytisch korrekter Begriff. Und schließlich kennen wir den kindlichen „Popo". Schon dieser kleine Ausflug in das sprachliche Dilemma führt anschaulich vor Augen, wie schwer es ist, den Po in Worte zu fassen.

Gemeinsam mit der Form der Beine spiegelt unser Po die Art und Weise wider, wie wir uns durchs Leben bewegen und wie wir von einem Ort zum anderen gelangen. Die Kraft und Form des Pos sagen etwas aus über die Dynamik eines Menschen, über seine Selbstständigkeit, über seine Fähigkeit, loszulassen und sich gehen zu lassen, und über seine Sexualität.

Der Po wird hauptsächlich von Muskeln gebildet, die die Hüfte strecken. Diese Muskeln leisten die Hauptarbeit unserer Fortbewegung, unseres Gehens oder Laufens; von ihrer Kraft hängt es ab, wie ausgreifend unsere Schritte sind und ob wir lange und beschwerliche Wege gehen können, um zu einem ersehnten Ziel zu gelangen. Lauftiere, wie zum Beispiel Pferde, die hohe Hindernisse bewältigen können, haben ein rundes und kraftvolles Hinterteil. Menschen, die viel gehen und wandern, die Fußball, Basketball oder Tennis spielen, brauchen die Gesäßmuskeln nicht eigens zu trainieren, denn sie haben einen kräftigen Po, nicht ein kraftvolles „Gesäß" – vom Sitzen kriegt man keine Kraft im Hintern.

Der Po ist in seiner Form und Dynamik mit den Beinen eng verbunden, da die Gesäßmuskeln erst im Zusammenspiel mit den Beinmuskeln das Gehen und Laufen ermöglichen. Ob man mit beiden Beinen im Leben steht und ob man „seinen Mann stehen" kann, ohne sich auf andere zu stützen, hängt, physiologisch und auch im übertragenen Sinne, vom Zusammenwirken von Po und Beinen ab.

Im Yoga gibt es die Lehre von den Chakren – das sind sieben Energiezentren entlang der Wirbelsäule, von der Steißbeinspitze bis zum Scheitelpunkt des Kopfes. Die Chakren werden von Leuten, die sie sehen können, als verschiedenfarbig rotierende Energiewirbel beschrieben; ihre Farben und die Schnelligkeit ihres Kreisens und Wirbelns werden als energetische Grundmuster angesehen für das, was wir als Gefühle und Gedanken, Impulse und Taten wahrnehmen. Die fünf Chakren entlang der Wirbelsäule stehen jeweils mit einem Nervengeflecht in Verbindung, wie zum Beispiel dem Solarplexus oder dem

Plexus cardiacus, die zwei Chakren des Kopfes sind mit der Hypophyse und der Zirbeldrüse verbunden. Jedes Chakra ist das energetische Zentrum einer von sieben Ebenen oder Bereichen des Körpers, der Seele und des Geistes: jeder Ebene werden bestimmte physiologische Funktionen, charakterliche Eigenschaften und Verhaltensweisen, Wahrnehmungsmöglichkeiten und Gefühle, sowie Gedanken und Impulse zugeordnet.

In der Nähe der Steißbeinspitze befindet sich das unterste oder erste Chakra, das Muladhara genannt wird. Es ist das Energiezentrum, welches unsere Verbindung zur Erde aufrechterhält. Die Erdung – der energetische Kontakt zur Erdkraft – erfolgt vor allem über zwei Punkte des Körpers. Einer liegt in der Mitte der Fußsohle, in der Vertiefung im Winkel zwischen den Zehenballen. Die Chinesen nennen diesen Punkt Yongquan, das heißt sprudelnde Quelle. Er ist der erste Punkt des Nierenmeridians und wird deshalb auch als Niere 1 (N1) bezeichnet.[7] Die Verbindung zur Erde kann aufrechterhalten werden, wenn man barfuß über die Erde geht. Bis zu einem gewissen Grad kann dies auch noch durch natürliche Materialien gelingen, wie beispielsweise durch Ledersohlen. Synthetische Materialien und Zement reduzieren den Kontakt zur Erde gewaltig. Der andere Punkt liegt im Zentrum des Damms oder Perineum. Er heißt Huiyin, Tempelfest des Yin, Hauptstadt des Yin oder Ren 1. Ihn kann man aktivieren, indem man mehrmals täglich die Beckenbodenmuskulatur anspannt und wieder loslässt. Eine taoistische Regel besagt: den Damm mit dem Einatmen anspannen und hochziehen, ihn mit dem Ausatmen wieder loslassen. Wie oft? Einmal für jedes Lebensjahr.

Wenn jemand die Verbindung zu Mutter Erde hat, ruht er in sich und fühlt sich in seinem innersten Kern selbstständig und autonom. Nicht autark, aber autonom, denn die Welt ist so überbevölkert und unsere Lebensbedingungen sind so komplex geworden, dass fast alle Menschen wirtschaftlich von anderen abhängen und ihrerseits für das Überleben von anderen wichtig sind.

Autonom sein bedeutet, dass man keinen Führer braucht, um sich zu orientieren, dass man keinen Priester braucht, um mit Gott zu kommunizieren, und dass man keine Partei, keinen Verein und keine Kirche braucht, um sich ein Ich von der Stange zu besorgen. Autonom sein heißt auch, dass man Wissen und Erfahrung von anderen aufnehmen und assimilieren kann, ohne sich in seiner Identität bedroht zu fühlen. Man kann den Reden eines Führers oder Gurus lauschen und sich das herausnehmen, was einem selbst wesentlich erscheint. Man kann an einer Zeremonie und an einem Ritual teilnehmen, an einer Messe, einem Freitagsgebet in der Moschee oder einer buddhistischen Meditation, um sakrale Gefühle mit anderen zu teilen und gemeinsam zu erfahren. Aber wenn man selbstständig und autonom ist, braucht man das alles nicht unbedingt, um sich heil und ganz zu fühlen. Man ist dankbar für die Anregungen, aber man ist nicht abhängig davon. Die eigene persönliche Welt geht nicht unter, wenn die Partei oder Kirche nicht mehr existiert.

Da ein funktionierendes erstes Chakra für einen Menschen Autonomie bedeutet und da der Mechanismus menschlicher Gesellschaften seit Beginn der Kulturgeschichte vor allem darin besteht, dass eine große Mehrheit auf vielfältige und mit den Zeiten wechselnde Art und Weise von einer kleinen Minderheit abhängig ist, ist der Po – sozusagen als autonomer Regierungssitz – ein heiß umkämpftes Gebiet.

Es ist ein in der Psychoanalyse offenes Geheimnis, dass die Sauberkeitserziehung des Kleinkinds mehr der Unterwerfung und Zivilisierung desselben gilt als dem Vermeiden von Kotspuren und Geruchsbelästigung. Man selbst ist von den Eltern und Großeltern dazu gezwungen worden, seine Triebe und Regungen zu unterdrücken, man selbst ist zu blindem Gehorsam gegenüber den Regeln der Zivilisation erzogen worden (erziehen kommt von ziehen, nicht von entfalten), warum sollen es dann die eigenen Kinder besser haben?

Um einen Menschen gefügig zu machen, muss man seine Verbindung zur Erde beschneiden und so die Funktion seines ersten Chakra blockieren. Das gesunde Funktionieren eines Körperbereichs wird durch chronische Verspannungen in dieser Region behindert. Vor allem die mit diesem Körperbereich und Chakra zusammenhängenden feineren Funktionen werden durch Gefühle von Scham und Schuld, von Pflicht und Zwang und den damit einhergehenden chronischen Muskelspannungen stark beeinträchtigt und blockiert. Eine Sauberkeitserziehung, die einsetzt, bevor das Kind achtzehn Monate alt ist – das heißt, bevor seine Analschließmuskeln voll entwickelt und funktionsfähig sind – bewirkt, dass das Kind bei dem Versuch, den an es gestellten Anforderungen gerecht zu werden und den Stuhlgang willentlich zu unterdrücken, alle möglichen Muskeln des Beckens und des Rückens anspannt, manchmal auch den Kiefer und die Beine, aber nicht den Schließmuskel, denn das kann es noch gar nicht. Auf diese Weise entwickelt das Kind einen Muskelpanzer vor allem im Po und im unteren Rücken. Es gewöhnt sich daran, den Großteil der Bauch- und Beckenmuskeln auf einmal und undifferenziert anzuspannen, wenn es sich entleeren muss. Die dadurch entstehende Muskelpanzerung vermindert wirkungsvoll die Empfindungsfähigkeit insbesondere der angenehmen Gefühle, die vom Becken her kommen.

Mit der traditionell, vor allem bis in die Fünfzigerjahre allgemein und jetzt in unseren Breiten nur mehr vereinzelt praktizierten rigiden Form der Sauberkeitserziehung hat die Gesellschaft ein erstes Ziel erreicht. Das neue Individuum hat in gewisser Weise den Schwanz eingezogen. Der sich entwickelnden Autonomie ist damit ein erster Riegel vorgeschoben. Schule und Erziehung werden ihr Übriges dazutun.

Natürlich geht es hier um Strukturen des kollektiven Unbewussten einer Gesellschaft, für die keine Einzelpersonen haftbar gemacht werden können, die diese Mechanismen der Unterwerfung erfunden und ersonnen hätten. Kulturen haben sich so entwickelt, indem sie dem Machtstreben Einzelner gehorchten, die es verstanden, sich eine privilegierte Stellung zu verschaffen. Es ist die Aufgabe jedes Einzelnen festzustellen, ob er sich autonom fühlt oder ob er beherrscht wird, und wann es Zeit wird, gegen herrschende Strukturen und Zwänge anzugehen, die Lebensraum und Lebensqualität beschneiden. Die Mechanismen der Macht sind heute sehr subtil geworden und für den Einzelnen schwer zu durchschauen. Früher waren die Machtverhältnisse offener dargelegt, man hörte von dem König oder Fürsten, der auf seinem Pfauenthron saß und vom goldenen Teller aß. Heute gibt es viele scheindemokratische Strukturen, viele abstrakte Monster, Regierungsapparate und Konzerne, in denen Macht ausgeübt wird, in denen aber auch Insider Schwierigkeiten haben zu wissen, wer eigentlich an welchem Hebel sitzt.

Die Frage nach der psychosomatischen Bedeutung unserer verlängerten Rückseite hat uns also rasch mit einem kulturellen Tabuthema konfrontiert: mit der Frage, wer heutzutage in unserer Gesellschaft die wirkliche Macht in Händen hält und wie weit die persönliche Freiheit und Autonomie des Einzelnen geht. Man denke daran, dass man den Zeitpunkt des eigenen Todes nicht wählen kann, ohne Gefahr zu laufen, von der Gesellschaft diskriminiert und, wenn man es ungeschickt anstellt, sogar zwangsweise in die Psychiatrie eingewiesen zu werden. Man denke daran, dass auch die Wahl des eigenen Bewusst-

seinszustands nicht frei ist und dass jemand, der für seine eigene Bewusstseinserweiterung psychedelische Substanzen zu sich nimmt, vom Strafgesetzbuch als Krimineller behandelt wird, der anderen Schaden zufügt, genauso wie jemand, der raubt und stiehlt.

Kraft und Form des Pos sagen etwas darüber aus, wie ein Mensch seinen eigenen Weg gehen kann, wie sehr er in sich ruht und wie autonom er wirklich ist. Deshalb sehen Frauen Männern, wenn sie sie als Gesamterscheinung attraktiv finden, vor allem auf den Po – nicht nur, weil die sexuelle Kraft im Becken wohnt, sondern auch, weil die Form des Pos viel aussagt über die Fähigkeit zum Überleben, die Selbstständigkeit und die Eigendynamik einer Persönlichkeit. Diese drei Eigenschaften sind Funktionen des ersten Chakra und werden in der indischen Chakrenlehre als eng verbunden mit denen des zweiten Energiezentrums – Sexualität und grundlegende Beziehungsmuster zu anderen Menschen – gesehen. Da die Frauen in den letzten dreißig Jahren große Schritte in Richtung beruflicher und persönlicher Autonomie unternommen haben, ist es auch nicht verwunderlich, dass sich die Bauch-Bein-Po-Stunden der Fitnesscenter so großer Beliebtheit gerade bei Frauen erfreuen.

Man kann fünf Hauptformen des Beckens unterscheiden. Zunächst einmal die Idealform: ein schön gerundeter, fester und knackiger Po. Zwei andere Grundformen werden durch den Neigungswinkel des Beckens in Bezug auf die Längsachse des Körpers definiert: es handelt sich um ein entweder nach oben oder zu stark nach vorn und unten geneigtes Becken – einen Flachrücken und ein Hohlkreuz. Die vierte Form entsteht durch eine chronisch angespannte und zusammengekniffene Gesäßmuskulatur; die fünfte durch einen ein- und hochgezogenen Beckenboden.

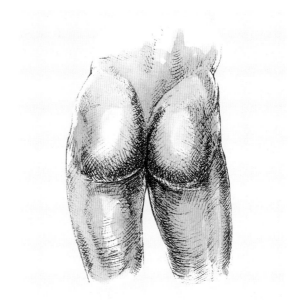

Schön gerundeter Po

Die Idealform: ein schön gerundeter Po

Sieht man einen solchen Po unvermutet, verschlägt es einem oft erst einmal die Sprache. Da zeigt sich die Tragik des Menschen, dass er über die wirklich schönen Dinge im Leben kaum etwas zu sagen weiß.

Zu stark nach oben und hinten geneigtes Becken

Diese Stellung entsteht durch einen Mangel an Spannung und energetischer Ladung im Becken, in den Beinen und im unteren Rücken. Durch einen verminderten Tonus der Rückenstrecker im Lendenbereich kommt es zu einem Verlust der physiologischen Lordose: der untere Rücken ist flach, Po und Rücken bilden eine mehr oder weniger gerade Linie. Durch Schwäche oder Überdehnung des Iliopsoas und des Quadrizeps kann sich das Becken vollends aufrichten. Das Gesäß ist ebenfalls flach und eingedrückt,

Zu stark geneigtes Becken

man bekommt das Gefühl, dieser Mensch habe „den Schwanz eingezogen".

Das nach oben geneigte Becken ist meist ziemlich schmal und unterentwickelt. Oft sind die Beine, die dieses Becken tragen, dünn und steif und nicht zu kraftvoller und ausdauernder Bewegung imstande. Menschen mit einem flachen Gesäß und schwachen Beinen sind oft wenig geerdet und brauchen andere, um sich auf sie zu stützen.

Diese Stellung des Beckens bedingt auch eine Verringerung der sexuellen Energie. In der traditionellen chinesischen Medizin wird die Niere als Ursprung sexueller Lust und Vitalität betrachtet. Die Niere steht vor allem mit zwei Muskeln in enger energetischer Verbindung: mit dem Iliopsoas und mit dem Lendenteil der Rückenstrecker. Beide Muskeln sind bei dieser mangelnden Neigung des Beckens zu schwach und überdehnt, was einen Rückschluss auf die mit ihnen verbundene energetische Konstitution der Niere erlaubt.

Menschen mit dieser Beckenstellung leiden daher häufig unter einem Mangel an Libido und sexueller Kraft. Für einen solchen Menschen ist die erotische Begegnung vor allem eine Form des Gefordertseins und der Leistung. Sie tauchen nicht so sehr in Gefühle der Leidenschaft und Hingabe ein – kein Wunder, wenn die energetische Grundlage dafür fehlt. Vieles in ihrer Erotik und Sexualität wird vom Kopf gesteuert, der versucht, seine meist bildlichen Vorstellungen von sexueller Energie und Leidenschaft in die Tat umzusetzen und Wirklichkeit werden zu lassen. Daher sind sie in der Liebe oft mehr damit beschäftigt, den Akt reibungslos durchzuziehen, um nicht als Versager dazustehen, als dass sie des Meeres und der Liebe Wellen genießen könnten. Die Wahrheit aber ist: entweder man hat die Kraft in den Lenden – oder man hat sie eben nicht. Man kann sie jedoch gewiss trainieren.

Ein flaches und eingedrücktes Gesäß ist häufig ein konstituierendes Merkmal einer Persönlichkeitsstruktur, die in der psychologischen Literatur[8] masochistischer Charakter genannt wird (siehe Seite 140). Dieser entsteht in jener Lebensphase, in der das Kleinkind zu krabbeln und die Welt zu erforschen beginnt. Er ist das Produkt einer erdrückend überfürsorglichen Umgebung, die den Bewegungsspielraum des Kindes durch Gebote und Verbote ununterbrochen einengt. Der masochistische Typ hat einen flachen und eingezogenen Po, die Gesäßmuskeln sind verkrampft, die Beine oft nach außen gedreht – was von einer chronischen Verkürzung der tieferen Gesäßmuskulatur, deren Funktion die Außenrotation des Beins ist, verursacht wird. Die Beinmuskeln haben vor allem gelernt, Bewegungsimpulse festzuhalten; die Beine sind daher meist plump und unbeweglich. Besonders die Kniebeuger sind angespannt und verkürzt; dadurch ziehen sie, von ihren Ursprüngen am Sitzbein her, den Po nach unten und richten das Becken zu sehr auf. Das Ergebnis ist das weit nach oben geneigte Becken, das Einbehalten von sexuellen Emp-

findungen und Impulsen und deren Kompensation durch Liebsein und Essen.

Der masochistische Charakter ist auf unterwürfige Art und Weise höflich und zuvorkommend und sabotiert dafür hinten herum. Diese Menschen bieten gerne Hilfeleistungen an, manchmal drängen sie sich förmlich auf, aber man fühlt sich dabei nicht ganz wohl in seiner Haut, weil die dadurch geschaffene Beziehung etwas Unaufrichtiges hat und auch etwas schwammig Verpflichtendes, man weiß nicht genau, woran man ist.

Da das nach oben und hinten gekippte Becken nur eine Komponente im allgemein zusammengepressten und unbeweglichen Körper des masochistischen Charakters darstellt, wird er, auch mit seinen erfreulicheren Seiten, noch eingehender und genauer im Kapitel über die Körpertypen beschrieben.

Um ein zu stark nach hinten und oben gekipptes Becken wieder in die richtige Neigung zu bringen, ist es wichtig, alle Muskeln zu kräftigen, die die physiologische Lordose im Lot halten: das sind die unteren Rückenstrecker, der Lendenmuskel, der Spanner der Oberschenkelbinde und der gerade Schenkelmuskel.

Die Rückenstrecker trainiert man am einfachsten mit den Asanas *Heuschrecke* (siehe Seite 87) und *Kobra* (siehe Seite 76). Diese zwei Übungen sind im Allgemeinen ausreichend, um die Rückenstrecker zu kräftigen.

Zusätzlich gibt es in den meisten Fitnesscentern zwei Geräte für das Training dieser Muskeln. Diese Geräte sind nur bei zwei Arten von Körperstrukturen empfehlenswert: entweder bei einer allgemein unterentwickelten und schwächlichen Muskulatur, wie sie später im Zusammenhang mit dem oralen Charakter beschrieben wird (siehe Seite 136 f.), oder bei einem Flachrücken mit dem soeben dargestellten zu stark nach hinten geneigten Becken.

Lower Back

Sie sitzen vornübergebeugt, die Rolle, die mit den Gewichten verbunden ist, im Rücken. Mit dem Ausatmen richten Sie den Oberkörper langsam auf, mit dem Einatmen lassen Sie sich wieder langsam von der Rolle nach vorne drücken. 15 Wiederholungen, 3 Sätze. Dieses Gerät ist bei einem Hohlkreuz absolut kontraindiziert, weil es die Lordose verstärkt.

Die zweite Vorrichtung für das Training der Rückenstrecker ist ein barrenähnliches Gerät, auf dem man in der Waagrechten mit dem Gesicht nach unten liegt, wobei die Füße hinten eingehakt werden, um Halt zu geben. Das Becken liegt auf, der Oberkörper hängt nach unten Richtung Boden. Mit dem Einatmen richten Sie sich langsam bis zu einer waagrechten Position auf, mit dem Ausatmen lassen Sie sich wieder langsam vornüber sinken. Diese Übung wiederholen Sie so oft, wie Sie sie als ausreichend und stärkend empfinden – das ist bei diesem Gerät individuell sehr unterschiedlich.
Eine Variation dieser Übung sind kurze kontrollierte, wippende Bewegungen, die man auf diesem Gerät aus der waagrechten Position ausführt.

Zu stark nach unten geneigtes Becken oder Hohlkreuz

Diese Stellung des Beckens entsteht durch ein Übermaß an Spannung im Becken und unteren Rücken und ist vor allem durch die Verkürzung verschiedener Bein- und Rückenmuskeln, wie zum Beispiel der Rückenstrecker, des Lendenmuskels und des geraden Schenkelmuskels, bedingt. Diese Muskeln werden im Kapitel über das Hohlkreuz einzeln in ihrer Funktionsweise beschrieben, dort finden Sie auch Dehnübungen, um die übertriebene Beckenneigung wieder zu verringern.

Eine der Ursachen für ein Hohlkreuz ist ein chronisch entzündeter Darm, da sich der Bauchraum vergrößert, wenn das Becken nach unten gekippt wird und dadurch weniger Reibungsdruck auf die Eingeweide ausgeübt wird. In diesem Fall muss der Darm geheilt werden, damit sich das Becken wieder aufrichten kann, ohne – meist unter der Bewusstseinsschwelle liegende – Schmerzen zu verursachen (siehe Seite 17).

Eine andere Ursache ist eine Erhöhung sexueller Energie mit dem gleichzeitigen Einbehalten sexueller Empfindungen und oft auch der Unfähigkeit, tiefe orgiastische Entspannung zu finden. In der Folge tendieren solche Menschen dazu, sehr sinnlich und gefühlsorientiert zu sein; sie sind meist sexuell ausgesprochen aktiv und suchen erotische Begegnungen, können sich aber in der Liebe nicht voll hingeben und entspannen. So sehr sie einerseits Sexualität schätzen und suchen, so sehr haben sie auch Angst, die Kontrolle aufzugeben und sich den mächtigen Gefühlen der Leidenschaft hinzugeben, die in ihrem Bauch und Becken verborgen sind.

Diese grundlegende Einstellung zur Sexualität und das damit einhergehende Hohlkreuz kennzeichnen vor allem den rigiden und den hysterischen Charakter, zwei Persönlichkeitsstrukturen, die im Kapitel *Körpertypen* beschrieben sind (Seite 143 ff.).

Der zusammengekniffene Po

Diese Form des Beckens entsteht, wenn die Gesäßmuskeln – vor allem der M. glutaeus maximus und medius – zusammengepresst und chronisch zusammengehalten werden. Die Pobacken weisen beidseits eine tief eingezogene Delle auf.

Der zusammengekniffene Po ist ein Muster analer Blockierung. Menschen mit diesem Muster haben Schwierigkeiten, sich zu entleeren und loszulassen. Sie leiden oft an chronischer Verstopfung und an Hämorrhoiden. Sie halten ihre Gefühle und ihren emotionalen Ausdruck, ihre Ideen und ihre Schöpfungen mit aller Kraft zurück. Wegen der übermäßigen Kontraktion der Muskeln in der Analregion kann es in weiterer Folge zu Energieblockaden im Bereich des Blasenmeridians, vor allem zu Schmerzen im unteren Rücken und Kreuzbein und zu Hexenschuss und Ischias kommen. Der Po kann unabhängig vom Neigungswinkel des Beckens chronisch zusammengekniffen sein. Häufiger aber haben Menschen mit einem nach hinten geneigten und flachen Gesäß einen zusammengepressten Po als Menschen mit Hohlkreuz.

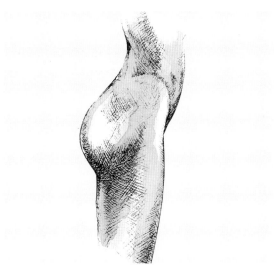

Hohlkreuz

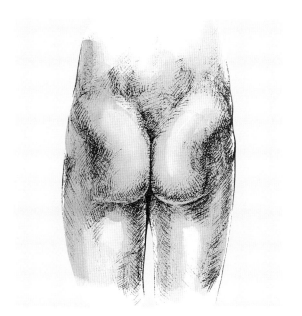
Zusammengekniffener Po

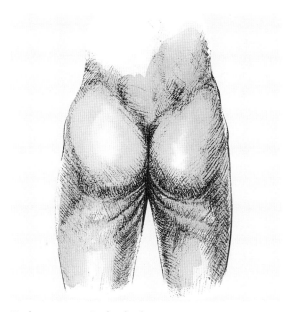
Hochgezogener Beckenboden

Menschen, die ihre Hinterbacken chronisch zusammenpressen, sind sich der damit verbundenen Muster selten bewusst. Sie sollten versuchen zu lernen, die Dinge leichter zu nehmen und sich einen ungezwungenen Ausdruck ihrer Empfindungen und Gedanken zu erlauben.

Der hochgezogene Beckenboden

Wenn ein Mensch seinen Beckenboden chronisch ein- und hochzieht, entwickeln sich im Laufe der Jahre zur Analregion hin konvergierende Falten an der Rückseite der Oberschenkel. Das übermäßige Festhalten im Bereich des Beckenbodens ist das Spannungsmuster einer sowohl analen als auch genitalen Blockierung und Ausdruck eines extremen Kontrollbedürfnisses einer Persönlichkeit. In der Folge sind die Funktionen des Loslassens und Ausscheidens wie auch die Hingabe an lustvolle Empfindungen und die Sexualität behindert und blockiert. Menschen mit hochgezogenem Beckenboden haben oft Schwierigkeiten mit dem Geben und Nehmen und damit, die Dinge so sein zu lassen, wie sie sind.

Die Gesäßmuskeln

Die schöne Rundung und auch die Festigkeit des Pos wird vor allem durch die Form und den Tonus des großen und des mittleren Gesäßmuskels bestimmt, die zu den äußeren oder hinteren Hüftmuskeln gezählt werden. Diese Muskeln bilden die Außenschicht.

Der Kern des Pos wird von der tiefen Schicht der äußeren Hüftmuskeln – dem kleinen Gesäßmuskel und der Muskelgruppe der Außenrotatoren – gebildet. Ihr Tonus und ihre Elastizität sind ebenfalls für die Form des Hinterns verantwortlich. Wenn die Außenrotatoren verkrampft und ihre Faszien miteinander verklebt sind, ist das Gesäß meist eingedrückt und flach, wie es beim zu stark nach oben und hinten geneigten Becken beschrieben wurde.

Großer Gesäßmuskel

Der große Gesäßmuskel (M. glutaeus maximus) entspringt an der Außenfläche des Hüftbeins (hinter der Linea glutaea posterior), am Seitenrand des Kreuz- und Steißbeines und vom Kreuzbein (Ligamentum sacrotuberale). Der schräg abwärts verlaufende Muskel setzt mit dem unteren Drittel an einer höckerigen Stelle an der Rückfläche des Oberschenkelknochens (Tuberositas glutaea) an. Die oberen zwei Drittel strahlen in die Oberschenkelbinde (Tractus iliotibialis) ein, die schon bei den Abduktoren des Beins beschrieben wurde.

Der große Gesäßmuskel formt das Relief des Pos. Er gehört zu den kräftigsten Muskeln des Menschen. Seine Hauptfunktion ist die Streckung im Hüftgelenk: beim Spielbein führt er den Oberschenkel zurück, er ist der wichtigste Muskel beim Gehen, Springen und Laufen; beim Standbein richtet er das Becken auf – das ist ein wesentliches Bewegungselement beim Berg- und Treppensteigen, beim Hochgehen aus der Hocke und beim Aufstehen aus dem Sitz – und er verhindert das Überkippen des Oberkörpers nach vorn.

Indem er, zusammen mit dem geraden Bauchmuskel, das Becken aufrichtet und nach hinten neigt, stabilisiert er die Beckenstellung. Seine Antagonisten sind der Iliopsoas, der gerade Schenkelmuskel, der Spanner der Oberschenkelbinde und die Rückenstrecker. Bei einer Schwächung der Gesäßmuskeln kann es deshalb zu einer Verstärkung der Lendenlordose und zur Ausbildung eines Hohlrückens kommen.

Durch seine schräge Verlaufsrichtung von oben innen nach unten außen rotiert er zudem das Hüftgelenk und damit das Bein nach außen. Sein oberer Anteil wirkt abduzierend, sein unterer adduzierend auf das Bein.

Mittlerer Gesäßmuskel

Der mittlere Gesäßmuskel (M. glutaeus medius) liegt vor und unterhalb des großen Gesäßmuskels, er bildet die mittlere Schicht der äußeren Hüftmuskeln. Sein Ursprung liegt an der Außenfläche des Hüftbeins zwischen Darmbeinkamm und Linea glutaea anterior, sein Ansatz an der Außenfläche des großen Rollhügels (Trochanter major). Seine vorderen Fasern beugen im Hüftgelenk und rotieren das Bein nach innen, die hinteren strecken und rotieren das Bein nach außen. Alle Fasern zusammen abduzieren den Oberschenkel oder neigen, bei festgestelltem Oberschenkel, das Becken seitlich. Der mittlere Gesäßmuskel ist beim Gehen am Standbein gut zu sehen und zu tasten. Seine Hauptfunktion ist die Abduktion. Beim Gehen und Laufen verhindert er auf der Stützbeinseite das Abkippen des Oberkörpers zur anderen Seite und sorgt damit für die Geradehaltung des Rumpfes. Dadurch ermöglicht er, zusammen mit dem großen Gesäßmuskel, den aufrechten Gang.

Während der große Gesäßmuskel zusammen mit den Außenrotatoren des Beins die Gruppe der dorsalen Hüftmuskeln bildet, gehören der mittlere und auch der kleine Gesäßmuskel (M. glutaeus minimus) zur Gruppe der lateralen Hüftmuskeln, die alle Abduktoren und damit Gegenspieler der Adduktoren des Beins an der Innenseite des Oberschenkels sind.

Da die Gesäßmuskeln bei jedem Schritt, den man geht oder läuft, beansprucht werden, ist es ausreichend, sie durch Bergwandern, Laufen und jede andere Sportart, bei der man sich rasch fortbewegt, zu trainieren. In der Kraftkammer kann man sie zusätzlich mit dem folgenden Gerät trainieren.

Gluteals

Ein Bein ruht mit der Oberschenkelrückseite auf einer Rolle, mit den Hüften stützen Sie sich auf den dafür bestimmten Polstern auf. Gegen den durch die Gewichte bedingten Widerstand führen Sie das fast durchgestreckte Bein mit der Ausatmung langsam nach hinten. Dabei drücken Sie die Ferse nach unten und achten darauf, dass der Fuß gerade nach vorn zeigt. Heben Sie das Bein nur bis zu einem Winkel von etwa 45 Grad nach hinten, es sei denn, Sie wollen den Rückenstrecker der gleichen Seite mittrainieren. Mit der Einatmung lassen sie es von den Gewichten wieder nach vorne drücken. Stellen Sie die Gewichte so ein, dass Sie bei einem Satz 15 bis 20 Wiederholungen schaffen.

Der Rücken

Die Vorderseite unseres Körpers ist die Seite, die wir der Welt präsentieren. Diese Seite ist uns bewusst. Wir können sie in aller Gemütsruhe im Spiegel betrachten. Die meisten Menschen wissen, wie ihre Brust, ihr Bauch und ihre Hüften aussehen. Ganz anders verhält es sich mit der Rückseite des Körpers. Die wenigsten Menschen sind sich der Form ihrer Wirbelsäule oder der genauen Lage ihrer Schulterblätter im Rücken bewusst. Da wir den Rücken viel weniger unter Kontrolle haben als unsere Vorderseite, gibt er auch unsere tiefsten Empfindungen recht unverfälscht wieder. Der Rücken ist ein guter Zugang zum Unbewussten.

Oberer Rücken

Der obere Rücken, zu dem auch die Schulterblätter gehören, ist die Rückseite des Brustkorbs. Psychosomatisch gesehen bildet der obere Rücken eine Einheit mit der Brust. Die Form und das Aussehen der Muskeln des oberen Rückens, allen voran der Rautenmuskeln, aber auch der mittleren Fasern des Trapezius und der Rückenstrecker in diesem Bereich, sind ein Ausdruck der unbewussten Seite unseres Herzens. In der chinesischen Medizin wird der Bereich zwischen den Schulterblättern als Zugang zu den Grundgefühlen des Herzens betrachtet: zu unserer Liebe, Lebensfreude und Lebenslust. Wenn der obere Rücken einerseits kräftig, andererseits aber auch dehnbar und flexibel geblieben ist, ist das ein Zeichen dafür, dass mit unserem Herzen sowohl im physischen wie auch im emotionalen Sinne alles in Ordnung ist. Da es sich beim oberen Rücken um die unbewusste Seite des Herzens handelt, werden in seinen Muskeln oft Erinnerungen an Enttäuschungen und Herz-Verletzungen gespeichert: Traurigkeit über den Verlust einer großen Liebe, beklemmende und verwirrende Gefühle, Hoffnungslosigkeit, Stolz, Verhärtung und Bitterkeit.[9]

Beim Aufbautraining der Muskeln des oberen Rückens, allen voran beim Training der Rautenmuskeln, ist darauf zu achten, dass diese Muskeln weich und dehnbar bleiben, da sonst die Gefahr besteht, dass man seinen Brustkorb und – im weiteren Sinne – auch sein Herz steif und unbeweglich macht. Vielen Menschen in der Kraftkammer ist meist gar nicht bewusst, dass die Zunahme des Muskelumfangs oft eine Verhärtung und Rigidität der Muskulatur mit sich bringt und daher zu einer emotionalen Panzerung im Sinne von Wilhelm Reich führt[10], die den freien Fluss unserer Gefühle und damit unsere Liebes- und Empfindungsmöglichkeiten einschränkt.

Da besonders die Rautenmuskeln mit unseren Herzgefühlen in Verbindung stehen und da der Schultergürtel und die Arme einen wichtigen Ausdrucksweg unserer Liebe und Lebensfreude darstellen, sollte man die Rautenmuskeln nur dann trainieren, wenn sie schwach und so überdehnt sind, dass die Innenkanten der Schulterblätter vom Rücken abstehen.

Mittlerer Rücken

Als mittleren Rücken bezeichnet man den Bereich zwischen dem siebten und dem zwölften Brustwirbel. Das Relief des mittleren Rückens wird von den Rückenstreckern, den unteren Fasern des Trapezius und dem breiten Rückenmuskel (M. latissimus dorsi) geprägt.

Psychosomatisch gesehen bildet er eine Einheit mit dem Oberbauch und seinen Organen. In der chinesischen Medizin wird jedes Organ als Ursprungsort verschiedenster Emotionen betrachtet. Nach der chinesischen Lehre entstehen in Leber und Gallenblase der Zorn und die Wut, im Magen, der Milz und der Bauchspeicheldrüse das Mitgefühl, das Habenwollen und die Besorgnis.[11]

Der mittlere Rücken spiegelt die unbewusste Seite dieser Gefühle wider. Verspannungen an dieser Stelle weisen häufig auf Ärger, Gier, Neid oder Eifersucht hin. Da diese Gefühlsstrukturen durch die Neurosen der hierarchischen Kulturen in Ost und West stark entwickelt werden, vom Einzelnen aber auch unterdrückt und verdrängt werden müssen, gibt es genug Menschen, die schon in jungen Jahren einen stark verspannten mittleren Rücken, sprich: Buckel, haben. Die Kyphose – das heißt eine Krümmung der Wirbelsäule nach hinten, die sich aufgrund der S-Krümmung der Wirbelsäule im Normalfall nur im Bereich des mittleren Rückens entwickelt – ist eine Fehlhaltung, die mit starken Verspannungen im Zwerchfell und in der Oberbauchregion zusammenhängt und auf verdrängte Gefühle in diesem mittleren Segment des Körpers verweist. Daher ist sie durch Training der Rückenmuskeln nur wenig zu beeinflussen.

Es gibt im Wesentlichen drei Möglichkeiten, eine leicht- bis mittelgradige Kyphose zu verringern:

Die erste besteht in einem Aufbautraining des großen Brustmuskels, weil dadurch der Brustkorb nach vorne und oben „wächst". Das hat zur Folge, dass die Wirbelsäule auf physiologische Art und Weise aufgerichtet wird. Dadurch wird der Zwerchfellbereich gedehnt und Verkrampfungen im Oberbauch wird entgegengewirkt. Wenn der große Brustmuskel trainiert wird, werden unser Selbstvertrauen gestärkt und unsere Ausdrucks- und Kommunikationsmöglichkeiten verbessert. Das bedeutet aber auch, dass wir einige der Konflikte, die wir in der Oberbauchregion festhalten, durch den Kraftgewinn in der Brust auszudrücken und zu formulieren imstande sind. Dadurch verringert sich die „emotionale Ladung" im mittleren Körpersegment und auch der mittlere Rücken wird weicher und flexibler. Wenn man daran arbeitet, den Brustkorb und die Wirbelsäule wieder aufzurichten, ist beim Körpertraining wie auch bei Atemübungen und in der Tanztherapie die Vorstellung wichtig, dass sich das Brustbein nach vorne und oben hebt. Eine einfache Art, dies zu trainieren, ist die Übung aus dem Pranayama, der Atemtechnik des Hatha-Yoga (Seite 74).

Die zweite Möglichkeit, eine nicht allzu ausgeprägte Kyphose zu verringern, besteht in der Anwendung von tiefer Körperarbeit wie Posturaler Integration und Rolfing, zweier Methoden, die auf die Form und Struktur des Körpers Einfluss haben und die imstande sind, die Wirbelsäule wieder aufzurichten und Fehlhaltungen wie Hohlkreuz oder X-Beine zu verbessern.

Die dritte Möglichkeit ist die Anwendung von Meridianmassage, Shiatsu und Akupunktur. Die chinesische Medizin kennt zwei wichtige Energiebahnen am Rücken, von denen sich die eine zwischen den zwei Hauptsträngen des Rückenstreckers (M. erector spinae) befindet und die andere am Außenrand des Rückenstreckers verläuft. Diese beiden Energiebahnen werden als medialer und lateraler Ast des Blasenmeridians bezeichnet. Der mediale Ast des Blasenmeridians ist insofern von vorrangiger Bedeutung, als sich in seinem Verlauf eine Reihe von Akupressurpunkten befinden, die Leitungs- oder Shu-Punkte genannt werden. Nach chinesischer Vorstellung tritt die Lebensenergie Qi der Umgebung durch die Shu-Punkte in den Körper ein. Sie befördern oder leiten das Qi zu den Zwölf Organen – den sechs Yin- und sechs Yang-Organen der chinesischen Medizinlehre.

Durch Massage oder Akupunktur der Shu-Punkte wird die Funktion der inneren Organe, sowohl bei Über- als auch bei Unterfunktion, ins Gleichgewicht gebracht. Vor allem chronische Erkrankungen sprechen gut auf eine Behandlung durch die Shu-Punkte an.

Die Shu-Punkte sind auch von diagnostischer Bedeutung: Sie zeigen eine energetische Störung des zugeordneten inneren Organs schon bei leichter Berührung durch besondere Druckschmerzhaftigkeit an. Mit den Shu-Punkten ist es daher möglich, die Erkrankung eines inneren Organs schon im Vorstadium zu erkennen und präventiv zu behandeln.

Bei chronischen Verspannungen der Rückenstrecker kommt es meist zu Verklebungen der Faszien zwischen den Muskelsträngen. Dadurch wird der Qi-Fluss im Bereich des Rückens blockiert und die Shu-Punkte werden in ihrer Eigenschaft, das Qi der Umgebung zu den inneren Organen zu lenken, beeinträchtigt. Langfristig sind Schwächung und Erkrankung der inneren Organe die Folge. Es liegt daher auf der Hand, dass in der chinesischen Medizin und im Shiatsu die Massage des Blasenmeridians nicht nur für Entspannung und Wohlbefinden, sondern auch für die Gesunderhaltung äußerst bedeutsam ist. Durch regelmäßige Massagen des Blasenmeridians lassen sich die Spannungen im mittleren und unteren Rücken deutlich verringern und der Qi-Fluss im Rücken beleben. Andererseits kann es schwerwiegende Konsequenzen für unsere Gesundheit und unser Wohlbefinden haben, wenn wir die Rückenstrecker übermäßig oder falsch aufbauen. Es ist von vorrangiger Bedeutung, die Rückenstrecker weich und flexibel zu halten. Bei Sportarten, in denen die Rückenstrecker besonders trainiert werden, oder bei gezielten Übungen in der Kraftkammer sollte man in jedem Fall Sorge tragen, sie durch Dehnübungen und Massagen entspannt und flexibel zu halten.

Dabei ist allerdings zu beachten, dass die meisten Dehnübungen nicht geeignet sind, tief sitzende Verspannungen im mittleren Rücken zu lösen. Das Hatha-Yoga wie auch das in unseren Fitnesstempeln gelehrte Stretching besteht aus Übungen, die für Menschen ohne größere Fehlhaltungen oder chronische Verspannungen gedacht sind. Eine Ausnahme bildet da nur die Wirbelsäulengymnastik, die in ihrer Übungsanordnung spezifisch auf verschiedene Abschnitte der Wirbelsäule eingeht. Bei gröberen Fehlhaltungen – zum Beispiel bei einem Hohlkreuz, einer Skoliose oder Kyphose – werden die bestehenden Verspannungsmuster durch Yoga, Stretching und vor allem durch rein nach Leistungskriterien ausgerichtetes Bodybuilding eher fixiert und zementiert.

Atemübung aus dem Yoga

Sie sitzen aufrecht und doch bequem; nach dem Einatmen halten Sie den Atem ebenso lange an, wie Sie eingeatmet haben, und spüren dabei, wie sich Kraft und Energie im Bereich des Brustbeins und der Lungenspitzen ansammeln. Nach dem Ausatmen atmen Sie ohne Pause gleich wieder ein. Diese Übung kann man in verschiedenen Variationen ausführen und von Mal zu Mal steigern. Zum Beispiel: vier Sekunden lang einatmen, vier Sekunden anhalten, vier Sekunden ausatmen; beim nächsten oder übernächsten Mal vier Sekunden einatmen, acht anhalten, vier ausatmen und so fort. Dehnen Sie die Zeit des Anhaltens und Kräftesammelns immer weiter aus.

Pflug

Zange oder Pashimottasana

Wie die meisten Übungen im Hatha-Yoga hat auch die auf Seite 44 schon beschriebene Zange das Ziel, die Wirbelsäule wieder elastisch zu machen und die meist verkürzten Rückenstrecker und Kniebeuger zu dehnen.

Pflug oder Halasana

Mit dieser Übung erweitert man die Beweglichkeit und Dehnbarkeit der Wirbelsäule nach vorn. Aus der Rückenlage bringen Sie die Zehenspitzen hinter dem Kopf auf den Boden, wenn möglich mit gestreckten Beinen. Sie bleiben ungefähr ein bis zwei Minuten in dieser Position und atmen dabei tief und regelmäßig in den entspannten Bauch. Diese Haltung ist auch gut zur Darmreinigung und Entschlackung geeignet, da die Därme „kopfüber" hängen und in Darmschlingen abgesackte und stagnierende Kotmassen weiterbewegt werden.

Kerze oder Schulterstand

Beim Schulterstand dehnt man den oberen und mittleren Rücken, besonders wenn man versucht, sich kerzengerade aufzurichten. Es ist bei dieser Übung jedoch nicht erforderlich, die Waden anzuspannen und die Zehenspitzen gen Himmel zu strecken. Es genügt, die Hauptachse der Füße entspannt im rechten Winkel zu den Unterschenkeln ruhen zu lassen. Neben der Dehnung der Rücken- und Nackenmuskulatur wird der Kerze eine besondere Heilwirkung auf die Schilddrüse und das mit ihr in Verbindung stehende Kehlkopf-Chakra zugeschrieben.

Sie bleiben ungefähr ein bis zwei Minuten im Schulterstand, atmen dabei tief und langsam, konzentrieren sich auf die Entspannung der Schilddrüse und senken dann die Beine langsam hinter den Kopf auf den Boden zum Pflug.

Kobra

Kobra oder Bhujangasana

Durch diese Haltung wird vor allem die Streckung der Wirbelsäule nach hinten geübt. In Bauchlage heben Sie Kopf und Oberkörper, möglichst ohne Unterstützung der Arme, mit dem Einatmen so weit wie möglich nach oben und verharren dann einige Sekunden in dieser Position. In dieser Asana werden die Rückenstrecker trainiert, doch vor allem wird der untere Rücken extrem angespannt. Es ist daher wichtig, auf diese Übung eine Asana folgen zu lassen, bei der die Wirbelsäule nach vorne gebeugt und der Rücken entspannt wird.

Sonnengebet[12] und Fünf Tibeter

Mit diesen Übungen sollen Wirbelsäule und Rücken im rhythmischen Wechsel beim Beugen und Strecken elastisch und dehnbar gemacht werden; dadurch wird der Fluss der Lebensenergie Qi in den Energiebahnen der Wirbelsäule und in den beiden Ästen des Blasenmeridians aktiviert, was zur Vitalisierung und Harmonisierung der inneren Organe führt. Die sowohl beim Hatha-Yoga als auch bei den Fünf Tibetern beschriebenen lebensverlängernden, verjüngenden und kräftigenden Wirkungen, die bei regelmäßiger Anwendung beobachtet werden, können mit einer Zunahme des Qi-Flusses in den Shu-Punkten und in der Wirbelsäule – und damit im autonomen und zentralen Nervensystem – verstanden und erklärt werden.

Unterer Rücken

Der untere Rücken ist der Bereich zwischen dem ersten und dem fünften Lendenwirbel. Sein Relief wird von den Rückenstreckern, dem breiten Rückenmuskel und der schrägen Bauchmuskulatur geprägt. Psychosomatisch gesehen bildet der untere Rücken eine Einheit mit dem Unterbauch. Die inneren Organe, deren Gesundheitszustand und Funktion sich in den Muskeln des unteren Rückens widerspiegeln, sind Dünn- und Dickdarm, Niere und Blase. Vor allem die Niere hat wegen ihrer Lage eine enge Verbindung zu den Muskeln des unteren Rückens. In der chinesischen Medizin haben die Nieren und Nebennieren – diese sitzen wie Kappen auf den Nieren – eine wichtige Funktion. Die Niere wird auch als Wasserniere oder Yin-Niere bezeichnet, die Nebenniere als Feuerniere oder Yang-Niere. Die Wasserniere hat die Aufgabe, das Blut zu filtern, es rein zu halten und Urin zu produzieren. Die Feuerniere erzeugt einerseits Androgene, männliche Sexualhormone, und andererseits die für die Aktion und Leistung des Organismus notwendigen Hormone Adrenalin und Noradrenalin. Adrenalin und Noradrenalin steigern die Herzfrequenz und erhöhen die Pumpleistung des Herzens und den Blutdruck. Außerdem produziert die Yang-Niere Kortisol und Kortison sowie Aldosteron, welches den Blutdruck und den Wasserhaushalt reguliert.[13]

Darum sind in der chinesischen Tradition Nieren und Nebennieren einerseits für unsere Vitalität und Lebenskraft, andererseits für unsere Lust und Sexualität von entscheidender Bedeutung. Die chinesische Medizin stellt die Nieren gleichwertig neben das Herz; Nieren und Herz bilden die innerste Energieschicht: den physiologischen, emotionalen und geistigen Kern des Organismus.

Die Emotionen, die den Nieren in der chinesischen Medizin zugeschrieben werden, sind die Furcht und die Angst. Die Furcht ist die natürliche Reaktion des Organismus auf eine Situation, die unser Leben oder unsere Gesundheit bedroht. Die Furcht sichert unser biologisches Überleben. Angst dagegen – das Wort Angst kommt von lateinisch *angustiae*, Enge – bezeichnet einen Gefühlszustand, in dem wir nicht adäquat auf eine bedrohliche Situation reagieren, Gefahren maßlos übertreiben oder sie uns gar nur einbilden. Chronische Ängste werden als Fehlfunktion von Nieren und Nebennieren diagnostiziert und als Nachlassen und Schwinden der vitalen und sexuellen Kraft gedeutet.

Die Muskeln im Bereich des unteren Rückens, allen voran die Rückenstrecker, spiegeln die Art wider, wie wir mit unserer Lebenskraft umgehen, wie wir unser Leben und unsere Sexualität leben. Der untere Rücken kann als Vermittler zwischen den psychosomatischen Aspekten der oberen und unteren Körperhälfte angesehen werden. Ausgehend von der von Wilhelm Reich und Alexander Lowen entwickelten Lehre von den Charakterstrukturen und ihrer jeweiligen somatopsychischen Panzerung[14] ergibt sich folgendes Bild vom Körper und den auf ihn einwirkenden Kräften.

Als Druck wahrgenommene Empfindungen wie Forderungen von Autoritätspersonen, Pflichten, Schuldgefühle und Belastungen mentaler und emotionaler Art kommen von oben. Von unten kommen die autonome Kraft des Individuums, Spontaneität und Impulsivität, Standfestigkeit, Selbstbestimmung und Freiheit. Die untere Körperhälfte ist in Kontakt mit Mutter Erde und mit dem Gesetz der Natur und Natürlichkeit in uns. Über die obere Körperhälfte dringen die Informationen und Forderungen der Gesellschaft und der Zivilisation in uns ein.

Im unteren Rücken treffen diese zwei gegensätzlichen Gruppen von Kräften aufeinander. Die Soll-Werte und das Über-Ich von oben, der Trieb, der Instinkt und das Es von unten. Dazwischen wird das

Ich in die Ecke gedrückt, das selbstbewusste, spannungsfreie Erleben und Genießen des Augenblicks ins Morgen, Übermorgen und Gestern gedrängt. Da der untere Rücken der Hauptaustragungsort dieses Konflikts im Körper ist, leidet eine Vielzahl von Menschen an Bandscheibenschäden, chronischen Verspannungen und Schmerzen in dieser Körperregion. Vor allem der rigide Mensch (siehe Seite 143 ff.), der sein Leben, seine Spontaneität und Kreativität, seine sexuellen Empfindungen und Gefühle äußeren Anforderungen und Zwängen unterwirft, wird im unteren Rücken steif und unbeweglich sein. Chronische Verspannungen und Verhärtungen im unteren Rücken finden sich bei Menschen, die immer dynamisch und hyperaktiv sind, ebenso wie bei Menschen, die von Ängsten getrieben werden, wobei ein Zusammenhang meist insofern gegeben ist, als verschiedene Ängste wie Existenzangst und Versagensangst der Motor für ständige Hyperaktivität, besonderen Ehrgeiz und zwanghaftes Erfolgsstreben sind. Chronische Verspannungen führen meist auch zu Verkürzungen der Muskulatur, und das führt im unteren Rücken zu einer Zunahme der physiologischen Lordose, bis hin zum Hohlkreuz.

Nach der taoistischen Lehre sind wir vor allem über zwei Energiepunkte mit der Erdkraft in Verbindung (siehe Seite 61): einer liegt auf der Fußsohle in einer Vertiefung zwischen den Zehenballen (Niere 1 oder Sprudelnde Quelle), der andere am Beckenboden in der Mitte des Damms (Ren 1 oder Tempelfest des Yin). Die obere Körperhälfte ist in Kontakt mit den Kräften des Himmels, ihre Verbindungspunkte nach oben sind Baihui (Du 20, Hundertfache Zusammenkunft) am Scheitelpunkt des Kopfes und Yintang (PaM 1, Siegel des geistigen Raumes) in der Mitte zwischen den Augenbrauen.

Rückenmuskulatur

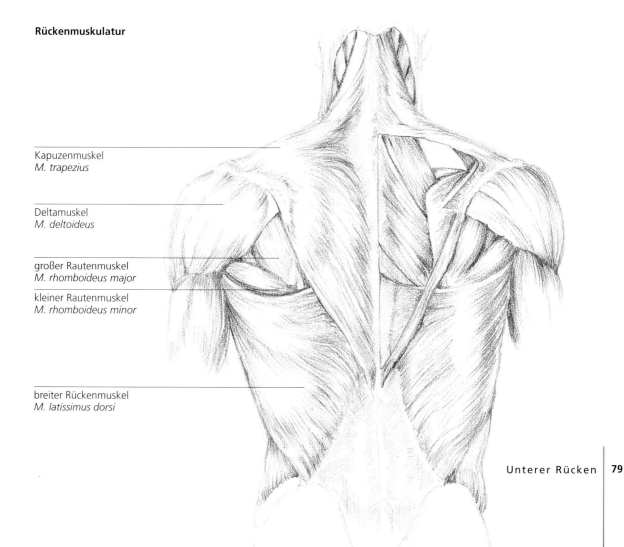

Kapuzenmuskel
M. trapezius

Deltamuskel
M. deltoideus

großer Rautenmuskel
M. rhomboideus major

kleiner Rautenmuskel
M. rhomboideus minor

breiter Rückenmuskel
M. latissimus dorsi

Die Rückenmuskeln

Trapezius

Der Kapuzen- oder Trapezmuskel (M. trapezius) bildet im Nacken und am oberen und mittleren Rücken ein Trapez. In manchen Büchern wird er auch als Kappenmuskel bezeichnet. Er entspringt vom hinteren Schädelrand und von den sieben Hals- und den zwölf Brustwirbeln. Seine Fasern setzen konvergierend an der Schulterblattgräte an. Man kann drei Teile unterscheiden: die oberen Fasern heben die Schultern, wirken daher auch beim Hochheben des Arms mit; die mittleren Fasern ziehen die Schultern zurück und stabilisieren außerdem das Schulterblatt; die unteren Fasern senken die Schultern.

Der Trapezius formt das Relief des Schultergürtels, des Nackens und des oberen Rückens. Er verbindet den Kopf mit dem Rumpf und die Schultern mit dem Rücken. Psychosomatisch gesehen hat er eine Schlüsselfunktion bei der Integration von Kopf (Denken) und Körper (Fühlen) sowie bei der Verbindung von Armen (Handeln) und Rumpf (Sein). Wenn der Trapezius kräftig und voll, dabei aber auch weich und entspannt ist, sind wir imstande, ausdauernd zu arbeiten, Verantwortung zu übernehmen und unsere Absichten in die Tat umzusetzen. Da in der modernen Welt wenig Zeit dazu bleibt, Denken und Fühlen in Einklang zu bringen, da Denken und Wollen dem Fühlen und Sein meist davonjagen und die Verantwortung und der Druck, der auf den Schultern lastet, immer größer werden, ist der Trapezius bei vielen verspannt, was zu Nackenschmerzen führt. Durch chronische Verspannungen im Kapuzenmuskel und in der tiefer gelegenen Nackenmuskulatur sowie durch damit zusammenhängende Fehlhaltung des Kopfes kommt es häufig zu Abnützungen und Schäden der Halswirbelsäule.

Nackenschmerzen – ob sie nun von Muskelverspannungen, Ablagerungen, abgenützten Bandscheiben oder eingeklemmten Nerven herrühren – werden vom Mediziner ganz allgemein, umfassend und undifferenziert als Halswirbelsäulensyndrom (HWS-Syndrom) beschrieben. Meiner Erfahrung nach ist es jedoch meist der Trapezius, der schmerzt. Häufig kommt es zu einer einseitigen Verkürzung der oberen und manchmal auch der mittleren Trapeziusfasern, was – wie alle Asymmetrien im Körper – seinen Ursprung meist in mangelhafter Koordination von linker und rechter Gehirnhemisphäre oder auch in der fehlenden Ausgewogenheit von logisch-rationalem und kreativ-fantasievollem Teil in uns hat.

Wenn die oberen Trapeziusfasern einseitig verkürzt sind, ist die eine Schulter hochgezogen oder zumindest höher als die andere. Wenn die mittleren Trapeziusfasern auf der einen Seite kürzer sind, ist die Schulter auf dieser Seite mehr nach hinten gezogen und das Schulterblatt meist eindeutig näher an der Wirbelsäule als das der gegenüberliegenden Seite.

Selbst bei großer Erfahrung können einseitige Verkürzungen der Trapeziusfasern – wie andere Asymmetrien im Körper auch – durch Gymnastik, Stretching und Gewichttraining in der Kraftkammer nur unzureichend korrigiert werden. Dagegen kann strukturelle Körperarbeit wie Posturale Integration, bei der die verkürzten Muskelfaszien von kundigen Händen gedehnt werden, asymmetrische Körperhaltungen effektiv wieder ins Lot bringen.

Da die oberen, mittleren und unteren Fasern des Trapezius die Schultern in eine unterschiedliche Position bringen, müssen sie unterschiedlich trainiert werden. Sind die oberen Trapeziusfasern kräftig, kann man schwere Lasten auf den Schultern tragen. Das gilt auch im übertragenen Sinn. Daher ist das Training der oberen Trapeziusfasern vor allem für Menschen mit abfallenden Schultern (siehe Seite 92) zu empfehlen, die in diesem Körperbereich physisch schwach sind und daher oft schwer an ihrer Verant-

wortung tragen. Für Menschen mit normalen oder kräftigen Schultern erhebt sich die Frage, ob sie die oberen Trapeziusfasern überhaupt aufbauen sollen, da sie sich beim Training leicht verspannen, was den Energiefluss zwischen Kopf und Rücken einschränken oder gar blockieren kann. Außerdem entspricht ein kräftig entwickelter, schräg abfallender Schultergürtel nicht dem klassischen Schönheitsideal, weil Beweglichkeit und Anmut des Halses und Nackens durch übertrainierte obere Trapeziusfasern verloren gehen. In den alten Mythen und Sagen haben höchstens Monster und böse Riesen diese Muskeln.

Die mittleren Trapeziusfasern trainiert man zusammen mit den Rautenmuskeln. Die unteren Fasern des Trapezius haben eine ähnliche Funktion wie der breite Rückenmuskel. Wie man sie trainiert, wird im Zusammenhang mit diesem beschrieben (siehe Seite 83).

Rautenmuskeln

Die Rautenmuskeln (Mm. rhomboidei) entspringen von den unteren zwei Halswirbeln und den oberen vier Brustwirbeln, verlaufen in Form einer Raute schräg abwärts und setzen an der Innenkante des Schulterblatts an. Sie ziehen das Schulterblatt nach innen und oben. Außerdem fixieren sie das Schulterblatt und damit das Schultergelenk und den Arm am Rumpf, das heißt, sie sorgen dafür, dass wir schwere Lasten mit den Armen heben und tragen können, ohne dass die Schulter ausreißt. Sie liegen unter dem Trapezius (siehe Abbildung Seite 79).

Die Rautenmuskeln gehören zu der intrinsischen Muskulatur – das sind Muskeln, die innerhalb des Rumpfes verlaufen, während die extrinsische Muskulatur Skelettteile des Rumpfs mit den Gliedmaßen verbindet. Psychosomatisch gesehen haben extrinsische Muskeln mehr mit Funktionen zu tun, die unser Verhältnis und unsere Beziehung zu den anderen, zur Umwelt betreffen, während intrinsische Muskeln mehr mit unserem Innenleben und tieferen Gefühlsbereichen in Verbindung stehen. Auf eine Formel gebracht könnte man sagen, dass extrinsische Muskeln mit unserem Handeln, unserer Handlungs- und Bewegungsfähigkeit und intrinsische Muskeln mit unserem Sein zu tun haben.

In der chinesischen Meridianlehre werden die Rautenmuskeln und die Rückenstrecker im Bereich zwischen den Schulterblättern als die Rumpelkammer des Herzens bezeichnet. In diesen Muskeln und besonders in den Akupunkturpunkten dieser Region werden häufig Erinnerungen an enttäuschende Liebesbeziehungen und alte Herz-Verletzungen gespeichert: Traurigkeit über den Verlust einer großen Liebe, beklemmende Gefühle, gebrochenes, verhärtetes und bitteres Herz.[15]

Die Rautenmuskeln haben also viel mit der Liebe zu tun, die wir glauben, hinter uns gelassen zu haben. Je nachdem, ob sie verspannt und verhärtet oder weich und flexibel sind, spiegeln sie auch unsere unbewusste Haltung wider, wie wir mit Liebe und Sehnsucht umgehen und was wir von der Liebe erwarten.

Da die Rautenmuskeln viel mit unseren Herzgefühlen zu tun haben, ist es ratsam, sie nicht durch übermäßiges Aufbautraining zu verspannen. Meiner Meinung nach sollte man sie überhaupt nur trainieren, wenn sie zu schwach und überdehnt sind. Das zeigt sich daran, dass die Innenkanten der Schulterblätter vom Rücken abstehen – „Flügerl" sagt man dazu in Österreich.

Hantelübung aus der Bauchlage

Lateral Raise

Mit diesem Gerät werden in erster Linie die mittleren Fasern des Deltamuskels aufgebaut. Will man die oberen Trapeziusfasern mittrainieren, muss man beim *Lateral Raise* die Oberarme mit den Gewichten so hoch wie möglich anheben, während man beim Training des mittleren Deltoideus die Oberarme nur bis knapp unter die Horizontale anhebt.

Overhead Press

Mit diesem Gerät werden die oberen Fasern des Trapezius, der vordere Teil des Deltoideus und auch der Trizeps trainiert. Aus den oben beschriebenen Gründen ist dieses Gerät nur bei Menschen mit schwachen, abfallenden Schultern wirklich zu empfehlen.

Hantelübungen im Stehen oder Sitzen

Mit den Kurzhanteln können die oberen Trapeziusfasern in gleicher Weise wie mit *Lateral Raise* und *Overhead Press* trainiert werden. Halten Sie die Hanteln im Stehen oder Sitzen mit angewinkelten Armen knapp oberhalb der Schulter. Mit dem Ausatmen werden die Hanteln gleichzeitig und gemächlich nach oben gestemmt, bis die Arme gestreckt sind. Mit dem Einatmen die Hanteln wieder zur Ausgangsposition zurücksinken lassen. Mit dieser Übung wird neben den oberen Trapeziusfasern auch der Trizeps gestärkt.

Hantelübung aus der Bauchlage

Der einfachste Weg, die Rautenmuskeln zu trainieren, ist, sich bäuchlings und der Länge nach auf eine Bank zu legen. Nehmen Sie eine Kurzhantel in jede Hand und heben Sie diese so weit wie möglich mit dem Einatmen nach oben, senken Sie sie mit dem Ausatmen. Die Handflächen weisen dabei immer nach unten. Wenn Sie die Muskeln aufbauen möchten, empfiehlt es sich, ein Gewicht zu wählen, das Sie nicht öfter als 15-mal heben können. Durch diese Bewegung werden auch die mittleren Trapeziusfasern trainiert.

Butterfly Reverse

Auf manchen Butterfly-Geräten können Sie auch mit dem Gesicht zur Rückenlehne Platz nehmen und das Butterfly-Gerät zum Training der Rautenmuskeln und mittleren Trapeziusfasern verwenden.

Breiter Rückenmuskel

Der breite Rückenmuskel (M. latissimus dorsi) bildet die oberste Muskelschicht am mittleren und unteren Rücken. Er entspringt mit einer dünnen, platten Sehne, der Fascia thoracolumbalis, von den unteren sechs Brust- und sämtlichen Lendenwirbeln, der Rückfläche des Kreuzbeins und dem Außenrand des Darmbeinkamms (dem äußeren oberen Rand des Beckens). Die Muskelfasern konvergieren nach lateral und vorn; die oberen Fasern ziehen dabei über den unteren Schulterblattwinkel und drücken ihn gegen den Rumpf, was das Schulterblatt fixieren hilft. Die konvergierenden Muskelfasern bilden die rückwärtige Begrenzung der Achselhöhle. Sie ziehen spiralförmig um den großen runden Muskel (M. teres major) und setzen mit einer platten Sehne an der Crista tuberculi minoris an der Vorderseite des Oberarms an (siehe Zeichnung Seite 79).

Der breite Rückenmuskel zieht den erhobenen Arm herab und nach hinten, außerdem rotiert er ihn nach innen. Bei unseren Vorfahren, den Affen, ist er der wichtigste Muskel, um sich hangelnd von Baum zu Baum fortbewegen zu können und sich an Lianen durch den Urwald zu schwingen. Bei unseren noch weiter zurückliegenden Vorfahren, den vierbeinigen Säugetieren, bestimmt seine Kraft, zusammen mit der der Gesäßmuskeln, die Laufgeschwindigkeit: Er zieht die Vorderläufe zurück und damit den Körper nach vorn. Bei unseren Verwandten, den Vögeln, ermöglicht er das Ausbreiten der Schwingen und verhindert, dass die Flügel beim Fliegen nach oben klappen und der Vogelkörper absackt wie ein Stein. Außerdem kann der Vogel mittels des breiten Rückenmuskels den Winkel der Flügel (durch Rotation) so stellen, dass er in der Luft zu steigen oder zu sinken vermag. All diese Beispiele veranschaulichen, warum ein so großer und breiter Muskel wie der Latissimus für einen relativ schmalen Ansatz an den oberen (oder vorderen) Gliedmaßen benötigt wird.

Wie aus den Beispielen unserer tierischen Verwandten zu ersehen ist, gehört der Latissimus zu den wichtigsten Muskeln des Körpers. Wenn man ihn aufbaut, macht er einen breiten und kräftigen Rücken. Vor allem Männer trainieren ihn, weil er, zusammen mit einem gut ausgebildeten Deltoideus, den Oberkörper in die begehrte V-Form bringt.

Wie aus den Ursprüngen und dem Ansatz des Muskels zu erkennen ist, verbindet der Latissimus die oberen mit den unteren Gliedmaßen und damit die unterschiedlichen psychologischen Funktionen von Beinen und Armen: Fortbewegung und Handeln. Außerdem bildet er als oberflächliche Muskelschicht des Rückens eine einheitliche Hülle, die die Nieren und die Organe des Bauchraums vor Kälte, Wind, Feuchtigkeit und vor Verletzung von hinten schützt. Je kräftiger der Latissimus, desto größer ist dieser Schutz.

Am Anfang dieses Kapitels wurde erwähnt, dass der Rücken die unbewussten Aspekte des Selbst widerspiegelt; aus der Form und Stärke des breiten Rückenmuskels kann man sehen, wie groß die Reserve an körperlicher und auch an seelischer Kraft ist, die jemandem bei einer Belastungsprobe zur Verfügung steht. Das ist der tiefere Grund, warum er zu den am häufigsten trainierten Muskeln zählt. Im weiteren Sinne bildet er das Kraftfundament für alle Emotionen und Gefühle, die eingangs im Zusammenhang mit dem mittleren und unteren Rücken beschrieben wurden.

Rückenstrecker

Der Rückenstrecker (M. erector spinae), ein besonders im unteren Rücken kräftiger Muskel, verläuft längs der Wirbelsäule, vom Kreuzbein bis zur Schädelbasis. Eigentlich handelt es sich dabei um eine Vielzahl kleiner Muskeln, die die Wirbel untereinander und auch die einzelnen Wirbel mit den verschiedenen Rippen verbinden, sodass die Wirbelsäule und der Kopf sowohl gestreckt als auch differenziert zur Seite gedreht werden können.

Der Rückenstrecker entspringt von der Rückseite des Kreuzbeins, dem Darmbeinkamm und in der Grube zwischen beiden. Er teilt sich schon im unteren Rücken in den lateralen M. iliocostalis und den medialen M. longissimus. Der M. iliocostalis verbindet mit seinen Zacken vor allem die Rippen untereinander. Er reicht bis hinauf zur Halswirbelsäule und setzt an den Querfortsätzen des vierten bis sechsten Halswirbels an. Der M. longissimus verläuft direkt neben der Wirbelsäule und reicht als M. longissimus capitis hinauf bis zum Warzenfortsatz des hinteren Schädelrandes, knapp hinter dem Ohr. Wirken die Rückenstrecker beider Seiten zusammen, strecken sie den Rücken und den Kopf. Einseitig neigt der Rückenstrecker den Rumpf zur Seite, indem er nicht nur die jeweilige Seite des Brustkorbs zum Becken zieht, sondern auch durch seine einzelnen Faserzüge den Abstand der Rippen untereinander verkürzt; außerdem dreht er den Rücken und auch das Gesicht zur gleichen Seite. Um den Rückenstrecker mit all seinen Anteilen zu trainieren, genügt es also nicht, nur den Rücken zu strecken, sondern man muss den Rumpf auch zur Seite drehen.

Wie bereits erwähnt verläuft der mediale Ast des Blasenmeridians zwischen den beiden Hauptsträngen des Rückenstreckers, dem M. iliocostalis und dem M. longissimus (siehe Seite 42). Auf dieser Energiebahn liegen die Shu-Punkte, von denen jeder Einzelne eine harmonisierende und vitalisierende Wirkung auf eines der inneren Organe hat. Da, der chinesischen Lehre gemäß, jedes dieser Organe bestimmte Gefühle und Emotionen erzeugt und für einen bestimmten Bereich unseres Geistes verantwortlich ist, steht der Rückenstrecker in Wechselwirkung mit einem breiten Spektrum an Gefühlen und Gedanken in uns. Es ist daher besonders wichtig, ihn einerseits zu kräftigen, ihn aber andererseits auch durch Dehnungs- und Entspannungsübungen weich und flexibel zu halten und nicht durch übermäßiges Training zu verspannen oder zu verletzen. Es empfiehlt sich, die Rückenstrecker überhaupt nur dann besonders zu trainieren, wenn man entweder allgemein einen schwachen und dünnen Rücken hat oder wenn die physiologische Krümmung der Lendenwirbelsäule zu gering ist, sodass der untere Rücken flach und das Becken zu sehr aufgerichtet ist. Bei einem Hohlkreuz sollte man kein Aufbautraining der Rückenstrecker machen, da dadurch die Muskeln verkürzt werden und das Hohlkreuz weiter fixiert wird.

Um die Rückenstrecker in ihrer gesamten Länge zu trainieren, sind Yoga-Übungen wie die auf Seite 76 beschriebene *Kobra* oder die jetzt folgenden Übungen meist ausreichend. Geräte zum Training der Rückenstrecker wurden auf Seite 66 vorgestellt.

Der Kopfstand (Seite 89) trainiert die Rückenmuskulatur auf vielfältige Art und Weise, weil ein sehr feines Zusammenspiel der Muskeln erforderlich ist, um den Körper in dieser Position einige Minuten lang aufrecht zu halten. Der Kopfstand hat, wie die Kerze und der Pflug, alle Vorteile der umgekehrten Haltung: Kopf und Brustorgane werden besser durchblutet; Kopfschmerzen, Augen-, Nasen- und Ohrenerkrankungen werden gelindert oder geheilt. Im Magengrund und in Darmschlingen abgesackter und stagnierender Speisebrei kann wieder in den Hauptstrom der Verdauung rezirkuliert werden, was den Darm reinigt und die Verdauung verbessert. Schließlich wird der venöse Rückfluss zum Herzen erleichtert, was bei Stauungen in den Beinen, bei Krampfadern und Hämorrhoiden hilft und ihrer Entstehung vorbeugt. Natürlich ist für die hier beschriebenen Wirkungen eine regelmäßige, am besten tägliche Praxis der umgekehrten Haltung erforderlich.

Pull Down

Behind the Neck und Pull Down

Je nachdem, ob Sie die Stange mit den Gewichten hinter dem Kopf zum Nacken oder vor dem Gesicht zum Brustbein ziehen, wird dieses Gerät zum Training des Latissimus *Behind the Neck* oder *Pull Down* genannt. Die Stange ist breit genug, sodass Sie den Abstand zwischen den Händen recht unterschiedlich wählen können: Entweder halten Sie die Hände an der Stange nahe beieinander und senkrecht oberhalb der Schlüsselbeine oder weit auseinander in doppelter Schulterbreite; dadurch können Sie verschiedene Anteile des breiten Rückenmuskels, der unteren Trapeziusfasern und auch der Rautenmuskeln trainieren. Da die unteren Trapeziusfasern beim Herabziehen des Arms mithelfen, sie also synergistisch mit dem Latissimus arbeiten, werden sie immer mittrainiert, wenn Sie den breiten Rückenmuskel beanspruchen.

Hantelübungen für den Latissimus

Einseitig: Mit einem Bein knien Sie längs auf einer Bank, das andere steht am Boden. Sie halten den Rücken in etwa waagrecht und gerade, stützen sich mit der einen Hand auf der Bank ab und heben die Hantel mit der dem knienden Bein gegenüberliegenden Hand. Beim Heben der Hantel achten Sie darauf, dass der Ellbogen senkrecht nach oben geht. Heben mit dem Ausatmen, Senken mit dem Einatmen – umgekehrt ist es genauso möglich, das ist Geschmackssache; wichtig ist vor allem, dass das Heben und Senken synchron mit dem Atemrhythmus erfolgt.
Beidseitig: Sie stehen und halten eine Hantel in jeder Hand. Die Wirbelsäule gerade, Kopf und Rücken in einer Linie, in einem Winkel von etwa 45 Grad zur Horizontalen. Abwechselnd heben Sie, mit dem Ellbogen voran wie bei der vorhergehenden Übung, die Hantel auf der einen Seite mit dem Einatmen zurück und senken sie dann langsam wieder mit dem Ausatmen, dann das Gleiche auf der anderen Seite und so fort.

Wirbelsäulendehnung

Diese Übung ist dem *Drehsitz* ähnlich, nur wird sie im Liegen ausgeführt. Sie liegen ausgestreckt auf dem Rücken und bringen das rechte Knie sanft zur Brust. Die Arme sind in Schulterhöhe ausgestreckt und die Ellbogen im rechten Winkel gebeugt, sodass die Handflächen zum Himmel zeigen. Während Schultern und Ellbogen auf dem Boden bleiben, wenden Sie das rechte Knie zur linken Seite und lassen es seitlich von der linken Hüfte langsam in Richtung Boden sinken. Bei fortgeschrittener Dehnung wird das Knie am Boden ruhen. Nach ungefähr einer Minute wechseln Sie ganz langsam zur anderen Seite. Mit dieser Übung dehnen Sie vor allem die Wirbelsäule und die Rückenstrecker, aber auch andere Rückenmuskeln, den großen Brustmuskel und die Abduktoren.

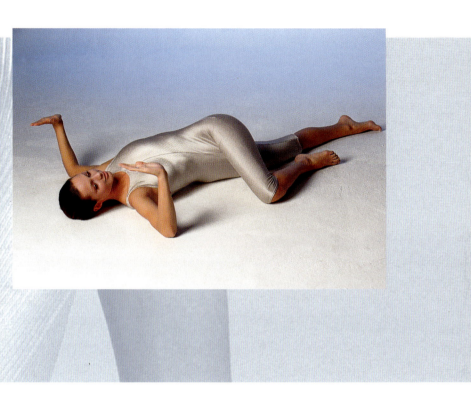

Heuschrecke oder Shalabhasana

Sie liegen bäuchlings auf einer Matte, die locker geballten Fäuste unter den Leisten. Mit dem Einatmen heben Sie die gestreckten Beine so weit wie möglich nach oben, sodass sich auch das Becken vom Boden hebt. Mit dem Ausatmen senken Sie die Beine wieder langsam zu Boden. Diese Übung wird in der chinesischen Heilkunde übrigens nicht nur zum Tonisieren des Blasenmeridians, sondern auch für den Milz-Pankreas-Meridian verwendet.

Rotary Torso

Während man mit dem auf Seite 66 vorgestellten *Lower Back* die gerade verlaufenden Fasern der Rückenstrecker trainiert, wird mit dem *Rotary Torso* vor allem die vielfältige Muskulatur, die die Drehung der Wirbelsäule und des Brustkorbs bewirkt, gestärkt: das sind das transversospinale System der Rückenstrecker – die Wirbeldreher (M. rotatores) und der vielgeteilte Muskel (M. multifidus) – und die schräge Bauchmuskulatur.

Für das Dehnen der Rückenstrecker sind im Hatha-Yoga, welches das älteste vollständig überlieferte Fitness-System der Menschheitsgeschichte darstellt, vor allem drei Übungen gebräuchlich. Die erste ist die schon beschriebene Zange oder *Pashimottasana*. Sie dehnt auch die Rückseite der Beine und am Rücken besonders die geraden und längs verlaufenden Fasern der Rückenstrecker, während die zwei folgenden Übungen auch die schräg und spiralig verlaufenden Anteile der Rückenstrecker dehnen.

Drehsitz

Drehsitz oder Ardha Matsyendrasana

Bei dieser Asana sitzen Sie am Boden, das linke Bein ausgestreckt. Stellen Sie den Fuß des angewinkelten rechten Beins über Kreuz neben die Außenseite des linken Knies. Dann drehen Sie Rumpf, Hals und Kopf so weit wie möglich nach rechts hinten und blicken dabei ebenfalls so weit wie möglich nach rechts. Der rechte Arm ist hinter der rechten Pobacke aufgestützt, mit dem ausgestreckten linken Arm berühren Sie den Boden neben der rechten Hüfte. Nehmen Sie sich etwa eine Minute Zeit für die Dehnung nach rechts. Danach wiederholen Sie die Übung auf der linken Seite. Mit dieser Asana stimulieren Sie die Shu-Punkte und üben damit einen harmonisierenden Einfluss auf die Funktion der inneren Organe aus.

Kopfstand

Sie knien am Boden, verschränken die Finger beider Hände zu einer Schale, in die Sie den Kopf legen. Bilden Sie am Boden ein gleichseitiges Dreieck: Die Eckpunkte sind die Stirn und die beiden Ellbogen. Bringen Sie mithilfe der nachrückenden Beine das Becken ganz langsam über den Kopf, die Füße sind noch am Boden und geben Unterstützung. Wenn Sie sich ruhig und im Gleichgewicht fühlen, heben Sie ganz langsam die Beine nach oben, bis Sie gerade im Kopfstand stehen. Wenn Sie nach vorne kippen, rollen Sie auf der vor Ihnen liegenden Matte ab. Am Anfang können Sie den Kopfstand auch vor einer Wand machen, um nicht ganz umzufallen. Wenn Sie sich im Kopfstand sicher fühlen, machen Sie die auf den Abbildungen angegebenen Variationen in beide Richtungen: einmal die Grätsche nach vorn und rückwärts, einmal die Grätsche zur Seite.

Die Schultern

Die Schultern sind das Bindeglied zwischen dem Brustkorb und den Armen: sie vermitteln zwischen den emotionalen Kräften des Rumpfs und den expressiven Elementen der Arme und Hände. Sie sind das Bindeglied zwischen Handeln und Sein. Wir brauchen die Schultern und Arme, um zu handeln, um zupacken und durchgreifen zu können, aber das Herz der Handlung ist in der Brust. Der Wille sitzt in den Nieren und der Impuls der Tat in Leber und Gallenblase.[16]

Da die Schultern im Unterschied zum Brustkorb sehr beweglich sind, hat ihre jeweilige Stellung einen großen Einfluss auf die Weite, Enge und allgemeine Gestalt des Brustraums. Dadurch werden bestimmte Gefühle ermöglicht, andere in ihrem Entstehen und in ihrem Ausdruck behindert. Viele spontane Emotionen genauso wie emotionale Grundhaltungen, die in der Brust und allgemein in der oberen Körperhälfte wohnen, zeigen sich an der jeweiligen Stellung der Schultern.

Stellen Sie sich eine halbe Minute lang intensiv Angst und Schrecken vor – und spüren Sie, was Ihre Schultern dabei tun. Sagen Sie einem Freund, er solle sich eine kleine Weile müde und niedergeschlagen fühlen – und beobachten Sie, wie seine Schultern dabei nach vorne und unten sacken. Nehmen Sie eine Körperhaltung des Zorns ein – und spüren Sie, wie sich die Schultern straffen. Eine gute Übung, sich seiner Gefühle und der damit verbundenen Körperhaltung bewusst zu werden, ist, sich mit nacktem Oberkörper vor einen großen Spiegel zu stellen, verschiedene Gefühle in sich wachzurufen und verschiedene emotionale Haltungen einzunehmen – Emotionen wie Trauer, Glück, Übermut, Stolz, Bescheidenheit, Selbstsucht, Überlastung, Stress und die schon erwähnten Gefühle der Angst, der Niedergeschlagenheit und des Zorns. Stellen Sie sich diese Emotionen intensiv ungefähr eine Minute vor und beobachten Sie sich dabei ab und an im Spiegel, werden Sie eine interessante kleine Reise in Ihre Gefühlswelt unternehmen.

Wenn Sie sich nun überlegen, dass sich eines dieser Gefühle, zum Beispiel Angst und Schrecken, nicht nach der ursprünglich bedrohlichen Situation wieder auflöst, sondern über einen längeren Zeitraum bestehen bleibt, verfestigt sich auch die entsprechende Körperhaltung, die angespannten und verkürzten Muskeln werden hart und sind irgendwann gar nicht mehr imstande, wieder loszulassen, auch wenn der Betreffende das wünscht. Das Hochziehen der Schultern – ein natürlicher Reflex, um den verletzlichen Hals in einer bedrohlichen und Angst erzeugenden Situation zu schützen – wird zu chronisch hochgezogenen und in ihrer Position erstarrten Schultern. Auf diese Weise wird das ursprüngliche Schreckerlebnis in der Körperhaltung eingefroren, wird fester Bestandteil von Persönlichkeit und Körperbau und beeinflusst auf diese Weise nicht nur die Ausdrucksmöglichkeiten und den Fluss der Gefühle in der oberen Körperhälfte, sondern auch physiologische Funktionen wie Atemtiefe und Atemfrequenz sowie energetische Funktionen wie das Strömen von Qi in den Arm-Meridianen, was wiederum Auswirkungen auf andere körperliche, seelische und geistige Funktionskreise hat.

Die Stellung der Schultern zeigt also nicht nur eine Vielzahl von emotionalen Erfahrungen an, die ein Mensch gerade macht oder in seiner Vergangenheit gemacht hat, sondern sie bestimmt auch die Art und Qualität der Gefühle mit, die in der oberen Körperhälfte entstehen und ausgedrückt werden. Wenn die Schultern durch eingefrorene Erlebnisse in einer bestimmten Position festgehalten werden, werden viele andere Emotionen nicht nur in ihrem Ausdruck blockiert, sondern sind schon in ihrer Entstehung behindert. Hat jemand zum Beispiel chronisch hochgezogene Schultern, wird es dem Betreffenden schwer fallen, ein freies Glücksgefühl in der Brust zu

empfinden, über die Schultern und Arme eine anmutige, willkommen heißende Geste oder eine herzliche Umarmung auszudrücken oder sich energisch in einer mühsamen und zähen Situation durchzusetzen, die entschlossenes Handeln erfordert.

Viele der eingefrorenen Erlebnisse, die die Schultern in einer bestimmten Haltung festhalten, bestimmen daher die Handlungsfähigkeit einer Person und damit die Art, wie sie auf die Anforderungen und Belastungen des täglichen Lebens reagiert und mit ihnen fertig wird. Die Stellung der Schultern zeigt, ob jemand viel oder wenig Aufgaben in seinem Leben übernehmen kann und wie schwer die Verantwortung auf seinen Schultern lastet.

Wohlgeformte und kräftige Schultern

Diese Schultern sind weder vor- noch zurückgezogen, weder abfallend noch hochgezogen, sondern gerade. Sie bilden einen harmonischen und ästhetischen Übergang vom Brustkorb zu den Armen, sind kräftig und vermitteln ein Gefühl von Selbstsicherheit und Handlungsfähigkeit. Solche Schultern zeigen an, dass der Betreffende Aufgaben und Verantwortung übernehmen kann. Sie sind nicht verspannt, sondern weich und flexibel, sie können loslassen, wenn die Arbeit getan ist.

Rechteckige Schultern

Sie sind übermäßig gerade und wirken irgendwie gestrafft. Solche Schultern vermitteln ein Gefühl von Selbstsicherheit und Macht und einer stark entwickelten Fähigkeit, Bürden und Lasten tragen zu können. Sie sind typisch für den psychopathischen Charakter (siehe Seite 137 ff.) und zeigen an, dass der Betreffende gern großen Eindruck auf seine Umgebung macht. Schultern, die im Vergleich zu Hüften und Beinen überentwickelt sind, weisen – genau wie ein erweiterter und aufgeblähter Brustkorb – auf ein übermäßig entwickeltes Ego hin.

Wenn Menschen damit beginnen, ein kraftvolles und dynamisches Image aufzubauen, es aber noch

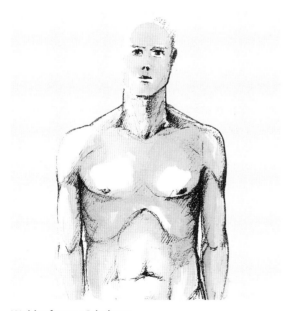

Wohlgeformte Schultern

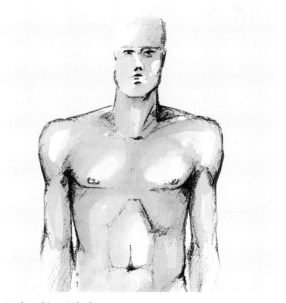

Rechteckige Schultern

nicht *verkörpern,* tragen sie oft Anzüge und Kleider mit ausgepolsterten Schultern, um mächtiger und energischer zu wirken, als sie tatsächlich sind. Da die kräftigen Schultern ein typisch männliches Körpermerkmal sind, verwenden besonders berufs- und karriereorientierte Frauen häufig Schulterpolster, um zu demonstrieren, dass sie imstande sind, viel Verantwortung zu übernehmen und eine große Arbeitsleistung zu erbringen.

Schmale Schultern

Schultern kann man als schmal bezeichnen, wenn sie in ihrer Ausdehnung deutlich geringer sind als die Breite der Hüften. Einige der in diesem Buch beschriebenen Körpertypen haben schmale Schultern. Beim oralen und hysterischen Charakter (siehe Seite 136 f. und Seite 145 ff.) wirken sie einfach unterentwickelt, kindlich und bedürftig. Beim schizoiden Körpertypus (siehe Seite 131 ff.) sind sie gespannt und gerötet und wirken zusammengepresst.

Es bestätigt sich immer wieder, dass Menschen mit sehr schmalen Schultern größere Schwierigkeiten haben als andere, die Belastungen und Probleme des täglichen Lebens zu *ertragen*. Recht häufig haben sie eine *geschmälerte* Fähigkeit, mit dem Leben fertig zu werden und Verantwortung für ihr Leben zu übernehmen. Da ihnen die Stärke und Breite der Schultern fehlt, um mit Entschiedenheit zu handeln und dadurch ihr Leben erfolgreich in die eigenen Hände zu nehmen, sind sie in vielen Situationen schwach und neigen zu emotionaler Abhängigkeit.

Abfallende Schultern

Abfallende, hängende Schultern sind ebenfalls meist schmal und in ihrer energetischen Funktion den schmalen Schultern ähnlich. Sie vermitteln die Botschaft, dass der Betreffende mehr Verantwortung auf

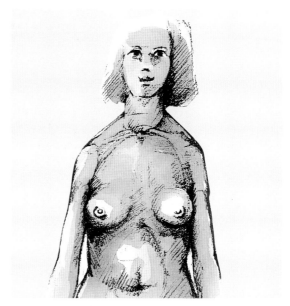

Abfallende Schultern

sich nimmt, als er aufgrund seiner Konstitution verkraften kann. Seine abwärts gebogenen, hängenden Schultern zeigen chronische Überlastung an.

In den letzten Jahrzehnten hat sich bei Menschen, die viel Bodybuilding betreiben, ein neuer Typus der abfallenden Schultern entwickelt. Diese Schultern sind sehr kräftig und muskulös. Durch eine trainingsbedingte Hypertrophie der oberen Trapeziusfasern entsteht eine Dreiecksform des Schultergürtels – die Schultern sind die zwei Eckpunkte der Basis, der Kopf ist die Spitze des Dreiecks. Solche Schultern hat man früher als Stiernacken bezeichnet; sie sind ein Ausdruck von roher Kraft und Gladiatorentum. Ästhetisch empfindenden Menschen sind sie meist ein Gräuel, in den Schönheitsmaßstäben der Bodybuilding-Wettbewerbe rangieren sie aber ganz oben.

Hochgezogene Schultern

Hochgezogene Schultern zeigen eine ängstliche Grundhaltung an und geben einen Hinweis darauf, dass der Betreffende in seiner Vergangenheit eine Periode ständigen Schreckens, eine andauernde Angstsituation, durchlebt hat und vielleicht auch des Öfteren physische Gewalttätigkeiten über sich

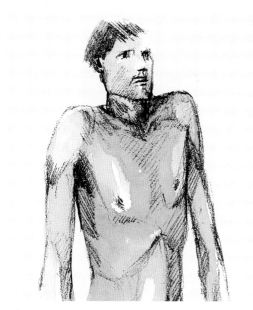

Hochgezogene Schultern

ergehen lassen musste. Da der ursprüngliche Grund der Furcht in den meisten Fällen längst nicht mehr existiert, tendieren solche Menschen dazu, ihre verinnerlichte Angst in irrationaler Weise auf neue Objekte und Situationen zu projizieren. Im Extremfall kann es zu einem paranoiden Geisteszustand kommen. Manchmal haben Schizoide, die eine Grundtendenz zu übersteigerter Angst und Paranoia haben, hochgezogene Schultern mit verspannten und blockierten Schultergelenken.

Vorgebeugte Schultern

Nach vorne gezogene Schultern entstehen durch eine Verkürzung des kleinen Brustmuskels (M. pectoralis minor). Tonus und Entspannungszustand des kleinen Brustmuskels sind eng mit den emotionalen Funktionen unseres Herzens verbunden.

Vorgebeugte Schultern bedeuten in den meisten Fällen chronischen Selbstschutz und die Furcht, verletzt zu werden. Durch das Vorziehen der Schultern versucht der Betreffende unbewusst, sein Herz und die ihm innewohnenden Gefühle zu schützen. Oft ist er von der Liebe enttäuscht worden oder hat eine andere gravierende Herz-Verletzung erlitten, die er nicht verarbeiten konnte. Menschen mit nach vorn gezogenen Schultern sind meist sehr empfindlich und verletzlich.

Mit der Methode der Posturalen Integration (siehe Seite 166f.) kann man die chronisch verkürzten Faszien des kleinen Brustmuskels wieder dehnen. Dadurch wird die emotionale Ladung, die in dem Muskel festgehalten wird, freigesetzt und meist auch bewusst. Wenn der kleine Brustmuskel entspannt ist, nehmen die Schultern ihre normale Position wieder ein.

In manchen Fällen ist eine Schulter weiter nach vorne gezogen als die andere, meist ist es die linke, da dies die Seite des Herzens ist und emotionale Verwundungen die Gewebe um und über dem Herzen stärker verspannen und verkrampfen.

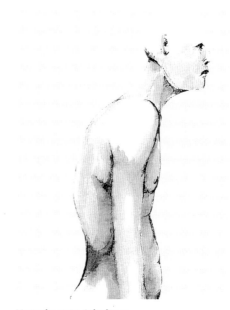

Vorgebeugte Schultern

Zurückgezogene Schultern

Zurückgezogene Schultern entstehen durch eine Verkürzung der Rautenmuskeln und der mittleren Trapeziusfasern. Ähnlich wie der kleine Brustmuskel sind die Rautenmuskeln mit der emotionalen Seite unseres Herzens verbunden. In größerem Maße noch als die kleinen Brustmuskeln spiegeln sie die unbewusste Seite unseres Herzens wider. Es sind die schmerzlichen Gefühle, die wir meinen, hinter uns gelassen und überwunden zu haben, und die jetzt in unserer Rückseite – unserer unbewussten Seite – ihre verspannende und neuen Lebens- und Liebesmöglichkeiten gegenüber skeptische und zurückhaltende Wirkung entfalten.

Manche Menschen haben in diesem Bereich auch einen oder zwei chronisch, oft seit Jahren schmerzende Punkte (meist B 14, B 15, B 43 oder B 44)[17], die durch rein auf das Physische gerichtete Massagen kaum mit Erfolg zu behandeln sind, da es sich bei solchen Verspannungen und Verkürzungen der Rautenmuskeln um die körperliche Seite eines emotionalen Verdrängungsprozesses handelt und der emotionale Ursprung des Schmerzes durch physikalische Therapie und klassische Massage weder erreicht noch beeinflusst wird.

Es gibt aber auch Menschen mit zurückgezogenen Schultern, die so aussehen, als müssten sie sich zwingen, nicht die Beherrschung zu verlieren und jemanden zu schlagen – als würden sie am liebsten auf die Welt eindreschen, trauten sich aber nicht. Diese verdrängten Aggressionsgefühle sind eher in den mittleren Trapeziusfasern eingeschlossen und oft ist auch die Seite der Schreibhand, die rechte Seite beim Rechtshänder, stärker zurückgezogen und verspannt. Während die Rautenmuskeln mit den Liebes- und Sehnsuchtsgefühlen des Herzens verbunden sind, hat der Trapezius mehr mit Selbstdurchsetzung, entschiedenem Handeln und Aggression zu tun. Nach der Meridianlehre der chinesischen Medizin wird der Kapuzenmuskel von der Gallenblase regiert, die das

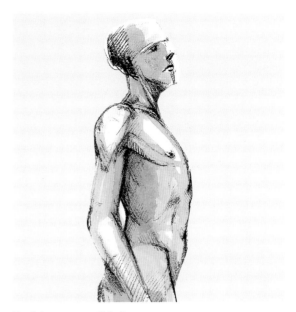

Zurückgezogene Schultern

Yang-Organ des Elements Holz und damit verantwortlich für Selbstdurchsetzung und Expansion ist.[18]

Menschen, die ihre Aggression zurückhalten, indem sie ihre Schultern zurückziehen und verspannen, haben auch eine Neigung zu Arthritis der Schulter-, Ellbogen- und Fingergelenke, die ebenfalls Symptome eines blockierten Holzelements sind. Viele Formen der Arthritis, zum Beispiel Periarthritis humeroscapularis, treten erst im späteren Lebensalter auf. Zurückgezogene Schultern können also ein frühes Anzeichen für mögliche spätere Gelenkleiden sein, da der Konflikt „Losschlagen oder nicht" die Muskeln des oberen Rückens, der Schultern und Arme so verspannt, dass die Gelenke von diesen widersprüchlichen Impulsen über Jahre und Jahrzehnte buchstäblich hin- und hergerissen werden.

Manche Menschen ziehen ihre Schultern aber auch zurück, weil sie im Spiegel entdeckt haben, dass ihre Brust schwach und zusammengesunken aussieht, und sie möchten, dass ihre Brust größer und mächtiger wirkt. Frauen straffen auf diese Weise – manchmal unwillkürlich, manchmal ganz bewusst – die Brust, um den Busen besser zur Geltung zu bringen. Das Straffen der Brust durch Zurückziehen der Schultern lässt die Brust gewölbter, größer und schöner aussehen, hat aber einen großen Nachteil,

vor allem wenn diese Haltung nicht nur kurz in einer Situation eingenommen wird, in der man sich besser ins Bild rücken möchte, sondern zur chronischen Haltung wird: Die mittleren Trapeziusfasern und Rautenmuskeln müssen ständig angespannt und verkürzt sein, um diese Form des Brustkorbs aufrechtzuerhalten, was bedeutet, dass wir eine größere und schönere Brust mit ständiger Spannung und Anstrengung erkaufen. Da die Körpersprache von vielen zwar nicht ganz bewusst, vom Unterbewussten jedes Menschen aber klar und deutlich verstanden wird, heißt das, dass unser Gegenüber zumindest instinktiv ahnt, dass wir uns durch Anspannung des oberen Rückens größer machen, als wir in Wirklichkeit sind. Es ist kaum möglich, einen anderen Menschen, der über ein Minimum an Gespür und Instinkt verfügt, zu täuschen. Der Körper kann schlecht lügen. Seine Spannkraft, seine Hautfärbung, seine Haltung, seine Proportionen, seine Bewegungen und seine Vitalität drücken den Menschen aus, der in ihm steckt. Es ist daher von Vorteil, die Brust- und Schultermuskeln durch ein wenig Krafttraining aufzubauen (zum Beispiel durch ein paar Liegestütze jeden Tag), um eine größere und festere Brust zu bekommen, statt die Schultern zurückzuziehen. Kräftige Brust- und Schultermuskeln strahlen auf natürliche Weise Stärke, Gelassenheit und Selbstvertrauen aus.

Die Schultermuskeln

Wenn jemand schwache Schultern und Arme hat, wird seine Handlungsfähigkeit begrenzt sein. Er wird sich in vielen Situationen, wo es darauf ankommt, nicht durchsetzen können. Das ist einer der Gründe, warum man die Schultermuskeln trainiert. Wie verschiedene Untersuchungen gezeigt haben, achten Frauen bei Männern sehr auf die Breite der Schultern. Sie signalisieren ihnen deutlicher als die meisten anderen körperlichen Merkmale, dass der jeweilige Mann imstande ist, zuzupacken und sich durchzusetzen. Im biologischen Sinn bedeutet das, dass er seine Frau und die Kinder schützen und ernähren kann. Das dürfte der Hauptgrund sein, warum weit häufiger Männer als Frauen ihre Deltamuskeln trainieren.

Deltoideus

Der Deltamuskel (M. deltoideus) verleiht der Schulter die runde Form. Er umhüllt, schützt und stabilisiert das Schultergelenk. Obwohl viele verschiedene Muskeln – wie zum Beispiel der Trapezmuskel, der kleine Brustmuskel und die Rautenmuskeln – die Stellung der Schulter zum Rumpf bestimmen, ist der Deltamuskel der Muskel, der die Schulter im eigentlichen Sinne ausmacht. Nur er vermag den Arm vorwärts, seitwärts und nach hinten zu heben. Von seiner Kraft hängen, mehr als von jedem anderen am Aufbau der Schulter beteiligten Muskeln, unsere Handlungs- und Durchsetzungsfähigkeit – und damit im weiteren Sinne auch unser Arbeits- und Leistungsvermögen – ab.

Der Deltamuskel besteht aus drei Teilen: einem vorderen (pars anterior), einem mittleren (pars media) und einem rückwärtigen Teil (pars posterior). Der vordere Teil hebt den Arm nach vorne, der mittlere hebt ihn zur Seite (abduziert ihn) und der rückwärtige Teil hebt den Arm nach hinten. Obwohl diese Muskeln in ihrer runden Form und mit ihrer gemeinsamen Ansatzsehne am Oberarm eine Gesamtheit bilden, handelt es sich eigentlich um drei verschiedene Muskeln mit drei verschiedenen Funktionen, die dementsprechend auch unterschiedlich trainiert werden müssen. Jedes Gewicht, das man nach vorne hebt, trainiert den vorderen Teil des Deltamuskels, jedes Gewicht, das man zur Seite hebt, den mittleren und jedes Gewicht, das man nach hinten hebt, den hinteren Teil des Deltoideus.

Das Training des Deltamuskels ist wichtig, um breite und kräftige Schultern zu bekommen. Vor allem ein Aufbautraining des mittleren Deltamuskels lässt die Schultern in die Breite wachsen.

Overhead Press

Mit diesem Gerät trainiert man vor allem den vorderen Teil des Deltamuskels, die oberen Fasern des Trapezius und den Trizeps. Da dabei aber der Trapezius mindestens ebenso viel wie der Deltamuskel trainiert wird, ist ein isoliertes Training des Deltoideus damit nicht möglich.

Lateral Raise

Dies ist das am meisten für das Training des mittleren Teils des Deltoideus verwendete Gerät. Will man vermeiden, die oberen Fasern des Trapezius mitzutrainieren (denn übermäßiges Training des Trapezius kann zu abfallenden Schultern führen), empfiehlt es sich darauf zu achten, dass man die Oberarme nur bis knapp unter die Schulterhöhe und nicht auch die Schultern dabei hebt.

Hantelübung für den mittleren Teil des Deltoideus

Diese Übung kann sowohl im Stehen als auch im Sitzen durchgeführt werden. In jeder Hand halten Sie eine Kurzhantel. Mit dem Einatmen heben Sie die Hanteln langsam zur Seite, mit dem Ausatmen senken Sie sie wieder langsam. Während des Übungsverlaufs sind die Arme weitgehend gestreckt – aber nie ganz durchgestreckt, um die Ellbogengelenke zu schonen. Wenn Sie die Hanteln nur bis zur Höhe des Brustkorbs heben, trainieren Sie den mittleren Deltamuskel allein; wenn Sie die Hanteln bis zur Schulterhöhe und darüber hinaus heben, trainieren Sie die oberen Trapeziusfasern dazu.

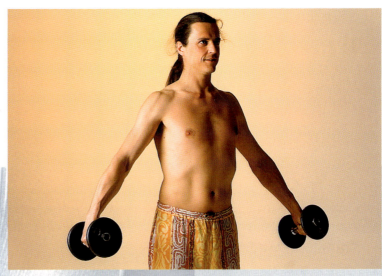

Zinnsoldat

Zinnsoldat

Mit dieser Übung wird nur der vordere und hintere Teil des Deltamuskels trainiert. Sie kann im Stehen wie im Sitzen durchgeführt werden. In jeder Hand halten Sie eine Kurzhantel. Mit dem Einatmen heben Sie den einen Arm bis ungefähr zur Schulterhöhe nach vorne, während Sie gleichzeitig den anderen Arm nach hinten heben, so weit es geht. Mit dem Ausatmen lassen Sie beide Hanteln wieder *langsam* in die Ausgangsposition zurücksinken. Mit dem nächsten Atemzyklus werden die Hanteln in die entgegengesetzten Richtungen gehoben, mit dem folgenden Ein- und Ausatmen werden die Hanteln wieder in die ursprünglichen Richtungen bewegt und so fort.

Die Schultermuskeln

Die Arme

Die Arme und Hände sind die Teile unseres Körpers, mit denen wir handeln. Mit ihnen sind wir imstande, auf vielfältige Art und Weise für unsere Bedürfnisse zu sorgen und unsere Emotionen auszudrücken. Die Arme können nehmen, geben, ausstrecken, umarmen, streicheln, halten, uns schützen, packen, stoßen und schlagen.

Während die Beine und Füße uns stützen und ihre Form etwas über unseren Bezug zur Erde, zur Natur und auch über unsere Kindheit, Jugend und persönliche Geschichte aussagt, hat die Form unserer Arme und Hände mit der Wirklichkeit des Hier und Jetzt zu tun: Mit ihnen holen wir uns, was wir jetzt zum Leben brauchen, mit ihnen setzen wir uns durch, mit ihnen drücken wir Liebe aus.

Die Beine und Füße können als die Verlängerung von Bauch und Becken betrachtet werden, sie stellen den Kontakt zur Erde her und sind daher unentbehrlich für unsere persönliche Autonomie. Unsere Arme und Hände hingegen gehen von der Brust und dem Herzen aus, ihre Funktion ist es, Beziehungen zu anderen Menschen aufzunehmen, aufrechtzuerhalten und wieder loszulassen. Die Form unserer Arme und Hände strukturiert daher, wie schwer oder leicht uns der Kontakt mit anderen Menschen fällt und wie unser soziales Leben sich gestaltet.

Ebenso wie die Knie- und Fußgelenke stellen die Ellbogen und Handgelenke psychosomatische Kreuzungspunkte dar, deren Beweglichkeit und Geschmeidigkeit den Energiefluss in den Armen und Händen und damit ihre emotionale Ausdrucksfähigkeit und Funktion bestimmen. Starrheit, Steifheit oder Flexibilität, Kälte, Kühle oder Wärme unserer Arme und Hände entsprechen daher der Art und Weise, wie wir uns durch die Welt der zwischenmenschlichen Beziehungen und die des Gebens und Nehmens bewegen.

Nach Oscar Ichazo, dem Gründer des *Arica-Instituts der menschlichen Entwicklung* in Chile, spiegeln die Oberarme unsere Stärke wider; die Ellbogen zeigen die Leichtigkeit oder Unbeholfenheit, mit der wir durchs Leben gehen; die Unterarme entsprechen den Mitteln, die wir zu Hilfe nehmen und die uns zur Verfügung stehen; die Hände werden gebraucht, um zu geben, zu nehmen und nach Zielen zu greifen.[19]

Wohlgeformte und kräftige Arme

Solche Arme sind stark und dennoch beweglich, kraftvoll und dennoch sanft, sie können sowohl etwas greifen und packen als auch zart berühren, sowohl geben als auch nehmen, sowohl streicheln als auch schlagen. Ihre Vitalität wird von der Fähigkeit des Organismus bestimmt, eine ganze Skala von Gefühlen und Handlungen frei auszudrücken. Gesunde Arme sind auf eine natürliche und anmutige Weise mit der Brust verbunden.

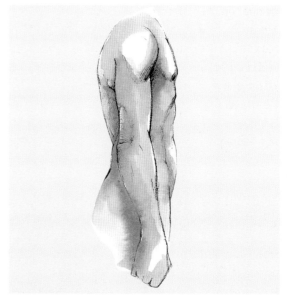

Wohlgeformte Arme

Schwache Arme

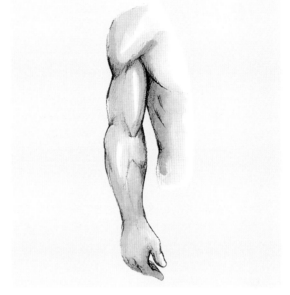

Starke Arme

Schwache Arme mit unterentwickelter Muskulatur

Schwäche in den Armen und Händen zeigt geringe emotionale Ausdrucksmöglichkeiten und eine mangelnde Fähigkeit, das Leben in den Griff zu kriegen. Menschen mit schwachen Armen und Händen halten viel Energie und Ausdruck im Bauch, im Brustkorb und oft auch in den Schultern fest. Sie haben klamme und kalte Hände und empfinden häufig ein Gefühl der Machtlosigkeit dem Leben gegenüber. Ihr Handeln ist von einem allgemeinen Mangel an Initiative geprägt.

Starke Arme mit überentwickelter Muskulatur

Überentwickelte Armmuskeln deuten in der Regel auf einen Mangel an Feingefühl und Takt hin. Solche Menschen sind in ihrem Ausdruck oft ungeschliffen und grob, sie gehen verhältnismäßig gefühllos mit anderen Menschen um und haben eine Tendenz, sie wie Dinge zu behandeln. Ihren Beziehungen fehlen nuancenreiche Zwischentöne und echter Kontakt. Oft nehmen sie Zuflucht zu brutaler Gewalt, um etwas zu ergreifen und zu packen, was sie haben wollen. Ihre Bewegungen sind steif und linkisch und lassen die Schwierigkeiten erkennen, die sie im Umgang mit anderen Menschen haben.

Dicke Arme mit unterentwickelter Muskulatur

Dicke Arme deuten darauf hin, dass der Betroffene eine leblose und träge Art zu handeln hat. Solche Menschen werden gewöhnlich nur mühsam aktiv, sie haben wenig Durchhaltevermögen und große Schwierigkeiten, sich abzugrenzen und sich durchzusetzen. Ihr emotionaler Ausdruck ist linkisch und unbeholfen und sie verbergen häufig ihre eigenen Bedürfnisse hinter einer permanenten und manchmal etwas klebrigen Hilfsbereitschaft.

Dicke Arme

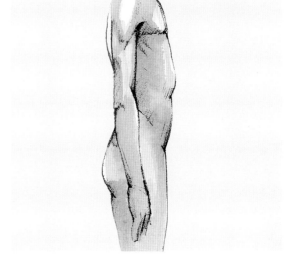
Dünne Arme

Dünne und angespannte Arme

Solche Arme charakterisieren einen Menschen, der in seinem Wesen etwas Zugreifendes, Zupackendes und Manipulatives hat. Mit seinen Armen vermag er sich zu verteidigen und zu schützen, er nimmt sich zum Leben, was er braucht. Obwohl ein solcher Mensch durchaus Kontakt zu anderen aufnehmen kann, hat er doch Mühe, Beziehungen zu anderen Menschen über einen längeren Zeitraum hinweg zu pflegen. Die Spannungen in seinen Armen und Händen entsprechen einer gewissen Ruhelosigkeit und Sprunghaftigkeit seiner Persönlichkeit, die sich auch immer wieder in Form von Verletzungen, Zerrungen und Verrenkungen äußern.

Aus der Beschreibung dieser fünf Haupttypen der Arme geht hervor, dass die Form und Funktion unserer Arme mit bestimmend sind, wie wir unsere Bedürfnisse zu erfüllen vermögen und wie sich unsere Beziehungen zu anderen Menschen gestalten. Wenn wir also unsere Arme durch ein gezieltes Training kräftigen und formen, verändern wir auch unsere Handlungs- und Beziehungsfähigkeit. Denn wesentliche Eigenschaften, die unser soziales Leben bestimmen – emotionaler Ausdruck, Abgrenzungsfähigkeit, Kontaktaufnahme, Feingefühl im Umgang mit anderen und Zärtlichkeit – sind eng mit der Form und Funktion unserer Arme und Hände verbunden.

Weder Menschen mit überentwickelter Armmuskulatur noch Menschen mit dünnen und angespannten Armen sollten ihre Arme in der Kraftkammer trainieren, da sie sonst nur noch gespannter und starrer werden. Günstig sind vielmehr einfache Lockerungsübungen, um einen Teil der im Tagesverlauf angesammelten Spannung wieder loszuwerden. Sie sind in der Regel jedoch nicht geeignet, um tief sitzende Verspannungsmuster zu lösen und verkürzte Muskelfaszien zu dehnen. Dafür ist die Posturale Integration (siehe Seite 166 f.) das Mittel der Wahl.

Für Menschen mit schwachen oder dicken Armen mit unterentwickelten Muskeln, die Schwierigkeiten im Umgang mit anderen haben und die ihr Leben nie so recht in den Griff bekommen, ist es besonders wich-

tig, die Arme durch ein Aufbautraining zu festigen und zu kräftigen. Meist genügt es, die zwei wichtigsten Muskelgruppen des Arms – die Beuger und Strecker im Ellbogengelenk – zu trainieren, um ein Gefühl von Kraft und Vitalität in den Armen und damit einen erweiterten Handlungsspielraum zu entwickeln.

Die Muskeln des Oberarms

Armbeuger

Die Armbeuger setzen sich aus dem zweiköpfigen Armmuskel (Biceps brachii, Bizeps), dem M. brachialis sowie dem Oberarmspeichenmuskel zusammen. Der Bizeps wird von Männern gern trainiert. Zusammen mit dem großen Brustmuskel ist er von alters her das Symbol männlicher Kraft und Handlungsfähigkeit schlechthin. Wie der Name sagt, hat er zwei Köpfe, das heißt zwei Muskelteile, die beide von verschiedenen Stellen des Schulterblatts entspringen. Der lange Kopf entspringt von einem kleinen Knochenhöcker (Tuberculum supraglenoidale) knapp oberhalb der Schultergelenkspfanne. Sein kurzer Kopf entspringt vom Rabenschnabelfortsatz (Processus coracoideus). Beide Teile des Bizeps setzen gemeinsam an der Vorderseite der Speiche an, an einer Stelle, die Tuberositas radii genannt wird. Der Bizeps ist ein zweigelenkiger Muskel, das heißt, er wirkt sowohl auf das Schulter- wie auf das Ellbogengelenk.

Wirkungen auf das Schultergelenk: Der lange Kopf abduziert den Arm und rotiert ihn nach innen, der kurze Kopf adduziert ihn und pendelt ihn beim Gehen und Laufen nach vorne. Die lange Bizepssehne verläuft innerhalb der Schultergelenkskapsel und ist damit an der muskulären Stabilisierung des Schultergelenks beteiligt.

Wirkungen auf das Ellbogengelenk: Der Bizeps ist ein starker Beuger im Ellbogengelenk, außerdem dreht er den Unterarm, wenn man mit herabhängenden Armen aufrecht steht, mit der Handfläche nach vorn – diese Bewegung wird Supination

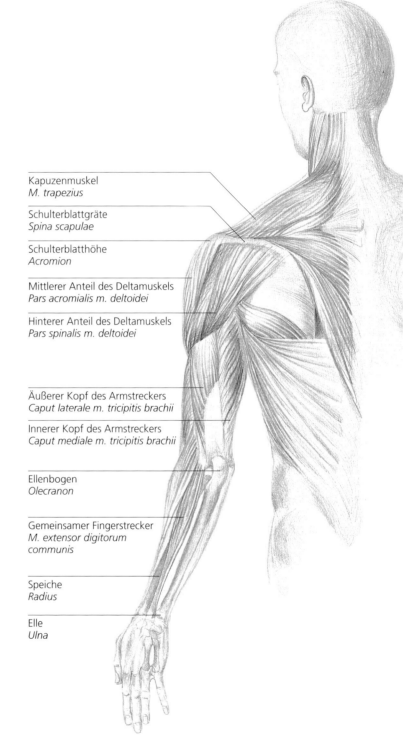

Oberarmmuskulatur von hinten

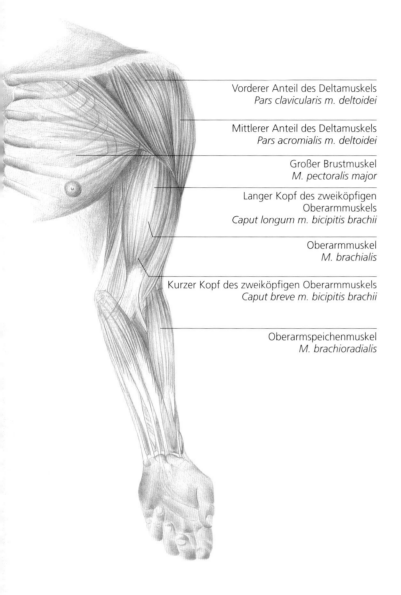

Oberarmmuskulatur von vorn

Vorderer Anteil des Deltamuskels
Pars clavicularis m. deltoidei

Mittlerer Anteil des Deltamuskels
Pars acromialis m. deltoidei

Großer Brustmuskel
M. pectoralis major

Langer Kopf des zweiköpfigen Oberarmmuskels
Caput longum m. bicipitis brachii

Oberarmmuskel
M. brachialis

Kurzer Kopf des zweiköpfigen Oberarmmuskels
Caput breve m. bicipitis brachii

Oberarmspeichenmuskel
M. brachioradialis

genannt. Da er beim Beugen im Ellbogengelenk die meiste Kraft entwickelt, ist die Beugefunktion für das Aufbautraining ausreichend.

Der Armbeuger (M. brachialis) liegt unter dem Bizeps. Er entspringt der Vorderfläche des Oberarmknochens und setzt vorne am oberen Teil der Elle an. Im Unterschied zum Bizeps ist er ein eingelenkiger Muskel – ein reiner Beuger im Ellbogengelenk. Durch seinen Ansatz an der Elle – der Bizeps setzt an der Speiche an – sorgt der M. brachialis für eine bessere Lastverteilung auf die Unterarmknochen.

Der Oberarmspeichenmuskel (M. brachioradialis) entspringt seitlich vom unteren Teil des Oberarmknochens. Er setzt am Griffelfortsatz der Speiche (Processus styloideus radii) an. Die Hauptmasse dieses Muskels liegt im Bereich des Unterarms, sie prägt das Relief des Unterarms über der Speichenseite. Im Gegensatz zum Bizeps entwickelt er seine größte Beugekraft in Pronationsstellung.

Der Strecker im Ellbogengelenk

Der dreiköpfige Armmuskel (M. triceps brachii, Trizeps) bildet die Muskelmasse der Oberarmrückseite. Sein langer Kopf entspringt vom Schulterblatt, von einem Höckerchen unterhalb der Gelenkspfanne (Tuberculum infraglenoidale). Der mittlere und der seitliche Kopf haben ihren Ursprung an der Rückseite des Oberarmknochens. Mit einer gemeinsamen starken Sehne setzen sie am Hakenfortsatz der Elle – dem eigentlichen „Ellbogen" oder Olecranon – an. Die drei Köpfe des Trizeps strecken im Ellbogengelenk; nur der lange Kopf ist zweigelenkig: er wirkt auf das Schultergelenk, indem er den Arm, zusammen mit dem hinteren Teil des Deltoideus, nach hinten hebt.

Der Trizeps spielt bei vielen Sportarten eine große Rolle. Überall, wo eine Streckung oder Feststellung des Ellbogengelenks erforderlich ist, stellt die Kraft dieses Muskels einen leistungsbegrenzenden Faktor dar, wie zum Beispiel beim Kugelstoßen, beim Boxen, bei allen Stützformen im Geräteturnen und beim Gewichtheben.[20]

Ausschütteln der Gelenke

Beginnen Sie mit dem Ausschütteln der Finger- und Handgelenke, etwa dreißig Sekunden bis eine Minute lang. Schütteln Sie dann die Ellbogengelenke aus, es folgen die Schultergelenke, beides auch etwa dreißig Sekunden bis eine Minute lang. Um die Ellbogen- und die Schultergelenke gut auszuschütteln, ist die Vorstellung hilfreich, den Unterarm beziehungsweise den ganzen Arm aus dem Gelenk zwei Meter weit wegzuwerfen.

Hantelübungen für die Beuger

Am besten trainieren Sie die Beuger mit den Hanteln im Stehen. In jeder Hand halten Sie bei supiniertem Unterarm eine Kurzhantel und heben sie im Atemrhythmus abwechselnd und langsam zur Schulter der gleichen Seite. Wichtig dabei ist, die Knie nicht ganz durchzustrecken und die Schultern zu entspannen. Das Training der Beuger mit den Kurzhanteln kann auch im Sitzen ausgeführt werden. Mit den Langhanteln kann man die Beuger nur im Stehen trainieren. Halten Sie die Langhantel mit beiden Händen etwa in Schulterbreite. Mit dem Ausatmen beugen Sie langsam den Ellbogen und heben die Hantel zur Schulter. Mit dem Einatmen lassen Sie die Hantel wieder langsam nach unten sinken.

Bizeps

Dieses Gerät in der Kraftkammer funktioniert nach dem gleichen Prinzip. Beim Beugen des Arms an diesem Gerät entwickelt man wie mit den Hanteln nicht nur den Bizeps, sondern auch die zwei anderen starken Armbeuger, die Kraft und Form der Armvorderseite mitbestimmen.

Hantelübung für den Trizeps

Mit der Kurzhantel trainieren Sie den Trizeps im Sitzen oder Stehen auf folgende Weise: Nehmen Sie eine Hantel, heben Sie den Arm senkrecht nach oben und lassen Sie nun die Hantel zur Rückseite der Schulter hin sinken, indem Sie den Arm langsam beugen. Das ist die Ausgangsposition des Trainings. Mit dem Ausatmen strecken Sie langsam im Ellbogengelenk, bis der Arm gestreckt ist und sich die Hantel senkrecht über der Schulter befindet. Mit dem Einatmen lassen Sie die Hantel wieder gemächlich zur Ausgangsposition zurücksinken. Wie bei anderen Übungen zum Muskelaufbau wählen Sie das Gewicht so, dass Sie die Hantel mindestens 10-mal, aber nicht öfter als 15-mal hintereinander in die Höhe bringen. Strecken Sie nun den Trizeps der anderen Seite. Variation: Nehmen Sie die Kurzhantel in eine Hand, knien Sie sich parallel neben eine Langbank und legen Sie den Oberarm quer zur Längsrichtung auf die Bank. Mit dem Ausatmen strecken Sie den Arm mit der Hantel langsam zur

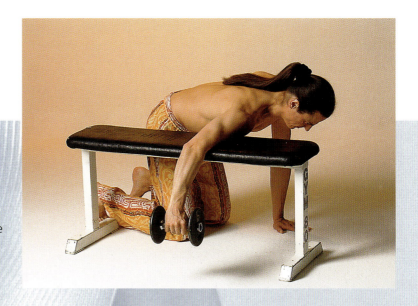

Seite, bis ungefähr zur Waagrechten, lassen Sie nun die Hantel mit dem Einatmen wieder langsam sinken. 8 bis 15 Wiederholungen, dann die Streckung mit dem anderen Arm.

Trizeps

In der Kraftkammer können Sie den Trizeps am einfachsten mit diesem Gerät kräftigen. Stellen Sie dabei einen Fuß in Schrittstellung vor den anderen und achten Sie darauf, dass die Oberarme ruhig in der Körperlängsachse bleiben, während Sie langsam beidseits im Ellbogengelenk strecken. Um die Oberarme stabil zu halten, lassen Sie sie während der ganzen Übung leicht an den Flanken anliegen. Das Gewicht sollte so gewählt sein, dass Sie Unterarm und Hand mühelos in einer Linie halten können.

Machen Sie zwei Sätze mit dem rechten Fuß vorne, wechseln Sie die Schrittstellung und machen zwei Sätze mit dem linken Fuß in der vorderen Position.

Die Brust

Die Brust hat in unserem Körper eine Mittelstellung zwischen oben und unten inne, zwischen den Sinneswahrnehmungen des Kopfes einerseits und den tieferen Gefühlen und Impulsen von Bauch und Becken andererseits. Die Brust hat die Aufgabe, Gefühle zu bündeln, zu verstärken, sie zu den Schultern und Armen, zu Hals und Mund weiterzuleiten und sie damit zum Ausdruck zu bringen. Viele Menschen begreifen die Brust als ihr Zentrum des Fühlens, weil dort ihr Herz schlägt. Vor allem Männer trainieren die Brustmuskeln, um sich stark und mächtig zu fühlen. Eine kräftige Brust bedeutet, dass wir Mut und Selbstvertrauen haben, Optimismus und Zuversicht, und dass wir uns von Rückschlägen nicht leicht verunsichern und entmutigen lassen.

Frauen gibt die kräftige Brust eines Mannes häufig das Gefühl der Sicherheit und Stabilität, des Sich-anlehnen-Könnens. Vielen Frauen ist eine kräftige Brust bei Männern wichtig. Ich vermute, das ist einer der Hauptgründe, warum die Männer sie trainieren.

Es ist sicherlich keine eigene Abhandlung erforderlich, um darzulegen, wie wichtig die Form und das Aussehen der weiblichen Brust für die Frau selbst, aber auch für die Männer, die sie begehren, ist. Wie Männern eine starke und breite Brust, ist vielen Frauen ein schöner und ansprechender Busen das Fundament ihres Selbstvertrauens. Die Form der weiblichen Brust sagt nicht nur viel über die Jugendlichkeit und Vitalität der Frau aus, sondern wird auch von alters her – von Männern wie von Frauen – als Ausdruck ihrer Sexualhormone und damit ihrer Fruchtbarkeit, ihres Geben- und Nähren-Könnens betrachtet. Der Busen ist der Teil des weiblichen Körpers, der in seiner Form und Gestalt den meisten Schwankungen ausgesetzt ist. Es ist allgemein bekannt, dass er sich im Rahmen des Monatszyklus verändert, gegen Ende des Zyklus voller wird. Viele Frauen machen auch die Erfahrung, dass ihr Busen zunimmt und wächst, wenn sie in ihrem Leben eine Zeit der Zärtlichkeit und Liebe erleben, und dass er die Tendenz hat, welker und schlaffer zu werden, wenn sie sich über längere Zeit nicht geliebt fühlen. Die Form der weiblichen Brust zeigt also nicht nur das ungefähre Alter der Frau sowie die Phase ihres Zyklus an, sondern auch, wie viel sie bekommen hat und was sie zu geben verspricht.

Interessanterweise trainieren wenige Frauen ihre Brustmuskeln, obwohl der große Brustmuskel, richtig trainiert, die Brust fast ebenso schön zu formen vermag wie bei Männern. Natürlich ist es mit dem Muskeltraining allein nicht getan. Eine schon im Altertum angewandte Technik, die Brust jugendlich und straff zu erhalten, ist die Wechseldusche: kalt-heiß-kalt-heiß-kalt.

Die alten orientalischen Techniken der Schönheits- und Gesundheitspflege können uns Workaholics von heute lehren, dass Schönheit nicht nur ein Resultat von Anstrengung ist, sondern dass, wenn wir unserem Körper selbst etwas Gutes tun und ihm Gefühle der Zärtlichkeit und Lust erlauben, der Körper in Anmut und Schönheit zu strahlen beginnt. Und umso wichtiger ist es natürlich, ein Leben zu führen, in dem der eigene Körper von einem anderen immer wieder ausgiebig gestreichelt und verwöhnt wird, und dafür zu sorgen, dass man genug Liebe bekommt und auch Liebe zu geben vermag.

Dem Zeitgeist entsprechend sind diese Themen im Bereich der Fitnesscenter weitestgehend tabu. Massenweise strömen die Frauen in die Step Aerobic und zu Bauch-Bein-Po. Auf den meisten Gesichtern liegt ein Schleier der Anstrengung, eine coole Attitüde und eine Härte sich selbst gegenüber. Interessanterweise ist die Formung des Busens weder in der überwie-

Brustmassage

Die kreisförmige Selbstmassage der Brüste mit einem tonisierenden Öl wurde im alten China perfektioniert. Die Kreise werden gegenläufig ausgeführt. Frau massiert sich den Busen leicht mit den Fingerspitzen an seiner Innenseite abwärts, unterhalb der Brustwarzen nach außen und an der Außenseite der Brüste wieder nach oben, bis sich der Kreis schließt. Eine erprobte Rezeptur für das tonisierende Öl sind, auf der Basis von 30 ml Mandelöl (oder auch einem anderen, für die regelmäßige Massage geeigneten Öl) die Essenzen von 4 Tropfen Lemongrass, 10 Tropfen Muskatellersalbeiöl, 11 Tropfen Geranium und 14 Tropfen Ylang Ylang. Nachdem man die Essenzen in das Öl gemischt hat, lässt man es einige Tage stehen, bis sich die Essenzen mit dem Basisöl verbunden haben. Wenn man das Brustmassageöl nicht regelmäßig anwendet und aus praktischen Gründen nicht im Kühlschrank aufbewahren möchte, empfiehlt es sich, etwa 5 ml Jojobaöl hinzuzufügen, um es haltbar zu machen.

Die Massage der Brüste sollte jeden Tag für etwa 5 bis 10 Minuten durchgeführt werden. Am besten ist frau dabei nackt. Die taoistischen Schriften äußern sich diesbezüglich, dass frau sich so lange selbst massiert, bis sie eine sanfte oder, je nach Belieben, stärkere sexuelle Erregung verspürt – denn das bedeutet, dass die Produktion der Sexualhormone angeregt worden ist, die ja auch für die Schönheit und Jugendlichkeit der Brüste verantwortlich sind.

genden Mehrzahl der Fitness- und Bodystyling-Lehrbücher noch in den Übungsprogrammen der Fitnesscenter ein Thema. Offenbar wird die Form des Busens – und die hat, wie ich oben beschrieben habe, auch mit Fruchtbarkeit, Sexualität, Zärtlichkeit und Liebesfähigkeit zu tun – mit Fatalismus betrachtet. Anscheinend leben wir heutzutage in dem Glauben, alles Mögliche in unserem Leben verändern und trainieren zu können, nur unsere Gefühle und Verhaltensweisen nicht. Immer mehr Frauen entschließen sich bei der Formung ihrer Brust zur chirurgischen Lösung, die aber keine ist, weil sie vorspiegelt, was nicht ist – ganz abgesehen davon, dass Silikon unser in diesen chemie- und giftstoffreichen Zeiten ohnehin schon stark gebeuteltes Immunsystem vollends aus dem Gleichgewicht bringen kann, wie die in jüngster Zeit in Zusammenhang mit Silikonimplantaten aufgetretenen Krebsfälle beweisen.

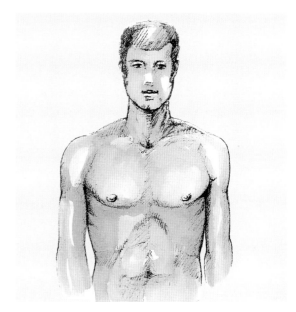

Kräftige Brust

Die kräftige und wohlgeformte Brust

Ein Hauptmerkmal einer kräftigen Brust ist ihre Fähigkeit, tief ein- und auszuatmen. Sie kann sich sowohl beim Einatmen ausdehnen und weit werden als auch beim Ausatmen in sich zusammensinken und nachgeben. Sie ist in ihrer Bewegungsfreiheit nicht behindert, Muskeln und Rippen sind elastisch.

Eine kräftige Brust erfüllt die Funktion, Gefühle, die vor allem aus Bauch und Becken kommen, zu bündeln, zu verstärken und einerseits über die Arme und Hände und andererseits über die Stimme und Augen zum Ausdruck zu bringen. Eine kräftige Brustmuskulatur ermöglicht eine tiefere Einatmung – der große Brustmuskel ist ein wichtiger Atemhilfsmuskel – und stellt dem Körper damit mehr Sauerstoff, und das bedeutet mehr Verbrennungsprozesse mit frei werdender Energie, zur Verfügung.

Eine kräftige Brustmuskulatur schützt das Herz und die Lungen vor unruhigen, nervösen und aggressiven Energien unserer Mitmenschen, aber auch vor Stadthektik, Verkehrs- und Maschinenlärm. Menschen mit athletisch geformter Brust lassen sich nicht so leicht aus der Ruhe bringen, nehmen nicht alles gleich persönlich und ertragen Stress und Hektik besser. Die emotionale Ruhe und das Selbstvertrauen, die eine gut ausgebildete Brustmuskulatur gibt, können auf mentalem Wege auch nicht durch umfangreiche psychotherapeutische Behandlungen erworben werden.

Der verengte Brustkorb

Eine schmale, schwächliche Brust ist ein Brustkorb im Zustand verstärkter Ausatmung. Menschen mit einem engen Brustkorb atmen zeitlich länger aus als ein. Ihre unterentwickelte Brustmuskulatur und meist auch die Enge und Unflexibilität der Rippen und Rippenknorpel befähigen sie nicht zu einer tiefen und vollständigen Einatmung. Diesem Atemmuster liegt ein großer Mangel an Selbstwertgefühl zugrunde, dass man nämlich nicht das Recht habe, etwas – und wenn es auch nur Luft ist – zu sich zu nehmen und (in der Pause zwischen Ein- und Ausatmen) für eine Weile zu behalten.

Dementsprechend sehen solche Menschen schwach und bedürftig aus. Sie wollen zwar oft viel, bekommen oft auch viel, können aber das, was sie bekommen, schlecht behalten, geben es gleich wieder ab. Es sind dies Menschen, die nach Lob und Anerkennung hungern, sie sich aber nicht zu Herzen nehmen können, wenn sie ihnen endlich zuteil wird. In einem engen Brustkorb ist zu wenig Raum, emotionale Geschenke und Liebe, die uns entgegengebracht werden, aufzubewahren. Da sie sich durch Zuwendung und Liebe nicht richtig zu nähren vermögen, leiden sie an ständigem Kraft- und Energiemangel und es fehlt ihnen an Durchhaltevermögen.

Um nachempfinden zu können, wie sich jemand mit einem verengten Brustkorb fühlt, atmen Sie mehrmals hintereinander doppelt so lange aus, wie Sie einatmen. Machen Sie nach jedem Ausatmen eine längere Pause. Verharren Sie nach einer Weile in der Ausatmung und nehmen Sie Ihre körperliche Haltung und Ihren Gefühlszustand wahr. Mit großer Wahrscheinlichkeit werden Sie sich schwach und unsicher fühlen, vielleicht auch lebensmüde und depressiv.

Wenn der Körper allgemein schwach und die Muskulatur unterentwickelt ist, wie es beim oralen Charakter der Fall ist (siehe Seite 136 f.), drückt sich die vorherrschende Energielosigkeit auch in einem geringen Fluss der Gefühle im Brustbereich aus. Wenn nur die obere Körperhälfte – Brustkorb, Schultern und Arme – eng und schmal ist, Becken und Beine aber weitaus mehr Substanz haben, wie das den hysterischen Körpertypus (siehe Seite 145 ff.) charakterisiert, sammeln sich Gefühle über längere Zeit in Bauch und Becken an. Diese werden durch den verengten Brustkorb und die schwachen Schultern und Arme an ihrem fließenden Ausdruck in der oberen Körperhälfte gehindert. Vor allem Gefühle der Hingabe und weiche Herzgefühle sind in ihrer Strömung durch den kleinen und starren Brustkorb beschränkt. Die sich im Bauchraum über längere Zeit ansammelnden Emotionen führen dann zu plötzlichen, heftigen Gefühlsausbrüchen und hysterischen Reaktionen, wenn das Gefäß überläuft oder der Damm bricht.

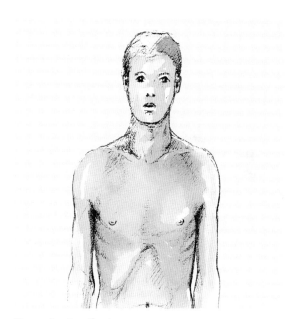

Verengter Brustkorb

Seien Sie sich im Klaren darüber, dass eine grundsätzliche Veränderung des Atemrhythmus mithilfe der auf Seite 112 vorgestellten Atemübung eine einschneidende Veränderung Ihres Lebensgefühls bedeutet. Neue Lebensmöglichkeiten werden sich ergeben, von denen Sie vielleicht geträumt haben, die Sie aber nicht verwirklichen konnten, Perspektiven werden sich eröffnen, von denen Sie nicht einmal geahnt haben, dass sie existieren oder dass sie auch einem Menschen wie Ihnen offen stehen. Das klingt recht fantastisch, wird aber realistisch, wenn man bedenkt, dass unser Atemrhythmus, gekoppelt mit unserem Herzschlag und unserem Blutdruck, das Fundament unserer geistigen und körperlichen Leistungsfähigkeit und unseres seelischen Erlebens darstellt. Jede auch noch so geringe Schwankung in der Sauerstoffversorgung unseres Gehirns und der Organe und Gewebe verändert unser Energieniveau – und sofort verändern sich die Möglichkeiten unseres Denkens, Fühlens und Handelns. Eine grundlegende Änderung der eingefleischten Gewohnheit, zu flach und ungenügend zu atmen, führt dazu, dass sich das Potenzial unserer geistigen und körperlichen Leistungs- und Erlebnisfähigkeit wesentlich erweitert.

Da die meisten von uns unbewusst an dem einmal Erprobten und Gewohnten festhalten – und sei es auch an Missmut und Misere – und diese Atemübung auf längere Sicht hin Ihre Persönlichkeit erweitert und Sie dynamischer und energetischer macht, werden unter Umständen auch innere Widerstände auftauchen, diese Atemübung regelmäßig durchzuführen – denn das Unbekannte, und mag es noch so verheißungsvoll aussehen, macht uns Angst. Lassen Sie sich von ihnen nicht beirren und von dem einmal eingeschlagenen Weg abbringen. Wenn es keine tieferen Widerstände gäbe, würden Sie schon längst tiefer atmen.

Der aufgeblasene Brustkorb

Der Brustkorb wirkt aufgeblasen, wenn er im Ausdehnungszustand der Einatmung fixiert ist und nicht so weit nachgeben und zusammensinken kann, dass eine vollständige Ausatmung möglich wird. Menschen mit einem solchen Brustkorb wirken von ihrer Persönlichkeit her mächtig, unangreifbar und aufgeblasen. Sie stolzieren mit geschwellter Brust einher und stellen gerne ihre Kraft zur Schau. Sie halten fest, was sie haben: sie pflegen ihr Image von „Ich bin okay. Ich kann für mich selbst sorgen. Ich brauche euch nicht." Es fällt ihnen schwer, dieses Image loszulassen und sich schwach zu zeigen. Sie haben gelernt, dass sie bewundert und geliebt werden, wenn sie stark sind. Dafür nehmen sie eine starre und rigide Haltung in Kauf. Ihr Stolz und ihre Ehre sind ihnen wichtig, sie können kaum nachgeben. Ihr Leben hat etwas Statisches – und vielleicht haben sie sich schon gefragt, warum sie bei aller Kraft und Stärke und bei aller Bewunderung, die ihnen zuteil wird, nicht wirklich zufrieden sind.

Ein überentwickelter Brustkorb bedeutet eine Überladung an Energie und Erregbarkeit in dieser Region, meist zum Nachteil anderer Körperbereiche, normalerweise des Beckens oder der Beine. Diese psychosomatische Struktur wird als dominante Form des psychopathischen Körpertyps im Kapitel *Körpertypen* ausführlich beschrieben (Seite 137 ff.).

Um eine Vorstellung davon zu erhalten, wie es sich anfühlt, mit einem mächtigen und starren Brustkorb durchs Leben zu schreiten, atmen Sie mehrmals hintereinander doppelt so lange ein, wie Sie ausatmen. Machen Sie nach jedem Einatmen eine längere Pause. Halten Sie nun die Luft an und spüren Sie die verschiedenen Bereiche Ihres Körpers. Wahrscheinlich fühlen Sie sich in Brust und Armen stark und mächtig, gleichzeitig ist der Bauch eingezogen und das Zwerchfell blockiert. Die Energie konzentriert sich automatisch in der oberen Körperhälfte, die Beine werden zu leblosen Stützen degradiert. Achten Sie

auch darauf, wie sich die Wahrnehmung Ihrer Gefühle aus Bauch und Becken verändert, und stellen Sie sich vor, wie es sich anfühlt, mit einer solchen Haltung Liebe und Zuwendung von einem anderen Menschen anzunehmen und zu erwidern.

Brustmuskulatur

Großer Brustmuskel

Wie schon erwähnt ist die psychologische Funktion des großen Brustmuskels (M. pectoralis major) Selbstvertrauen, Mut und Durchsetzungskraft. Mit einem kräftigen großen Brustmuskel wird es sehr unwahrscheinlich, dass Pessimismus, Zukunftsangst und Depression die Oberhand gewinnen. Kräftige Brustmuskeln machen ruhig und verlässlich, sie schützen das Herz und seine Gefühle, man wird weniger leicht angreifbar und nervös.

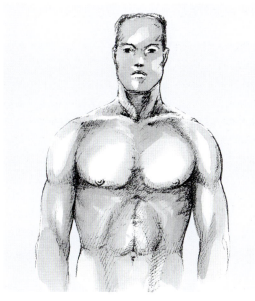

Aufgeblasener Brustkorb

Atemübung bei verengtem Brustkorb

Das Ziel der Übung liegt darin, das Grundmuster verlängerter und akzentuierter Ausatmung durch Betonung der Einatmung aufzulösen und dadurch die Pole von Ein- und Ausatmung auf lange Sicht hin gleichwertig und ausgewogen zu machen. Atmen Sie tief und lange ein, halten Sie dann den Atem ein wenig an, atmen Sie kurz und wenig aus, füllen Sie den Brustkorb erneut tief mit Luft und atmen Sie auf die beschriebene Weise weiter, mindestens eine Viertelstunde lang, ein- bis zweimal pro Tag.

Um ein tief sitzendes Grundmuster der Atmung zu verändern, ist es erforderlich, diese Übung regelmäßig zu machen. In den ersten Tagen empfiehlt es sich, folgenden Rhythmus einzuhalten: vier Schläge einatmen – vier Schläge Luft anhalten – zwei Schläge ausatmen – ohne Pause gleich wieder vier Schläge einatmen und so fort.

Nach einigen Tagen können Sie die Sequenz verdoppeln: acht Schläge einatmen – acht Schläge anhalten – vier Schläge ausatmen.

Machen Sie sich diese Übung auch in Alltagssituationen zur Gewohnheit. Sie können sie auch ausführen, während Sie mit anderen Dingen beschäftigt sind: wenn Sie Musik hören, Auto fahren (im Stau gibt sie Ihnen Ruhe und Gelassenheit und das Gefühl, etwas Sinnvolles mit der sonst vertanen Zeit anzufangen), Geschirr spülen, Zeitung lesen, auf einer Party plaudern (das erfordert die meiste Übung), tanzen oder mit den Kindern spielen. Eignen Sie sich diesen Atemrhythmus bei den eben beschriebenen Tätigkeiten an, werden Sie mehr Selbstbewusstsein entwickeln und nach und nach die Essenz einer meditativen Haltung entdecken: mit sich selbst in Kontakt sein, während der Strom der Ereignisse an Ihnen vorüberzieht. Falls Sie aber Mühe haben, diese Übung in einer Alltagssituation eine Viertelstunde lang durchzuhalten, dann atmen Sie in diesem neuen Rhythmus, wenn Sie ungestört sind und sich voll darauf konzentrieren können. Machen Sie diese Übung einen Monat lang jeden Tag und führen Sie darüber Tagebuch. Ziehen Sie Bilanz, was inzwischen geschehen ist. Falls Sie den Eindruck haben, dass die tiefere Atemweise hilft, neue Seiten in Ihnen zu entdecken und zu entwickeln, machen Sie sie drei Monate lang.

Atemübung bei aufgeblasenem Brustkorb

Atmen Sie tief und lange aus, machen Sie eine lange Pause bis zur nächsten Einatmung, atmen Sie kurz und wenig ein, atmen Sie gleich wieder tief und lange aus und so fort. Am Anfang empfiehlt es sich, folgenden Rhythmus einzuhalten: vier Schläge ausatmen – vier Schläge nicht atmen – zwei Schläge einatmen – ohne Pause gleich wieder vier Schläge ausatmen. Machen Sie diese Übung ein- bis zweimal pro Tag, etwa eine Viertelstunde lang. Nach einigen Tagen können Sie die Sequenz verdoppeln: acht Schläge ausatmen – acht Schläge nicht atmen – vier Schläge einatmen.

Für diese Übung gelten die gleichen Anregungen und Prinzipien wie für die Atemübung bei verengtem Brustkorb. Machen Sie sich den neuen Atemrhythmus auch in Alltagssituationen zur Gewohnheit. Nach einigen Tagen oder Wochen werden Sie bemerken, dass es Ihnen leichter fällt, andere Menschen herankommen zu lassen, und dass Sie Lob und Tadel im Herzen mehr berühren. Wahrscheinlich werden Sie auch feststellen, dass es nicht nötig ist, ständig mächtig und unnahbar zu wirken, um von den anderen respektiert zu werden. Möglicherweise werden Sie sich in manchen Situationen auch natürlicher, bescheidener und zwangloser fühlen. Machen Sie diese Übungen einen Monat lang jeden Tag und führen Sie darüber Tagebuch. Ziehen Sie Bilanz, inwiefern Sie Veränderungen an sich und im Umgang mit anderen Menschen wahrnehmen können. Falls Sie den Eindruck haben, dass der Atemrhythmus mit Betonung auf dem Ausatmen Ihnen hilft, neue Verhaltensweisen und Fühlmöglichkeiten zu entdecken und zu entwickeln, machen Sie sie drei Monate lang.

Liegestützen und Bankdrücken

Diese klassischen Übungen sind die einfachste Art, den großen Brustmuskel zu trainieren. Beim Bankdrücken legt man sich, am besten mit aufgestellten Beinen, auf den Rücken und stemmt ein Gewicht, zum Beispiel eine Bank oder einen kleinen Tisch, so oft es geht in die Höhe.

In der Kraftkammer gibt es einige Geräte, mit denen man diesen Muskel trainieren kann. Die beliebtesten sind: *Butterfly, Pull Over, Upper Chest* und *Decline Press*. Falls Sie noch nie mit diesen Geräten trainiert haben, sollte Ihnen beim ersten Mal ein Eingeweihter die Feinheiten des jeweiligen Modells erklären.

Butterfly mit Hanteln

Diese Übung dient vor allem der Stärkung des mittleren Brustbereichs und der Dehnung des Brustkorbs. Sie liegen in Rückenlage auf einer Bank und haben beide Arme mit den Kurzhanteln zu den Seiten hin ausgestreckt. Mit dem Ausatmen heben Sie die Hanteln jeweils in einem Viertelkreis von den Seiten zu einem Punkt über der Brustmitte – bis die Hanteln sich fast berühren. Mit dem Einatmen senken Sie die Hanteln wieder langsam zur Seite – langsam deshalb, damit der große Brustmuskel sich auch beim Senken der Hanteln anstrengen muss. Wichtig bei dieser Übung ist, dass Sie die Arme nicht durchgestreckt, sondern in den Ellbogen ganz leicht gebeugt halten, um die Gelenkflächen der Ellbogengelenke zu schonen. Dies sollte man sich schon beim Training mit leichten Gewichten angewöhnen, wo es an und für sich noch nicht erforderlich ist.

Butterfly im Liegen

Butterfly im Sitzen auf der Schrägbank

Diese Übung wird genau wie der gewöhnliche Butterfly ausgeführt. Durch das zurückgelehnte Sitzen auf der Schrägbank werden nicht nur vorwiegend die mittleren, sondern auch die oberen Fasern des großen Brustmuskels trainiert.

Brustmuskulatur

Bankdrücken mit der Stange oder einer Langhantel

Sie liegen in Rückenlage auf einer Bank, die Stange liegt quer über der Brust, ungefähr in Höhe des zweiten Zwischenrippenraums. Stützen Sie die Stange so mit den Händen ab, dass das Gewicht der Stange nicht auf den Brustkorb drückt. Mit dem Ausatmen heben Sie die Stange oder Langhantel senkrecht in die Höhe, mit dem Einatmen lassen Sie das Gewicht wieder *langsam* auf die Brust herabsinken.

Kurzhanteldrücken auf der Schrägbank

Auch diese Übung stärkt vor allem die oberen Fasern des Pectoralis major. Sie sitzen zurückgelehnt an die Schrägbank und halten die Kurzhanteln bei gebeugten Armen in etwa vor den Schultergelenken. Mit dem Ausatmen stemmen Sie die Hanteln in die Höhe, sodass durch die Bewegung ein A geformt wird. Heben Sie den Blick und die Hanteln bis zu einem Punkt senkrecht über den Augen. Mit dem Einatmen senken Sie die Kurzhanteln wieder langsam zurück zur Ausgangsposition vor dem Schultergelenk.

Bankdrücken mit der Stange

Pull Over mit der Kurzhantel

Diese Übung dient zur Stärkung des oberen Brustbereichs und zur Dehnung der oberen Öffnung des Brustkorbs. Sie liegen in Rückenlage auf einer Bank und halten eine Kurzhantel gleichzeitig mit beiden Händen hinter dem Kopf. Mit dem Ausatmen heben Sie die Hantel in einem Viertelkreis bis zu einem Punkt über der Brustmitte, mit dem Einatmen senken Sie die Hantel wieder *langsam* nach hinten, so weit es eben geht, um Achseln und Schultergelenke zu dehnen. Auch bei dieser Übung sind die Arme nie ganz durchgestreckt, sondern im Ellbogen leicht gebeugt.
Diese Übung können Sie auch auf einer Schrägbank ausführen.

Pull Over

Einarmiger Bandit

Diese Übung erlaubt es, die oberen, die mittleren und die unteren Fasern des großen Brustmuskels zu trainieren. Das ist vor allem deshalb wichtig, weil die zur Verfügung stehenden Geräte oft nicht imstande sind, dem Muskel die erwünschte Formvollendung zu geben.
Sie üben im Stehen und mit nur einer Kurzhantel für jeweils eine Seite. Der Oberkörper ist in einem Winkel von 45 bis 60 Grad nach vorn geneigt. Halten Sie den Rücken gerade, die Füße sind in Schulterbreite. Der Kopf bildet mit dem Oberkörper eine Linie. Die Fingerspitzen der freien Hand liegen auf den Ursprungssehnen der jeweils trainierten Fasern am Brustbein und ertasten das richtige An- und Entspannen.

Kräftigen der oberen Fasern des großen Brustmuskels

Für diese Übung suchen Sie sich eine Kurzhantel mit einem geringen Gewicht. Halten Sie die Kurzhantel mit dem fast ausgestreckten Arm auf Höhe der Schulter der gleichen Seite. Mit dem Ausatmen führen Sie die Hantel mit dem gestreckten Arm waagrecht zur Gegenseite, so weit es geht. Mit dem Einatmen führen Sie die Hantel wieder waagrecht in die Ausgangsposition zurück. Machen Sie diese Bewegung langsam 5- bis 15-mal, dann trainieren Sie die gleiche Muskelpartie der anderen Seite.

Kräftigen der mittleren Fasern des großen Brustmuskels

Suchen Sie sich für diese Übung eine Kurzhantel mit mittlerem Gewicht. Halten Sie die Kurzhantel mit dem fast ausgestreckten Arm auf Höhe des Oberbauchs, in der gleichen Sagittalebene wie bei der vorigen Übung. Führen Sie die Hantel mit dem Ausatmen waagrecht zur Gegenseite und mit dem Einatmen langsam wieder zur Ausgangsposition zurück. 5- bis 15-mal für jede Seite.

Kräftigen der unteren Fasern des großen Brustmuskels

Suchen Sie sich für diese Übung eine Kurzhantel mit größerem Gewicht. Halten Sie die Kurzhantel in etwa senkrecht unter der Schulter des trainierenden Arms. Führen Sie die Hantel mit dem Ausatmen zuerst waagrecht und dann – einen leichten Aufwärtsbogen beschreibend – zur Gegenseite, sodass die unteren Muskelfasern zur vollen Anspannung kommen. Lassen Sie die Hantel mit dem Einatmen langsam wieder zurück zur Ausgangsposition sinken. 5- bis 15-mal auf jeder Seite.

Häufige Fehlhaltungen und ihre Korrektur

Im vorigen Kapitel sind die für Sport, Gymnastik und Krafttraining wichtigsten Muskeln und Muskelgruppen in ihrer Anatomie und Funktion beschrieben worden; in diesem wird eine Übersicht über die wichtigsten an einer Fehlhaltung ursächlich beteiligten Muskeln gegeben, damit Sie sich einen individuellen Trainingsplan zusammenstellen können. Ein gezieltes, auf anatomischem Verständnis basierendes Training ermöglicht es, jene Muskeln *nicht* zu trainieren, die Ihre Fehlhaltung verstärken oder zumindest weiter verfestigen, und jene Muskeln besonders aufzubauen, die eine Fehlhaltung ausgleichen und verringern. Auch können Sie lernen, die Muskeln zu dehnen, die eine Fehlhaltung bedingen oder mit bedingen, weil sie verkürzt sind. Das führt zu einem selektiven und persönlich auf Ihre strukturellen Erfordernisse abgestimmten Trainingsstil, der übrigens eine oft recht beträchtliche Zeitersparnis bedeutet, weil man nicht mehr an allen Geräten in der Kraftkammer trainiert.

Alle hier vorgestellten Fehlhaltungen lassen sich durch gezieltes Training verbessern und manchmal ganz heilen, vor allem mithilfe der auf Seite 166 f. vorgestellten Methode der strukturellen Bindegewebsmassage, der so genannten Posturalen Integration.

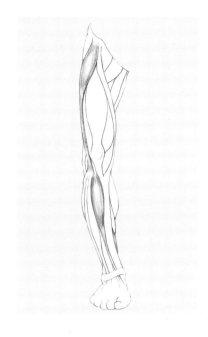

O-Bein

O-Beine

O-Beine entstehen durch eine fixierte Verkürzung vor allem der Abduktoren des Beins, aber auch des vorderen und hinteren Schienbeinmuskels (M. tibialis anterior und posterior). Im Zusammenhang damit sind die Adduktoren des Beins, aber auch der lange und kurze Wadenbeinmuskel (M. peronaeus longus und brevis) zu schwach oder überdehnt. Um ein strukturelles Verständnis von O-Beinen im Überblick zu ermöglichen, wird im Folgenden der Spannungsverlauf in den Beinen skizziert.

Bei O-Beinen besteht ein zickzackförmiger Spannungsverlauf von unten innen und vorne nach oben außen, das heißt, die Verkürzungen des vorderen und hinteren Schienbeinmuskels wirken zusammen mit denen der Abduktoren. Meist ist mehr die Verkürzung im hinteren als die im vorderen Schienbeinmuskel für die O-Beine verantwortlich.

Wenn man die Abduktoren und die Schienbeinmuskeln dehnt, um sie wieder etwas zu verlängern, und gleichzeitig die Adduktoren und die Peronaeusgruppe durch Aufbautraining stärkt, um sie dadurch etwas zu verkürzen, ist es mit regelmäßigem Training über einen längeren Zeitraum möglich, aus O-Beinen wieder gerade Beine zu machen. Wie man dabei vorgeht, wird im Kapitel *Die Beine* beschrieben.

Sind die O-Beine leicht bis mittelgradig ausgebildet, kann das durch die entsprechenden Dehnübungen und ein Aufbautraining der Adduktoren an der Maschine erreicht werden. Bei stark ausgeprägten O-Beinen wird es erforderlich sein, die Faszien der verkürzten Muskeln durch Posturale Integration, kurz PI genannt, zu dehnen. Auf diese Methode der strukturellen Körperarbeit wird auf Seite 166 f. näher eingegangen. Erst dann hat es Sinn, mit dem systematischen Beintraining zu beginnen.

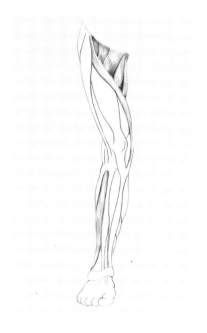

X-Bein

X-Beine

X-Beine sind durch eine chronische Verkürzung vor allem der Adduktoren des Beins, aber auch des langen und kurzen Wadenbeinmuskels bedingt. Als Gegenspieler sind die Abduktoren wie auch der hintere und vordere Schienbeinmuskel zu schwach oder überdehnt.

Bei X-Beinen besteht ein zickzackförmiger Spannungsverlauf von unten außen nach oben innen, das heißt, die Verkürzungen der Peronaeusgruppe bewirken zusammen mit denen der Adduktoren die Verformung der Beine zu der charakteristischen X-Figur.

Dehnt man die Adduktoren und die Peronaeusgruppe, um sie dadurch etwas zu verlängern, und stärkt man gleichzeitig die Abduktoren und die Schienbeinmuskeln durch Aufbautraining, um sie etwas zu verkürzen, ist es möglich, aus X-Beinen wieder gerade Beine zu machen. Wie man dabei vorgeht, wird im Kapitel *Die Beine* beschrieben.

Wenn die X-Beine leicht bis mittelgradig ausgebildet sind, kann das durch entsprechende Dehnübungen und ein Aufbautraining der Abduktoren an der Maschine erreicht werden. Bei stark ausgeprägten X-Beinen wird es erforderlich sein, die Faszien der verkürzten Muskeln durch Posturale Integration zu dehnen. Erst in Kombination mit der spezifischen Dehnung der verkürzten Muskelfaszien ist es sinnvoll, mit dem systematischen Beintraining zu beginnen.

Hohlkreuz

Für die Ausbildung eines Hohlkreuzes gibt es zwei Ursachen. Zum einen kann es sich um eine physiologische Schutzhaltung des Organismus bei chronischer Darmentzündung handeln, da sich der Bauchraum beim Hohlkreuz vergrößert, wodurch ein chronisch entzündeter und vielleicht auch aufgetriebener Darm mehr Platz für seine peristaltischen Bewegungen hat. Bei einem chronisch entzündeten Organ führen im Allgemeinen schon leichter Druck und Berührung mit Nachbarorganen und angrenzendem Gewebe zu Schmerzen, wie sie bei körperlicher Bewegung, aber auch allein durch die Atmung zustande kommen. Andauernde dumpfe Schmerzen, vor allem im Bauchraum oder Becken, werden bis zu einer gewissen Schwelle nicht bewusst erlebt, führen aber schon lange vor ihrer Bewusstwerdung zu selbstheilenden Maßnahmen subkortikaler Hirnzentren, wie zum Beispiel dem Einnehmen einer physiologischen Schutzhaltung. Ein durch eine chronische Darmerkrankung verursachtes Hohlkreuz muss daher zuallererst durch eine Heilung des Darms behandelt werden, wie sie zum Beispiel bei der Darmsanierung nach Franz Xaver Mayr geschieht (siehe Seite 17 f.).

Die zweite Ursache ist die chronische Verkürzung von meist mehreren der folgenden vier Muskeln:
- Gerader Schenkelmuskel (M. rectus femoris)
- Spanner der Oberschenkelbinde (M. tensor fasciae latae)
- Rückenstrecker (M. erector spinae)
- Lendenmuskel (M. iliopsoas)

Ist das Hohlkreuz nicht zu stark ausgebildet, kann man versuchen, diese Muskeln durch spezifische Übungen zu dehnen. Bei einem ausgeprägten Hohlkreuz, das durch stark verkürzte Muskeln fixiert ist, wird es erforderlich sein, die entsprechenden Muskelfaszien zusätzlich mit Posturaler Integration zu dehnen, um eine physiologische Biegung der Wirbelsäule wiederherzustellen und dadurch Langzeitfolgen wie Verformungen und Bandscheibenvorfälle zu vermeiden.

Neben den schon im Kapitel *Die Beine* beschriebenen Übungen wie *Dehnen der Abduktoren im Sitzen* (siehe Seite 48) und *Pashimottasana* (siehe Seite 44) sind die Übungen von Seite 124 f. zu empfehlen.

Auf jeden Fall muss man alle Geräte und Übungen aus dem Trainingsprogramm eliminieren, die die vier das Hohlkreuz bestimmenden Muskeln beim Aufbautraining zwar kräftigen, aber auch verkürzen. In der Kraftkammer ist das vor allem das *Knee Extension* genannte Gerät für die Kräftigung des Quadriceps, dann das *Abductors* genannte Gerät für das Training des Spanners der Oberschenkelbinde und schließlich sind das alle Geräte und Übungen, die die unteren Rückenmuskeln stärken. Dazu gehören sowohl der *Lower Back* – auf diesem liegt man waagrecht, das Gesicht zum Boden, und lässt den Oberkörper nach unten hängen, um ihn dann mithilfe der Rückenstrecker immer wieder aufzurichten (siehe Seite 66) – als auch die *Kobra* und *Heuschrecke* genannten Yoga-Asanas (siehe Seiten 76 und 87).

Was den Iliopsoas betrifft, ist darauf zu achten, dass man physiologisch richtig geht und läuft. Wie schon im Kapitel *Die Beine* im Abschnitt über den Hüftlendenmuskel beschrieben wurde, initiiert der Iliopsoas die Gehbewegung, erst dann tritt der gerade Schenkelmuskel in Aktion. Wenn aber der Quadrizeps, der durch manche Sportarten wie Laufen oder Radfahren besonders trainiert wird, stark entwickelt ist, kann es vorkommen, dass er beim Gehen oder Laufen die Beugung im Hüftgelenk allein übernimmt. In diesen Fällen verharrt der Iliopsoas meist starr und unbeweglich, was man an einer hölzernen und steifen Geh- und Laufbewegung erkennt. Um den Iliopsoas aus einer rigiden Unbeweglichkeit zu lösen und damit seinen Anteil an der Verankerung des Hohlkreuzes zu minimieren, ist es wichtig, den auf Seite 32 f. beschriebenen Psoas-Gang der Zen-Mönche zu üben.

Dehnen des geraden Schenkelmuskels

Setzen Sie sich im Fersensitz auf den Boden und stützen Sie sich mit den Händen hinter den Füßen am Boden ab. Die Hände sind etwa in Schulterbreite am Boden aufgestellt und die Fingerspitzen zeigen in dieselbe Richtung wie die Zehen. Heben Sie nun das Becken und kippen Sie es dabei nach hinten, so weit es eben geht. Während Sie tief aus- und einatmen, verharren Sie ungefähr eine Minute lang in dieser Position. Lassen Sie sich nun wieder zurück in den Fersensitz sinken.

Variation: Setzen Sie sich mit angewinkelten Beinen auf den Boden, sodass die Füße neben den Hüften liegen. Lassen Sie den Oberkörper nun langsam zurücksinken, bis Sie die Spannung in den Oberschenkeln spüren. Bleiben Sie, wenn es ohne Schmerzen möglich ist, eine halbe Minute oder auch etwas länger mit dem Rücken am Boden liegen und atmen Sie tief ein und aus. In der chinesischen Medizin dient diese Übung der Aktivierung des Magenmeridians, physiologisch gesehen der Förderung der Verdauung und emotional der Stabilisierung, Beruhigung und Erdung.

Dehnen des Lendenmuskels

Setzen Sie sich im „Damensattelsitz" auf den Boden, ein Bein ist angewinkelt und liegt auf der Seite, während der Fuß des anderen, ebenfalls angewinkelten Beins vor dem Becken ruht. Sitzen Sie aufrecht oder sogar mit dem Oberkörper etwas nach vorn geneigt und stützen Sie die Hände in die Hüften. Neigen Sie mit dem Einatmen das Becken langsam nach vorn, so weit es geht, und verharren Sie am Endpunkt der Bewegung ein bis fünf Sekunden. Diese Bewegung wird durch eine langsame Kontraktion des Iliopsoas ausgeführt. Richten Sie mit dem Ausatmen das Becken langsam wieder auf und neigen Sie es sogar etwas zurück, sodass der Lendenmuskel gedehnt wird. Wiederholen Sie diese Bewegung ungefähr drei Minuten lang. In dieser Position kann man das Becken nur mit dem Lendenmuskel nach vorn neigen, ohne dabei einen anderen Muskel, wie zum Beispiel den geraden Schenkelmuskel oder den Spanner der Oberschenkelbinde, zu Hilfe zu nehmen. Deshalb ist diese Übung sowohl für die Dehnung als auch für die Aktivierung und Kräftigung des Iliopsoas hervorragend geeignet.

Rundrücken

Die Wirbelsäule weist im Brustbereich eine physiologische Krümmung nach hinten auf, die als Kyphose bezeichnet wird. Der Rundrücken entsteht durch eine stärkere Krümmung der Brustwirbelsäule nach hinten ohne gleichzeitige Hohlkreuzbildung – das Becken bleibt in einem normalen Winkel geneigt.

Die Ursache ist oft ein muskulär bedingter Haltungsfehler bei chronisch schlechter Sitz- und Lesehaltung und gleichzeitigem Bewegungsmangel. Manche Rundrücken sind auch durch eine Erkrankung der Wirbelsäule namens Morbus Scheuermann bedingt, die in der Sportmedizin Adoleszentenkyphose genannt wird.

Morbus Scheuermann

Bei dieser Erkrankung kommt es in der Jugend zu Entwicklungsstörungen der Wirbelsäule mit mehr oder weniger ausgeprägten Verknöcherungen der Grund- und Deckplatten der Wirbelkörper, die zur Bildung von so genannten Keilwirbeln und damit zu einem fixierten Rundrücken führen. Durch Bandscheibeneinbrüche in geschwächte Teile der Wirbelkörper wird die Wirbelsäule weiter geschädigt. Die Betroffenen leiden unter mehr oder weniger ständigen Schmerzen, können nicht lange aufrecht sitzen und sollten Sportarten mit axialer Belastung – wie zum Beispiel Gewichtheben, Trampolinspringen und Geräteturnen – und starke Beuge- und Streckbewegungen – wie Rudern oder Delfinschwimmen – in jedem Fall vermeiden. Vorteilhaft dagegen ist eine Kräftigung der Rücken-, Brust- und Bauchmuskulatur, da sie die Wirbelsäule stabilisiert. Zur Entlastung der Wirbelsäule sollte man vor allem die Geräte und Kurzhantelübungen anwenden, bei denen man im Liegen oder mit schräg geneigtem Oberkörper trainiert.

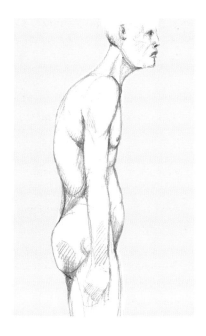

Rundrücken

Glücklicherweise kann der Körper die in der Jugend erfolgten Wachstumsstörungen zum Teil im dritten und vierten Lebensjahrzehnt wieder kompensieren, indem die Vorderkante der Keilwirbel schneller wächst als die Hinterkante.[21]

Wenn die biologische Energie im Alter, etwa ab dem sechsten Lebensjahrzehnt, stark abnimmt, kommt es wieder zu einer allgemeinen Verschlechterung – zu einer noch stärkeren Krümmung des Rundrückens und einer Zunahme der damit verbundenen Schmerzen. Für den Krankheitsverlauf ist daher entscheidend, wie man den Rücken und insbesondere die Wirbelsäule im mittleren Alter durch leichten Bewegungssport und angemessene Therapien verbessert und gepflegt hat. Vor allem regelmäßige Massage und Akupunktur des Blasen- und Nierenmeridians – Blase und Niere sind die Organe des Wasserelements und dieses Element regiert die Knochen – wie auch eine allgemeine strukturelle Verbesserung durch Posturale Integration bewirken eine Stabilisierung und teilweise Gesundung des Rückens und der Wir-

belsäule, was für den Betroffenen eine aufrechtere Haltung und eine deutliche Verringerung der Schmerzanfälligkeit bedeutet.

Einen durch schlechte Haltung und Bewegungsmangel erworbenen Rundrücken kann man auf vielfältige Art und Weise verbessern. Unter den Sportarten sind vor allem Rudern und Delfinschwimmen zu empfehlen, da bei diesen die Wirbelsäule ständig stark gebeugt und gestreckt und dadurch wieder flexibler wird. Als Yoga-Asanas sind das *Sonnengebet*, die *Kobra* und die *Heuschrecke* zu empfehlen, da diese die Wirbelsäule im mittleren Rücken nach hinten strecken; als Dehnübungen sind der *Drehsitz* und die *Wirbelsäulendehnung* anzuraten, die im Kapitel *Der Rücken* beschrieben wurden.

Beim Krafttraining ist vor allem die Stärkung des großen Brustmuskels wichtig, da ein kräftiger Pectoralis das Brustbein und damit den Brustkorb nach vorne und oben hebt, wodurch eine übermäßige Brustkyphose verringert wird. Unter den alternativen Therapien sind, ebenso wie bei Morbus Scheuermann, Posturale Integration, Meridianmassage und Akupunktur geeignete Methoden, um die Verhärtungen und Verspannungen in der Muskulatur wieder zu lösen und die im oberen und mittleren Rücken gestaute Lebensenergie wieder zum Fließen zu bringen.

Schulterschiefstand und andere Asymmetrien

Bei einigen Menschen ist eine Schulter höher als die andere. Manchmal rührt das von einem tiefer liegenden strukturellen Ungleichgewicht her, zum Beispiel von einem Beckenschiefstand, der wiederum durch verschieden lange Beine verursacht werden kann. In vielen Fällen ist eine Schulter höher als die andere, wenn der Trapezius – manchmal auch der Heber des Schulterblatts (M. levator scapulae) – auf der gleichen Seite verkürzt ist. In beiden Fällen kann ein Schulterschiefstand durch Posturale Integration korrigiert werden. Wenn er von einem verkürzten Trapezius herrührt, ist das eine einfache Sache, weil nur eine einzige Muskelfaszie gedehnt und verlängert werden muss. Wenn er durch die ganze Körperstruktur bedingt ist, ist es ein längerer Prozess, in dem meist zuerst das Becken wieder gerade gestellt werden muss. Es ist interessant, dass die höhere Schulter nicht unbedingt auf der Seite zu finden ist, auf der auch der Beckenkamm höher steht, sondern dass oft die Schulter auf der Seite hochgezogen ist, an der der Beckenkamm tiefer liegt.

Die letztgenannte Struktur ist komplexer und steht auch oft mit spiralförmigen Verdrehungen des Körpers in Zusammenhang – bedingt durch einseitige stärkere Verkürzung des Iliopsoas ist die höher stehende Seite des Beckens meist auch weiter nach vorn gezogen, wodurch der Schultergürtel häufig kompensatorisch in die Gegenrichtung verdreht ist, das heißt, wenn die rechte Beckenseite höher und weiter vorn ist, ist die rechte Schulter nach hinten gezogen und die linke Schulter weiter vorn. Für solche Verdrehungen des Rumpfes sind natürlich asymmetrische Spannungsmuster der Rückenmuskeln mitverantwortlich; wenn sie stärker werden, ist auch die Wirbelsäule davon betroffen.

Asymmetrien im Körperbau – manche Körperbereiche sind höher/tiefer, weiter vorn/weiter zurück und weiter außen/innen als andere – können durch Methoden der Körperarbeit wie Posturale Integration, Rolfing und Feldenkrais wieder ausgeglichen werden, sofern sie nicht extrem ausgebildet sind. Sogar bei Skoliosen – seitlichen Verbiegungen der Wirbelsäule mit Drehung der einzelnen Wirbelkörper – können mit diesen organischen Methoden gewisse, manchmal sogar recht erstaunliche Erfolge erzielt werden.

Körpertypen

Körperform und Charakterstruktur hängen eng zusammen. Es mag zwar genetisch angelegt sein, ob jemand dick ist oder dünn, ob jemand breite Schultern hat und schmale Hüften oder umgekehrt. Aber wie viele der angelegten Faktoren zur Entwicklung kommen, hängt von Elternhaus, Erziehung und Umwelt ab – und schließlich, je älter man wird, umso mehr von einem selbst. Für die meisten, die mit verschiedenen Sportarten und im Fitnesscenter trainieren, um ihren Körper kräftiger, ausdauernder und schöner zu machen, ist es selbstverständlich, dass man sich selbst und seinen Körper bis zu einem gewissen Grad verändern kann.

Es ist jedoch auch wichtig zu verstehen, dass man unter Umständen gegen den eigenen Lebensstrom schwimmt, wenn man den Körper nur physisch trainiert und außer Acht lässt, dass unsere emotionalen und persönlichen Eigenheiten, unsere Gefühle, Verhaltensmuster und Denkgewohnheiten den Körper ständig formen und dass es daher eine bedeutende Kraft- und Zeitersparnis sein kann, wenn man seine Persönlichkeit und seelischen Bedürfnisse in die Arbeit an sich selbst mit einbezieht.

Schon die alten Griechen wussten, dass es einen Zusammenhang gibt zwischen Persönlichkeit und Verhaltensmustern einerseits und der Gestalt, dem Aussehen und der Funktion des Körpers andererseits. Hippokrates formulierte in seiner Charakterlehre vier Typen, den phlegmatischen, melancholischen, cholerischen und sanguinischen Typus, denen er auch verschiedene körperliche Erscheinungsbilder zuschrieb. Jeder dieser vier Charaktertypen ist einem der vier Elemente – Erde, Wasser, Feuer und Luft – zugeordnet.

Auch die Astrologie kennt von alters her einen Bezug von Sternzeichen zu körperlichen Merkmalen. Vor allem der Aszendent, viel mehr als das Sonnenzeichen, prägt das körperliche Erscheinungsbild. Verschiedene astrologische Konstellationen werden in der modernen Astromedizin zurate gezogen, um Gesundheit und Krankheit verstehen zu können.

Seit der Entwicklung der Psychologie als eigenständige Wissenschaft im 19. Jahrhundert haben Forscher Lehren über den Zusammenhang von Körperbau und Charaktereigenheiten aufgestellt. Eine der bekannteren Typenlehren ist die des Psychiaters und Neurologen Ernst Kretschmer (1888–1964), der einen pyknischen, leptosom-asthenischen und athletischen Körperbau unterschied und diesen dem zyklothymen, schizothymen und viskösen Charakter zuordnete.

Eine andere bedeutende Körpertypenlehre, von der sich die verschiedenen, heute praktizierten Formen körperorientierter Psychotherapie – wie zum Beispiel Bioenergetik, Biodynamik und Hakomi – herleiten, beruht auf der Arbeit des österreichischen Arztes und Psychoanalytikers Wilhelm Reich (1897–1957). 1933 erschien sein Buch *Charakteranalyse,* in dem er den Grundstein für die Körpertypenlehre legte, die später von seinen Schülern und Nachfolgern Alexander Lowen, John Pierrakos, David Boadella, Gerda Boyesen und Ron Kurtz ausformuliert und in vielen praktischen Details weiterentwickelt worden ist.

Da diese Körpertypenlehre die Dynamiken zwischen Körper und seelischen Strukturen auf eine leicht zu erfassende Weise darstellt, werde ich sie hier in ihren Grundzügen beschreiben. Wichtig dabei ist, dass kein Mensch einen der dargestellten Charaktere in seiner reinen Form repräsentiert, auch wenn es auf den ersten Blick und bei oberflächlicher Betrachtung so aussehen mag, sondern dass wir alle Mischformen verschiedener Körpertypen sind.

Die Assoziation der Charakter- und Körperbilder zu Obst- und Gemüsesorten ist nicht nur dazu gedacht, ein einprägsames Bild des jeweiligen Charakters zu vermitteln, sondern auch, um eine weit verbreitete Falle vermeiden zu helfen, von der auch die reichsche Lehre nicht frei ist: Bei den psychologischen Theorien besteht die Gefahr, dass man sich selbst schnell in einer pathologischen Schublade wiederfindet, dass jede Lebensäußerung nicht sosehr als individuelle Eigenart, sondern als Teil eines krankhaften Musters verstanden wird, wohingegen ein Spargel, eine Kartoffel oder eine Birne einfach gut sind, so wie sie sind. Man mag den Geschmack oder man mag ihn eben nicht, und verschiedene Gemüsesorten, zum Beispiel Spargel und Blumenkohl, brauchen ganz unterschiedliche Zubereitungsarten, um ihr Wesen und ihr Aroma voll zu entfalten.

Der schizoide Körpertypus oder die Spargelform

Die von Wilhelm Reich entwickelte Körpertypenlehre formuliert als früheste Persönlichkeitsstörung den so genannten schizoiden Charakter, den man an seinem überschlanken, schmalen und eng zusammengezogenen Körper erkennt. Diese Charakterstruktur bildet sich als Reaktion auf Traumata in der Zeit vor der Geburt, während des Geburtsvorgangs und während des ersten Lebensjahrs. Die Persönlichkeitsstörung stammt aus einem Lebensabschnitt, in dem das Kind – oder der Fötus – noch nicht zwischen Selbst und anderen differenziert, sondern sich – im gesunden Normalfall – als untrennbare Einheit mit dem größeren Ganzen, der Mutter, begreift.

Wir können uns den Fötus und das Neugeborene als Bündel reiner Lebensenergie vorstellen, das keinerlei Vorstellungen von der Welt hat, keine Erwartungen, und ursprünglich auch weder Angst noch Mangel kennt. Sofern die Einheit mit der Mutter gegeben ist, die Mutter gesund und glücklich ist, ihr Blut die erforderlichen Nährstoffe und keine Giftstoffe enthält, die die Plazentaschranke passieren, ist es das Paradies. Der Fötus braucht nichts zu tun und schwimmt in Seligkeit.

Der Kernausdruck des Fötus wie des Neugeborenen besteht in einem einfachen: „Hier bin ich! Ich existiere!" Sein Leiden beginnt da, wo dieser Ausdruck von Anfang an durch die Mutter infrage gestellt ist. Wenn die Mutter diesem „Da bin ich!" mit Hass, Ablehnung und Feindseligkeit begegnet, weil sie das Kind nicht wollte oder will – beispielsweise weil sie vergewaltigt wurde, weil das Kondom platzte oder weil das Kind gemacht wurde, um endlich heiraten zu dürfen –, ist diese Ablehnung des werdenden Lebens schon im Uterus voll wirksam.

Es ist eine therapeutisch in Tausenden von Fällen erwiesene Tatsache, dass der Fötus gegen ihn gerichtete Gefühle wie Ablehnung, Hass, Gleichgültigkeit und Kälte nicht nur wahrnimmt, sondern er diese Gefühle als Teil seiner Selbst erfährt, weil er ja noch untrennbar mit dem Ganzen verbunden ist.

Man weiß, dass auch eine Abtreibungsdiskussion der Eltern in der Frühphase der Schwangerschaft ihre bleibenden und nachvollziehbaren Spuren nicht nur in der Psyche, sondern auch in der körperlichen Konstitution des Kindes hinterlässt. Des Weiteren ist hinlänglich bekannt, dass moderne Krankenhausgeburten die Entstehung der schizoiden Persönlichkeitsstörung in einem hohen Maße fördern: Das Neugeborene wird abrupt aus seiner dunklen, warmen, pulsierenden Umwelt herausgerissen und grellem Licht, Kälte, kratzigem Stoff und negativen, das heißt äußerst disharmonischen Schwingungen in Form von Hastigkeit, Gleichgültigkeit und Stress ausgesetzt. Das Kind wird sofort von der Mutter getrennt, es wird gemessen und gewogen und damit schockartig in die abstrakte Welt der Ratio und der Zahlen initiiert.

Die moderne Krankenhausgeburt ist meist ein Schock fürs Leben, weswegen Leboyer seine Methode der sanften Geburt entwickelt hat.[22]

In geringerem Maße entstehen schizoide Charaktermerkmale während des ersten Lebensjahrs, wenn die Mutter nicht ablehnend, sondern bloß unempfänglich für die Bedürfnisse des Kindes ist: sie ist einfach nicht sanft und liebevoll genug, vielleicht ist sie geistig abwesend, „da, aber doch nicht da", und zu sehr beschäftigt mit anderen Dingen. Vielleicht ist sie aber auch nur ängstlich, ist verunsichert, ob sie bei dem kleinen Wesen alles richtig macht, fühlt sich hilflos und unreif. Ihr Verhalten hat zur Folge, dass das Kind sich von der Welt zurückzieht, denn wenn ihrem wesentlichen Lebensausdruck mit Unverständnis oder Ablehnung begegnet wird, übernehmen Kinder in diesem frühen Stadium die wahrgenommene Einstellung der gleichgültigen oder ablehnenden Person – der Mutter.

Ein sich formender Kerngrundsatz aus dieser Zeit könnte etwa so lauten: „Mit mir stimmt etwas nicht, weil ich so schlecht behandelt werde. Ich gehöre nicht hierher; ich bin nicht gewollt." Da die eigene Lebensenergie das Überleben zu bedrohen scheint, treffen diese Kinder die Entscheidung, die eigene Lebenskraft unter Verschluss zu halten. Die Impulse, die eine so negative Reaktion der Umwelt hervorrufen, dass sie als lebensbedrohend empfunden werden, werden unterdrückt. In einem allmählichen Prozess lernt der Schizoide, seine Gefühle abzuschneiden und seine Impulse tief in seinem Inneren zu verbergen. Da primäre Gefühle und Impulse wie Nahrungs- und Schutzsuche und Suche nach Geborgenheit mit Todesangst assoziiert werden, schneidet sich der Schizoide in seiner sich entwickelnden mentalen Existenz von seinen Gefühlen so nachhaltig ab, dass sich eine eigene Gefühlswelt im Laufe seines Lebens kaum entfalten und differenzieren kann. Der Terror und das Grauen, das er erfahren hat, ist so tief liegend, dass er entschieden hat, einfach nicht zu fühlen. Eine *E-motion*, also eine Bewegung aus sich heraus, oder auch nur die innere Erkenntnis von Gefühlen könnte zur Vernichtung führen. Daher vermeidet es der Schizoide, mit seinen wirklichen Gefühlen in Kontakt zu kommen, und er vermeidet es auch, im Körper zu sein, denn körperliche Empfindungen führen zu Gefühlen und umgekehrt. Er lebt daher in einer Welt von meist recht abstrakten Gedanken, Theorien und Ideen. Wenn man ihn fragt, wie er sich fühlt, wird er einem erzählen, was er denkt. Er kennt es nicht anders.

Der Körperbau des schizoiden Charakters ist häufig asymmetrisch, er erscheint fragmentiert, die linke und die rechte Hälfte passen nicht so recht zusammen. Auch die einzelnen Körperteile sind nicht harmonisch proportioniert, sie sind nicht integriert. Kopf, Rumpf und Beine stehen in starken Winkeln zueinander – oder voneinander ab. Die Gelenke sind gerötet und gespannt, der Energiefluss ist an den Gelenken blockiert. Das Rückgrat dreht sich nicht frei. Die Atmung ist flach, die Haut blass und kühl.

Der schizoide Körpertypus ist lang und dünn wie ein Spargel; auch die Stauungen an den Gelenken erinnern an die Konsistenz und Verfärbung der Spargelspitzen. Er ist blass und außen eher hart und holzig, man muss ihn mit viel Geduld und lange schälen, um an die aromatischen und butterweichen Kernschichten zu kommen.

Da er seine Gefühle nicht zeigt und mit seinem Sein nicht im Körperlichen verankert ist, sind seine Bewegungen mechanisch, ungeschickt und oft zusammenhanglos und abrupt. Charly Chaplin hat mit seinen eckigen und linkischen Bewegungen den schizoiden Charakter ins Grotesk-Komische verzerrt dargestellt, auf eine Weise, die die darunter liegende Tragik immer wieder aufblitzen ließ.

Das Gesicht des Schizoiden ist maskenhaft, Mund, Nase oder Augen oft asymmetrisch. Die Augen sind blank, leer, abwesend und abweisend. Er vermeidet Augenkontakt, solange es irgendwie geht, und wenn, dann sieht er dich nicht direkt an, sondern durch dich hindurch. Manchmal hat er ein „teuflisches", manchmal ein ausdrucksloses „Säuglings"-Gesicht. Man weiß bei ihm nie, woran man ist. Das erzeugt bei anderen Menschen oft Unbehagen oder Angst. Da ist jemand, der gehört irgendwie nicht dazu. Da ist jemand, der nicht wie die anderen reagiert, der nicht durch seine Mimik in tausenderlei Varianten Zustimmung oder Ablehnung signalisiert. Das stempelt ihn zum Fremden, zum Einzelgänger, zum Einsamen. Da er der Mehrheit oft Unbehagen bereitet, eignet er sich als Außenseiter zum Sündenbock, wenn sich das Kollektiv von einem Druck befreien will. Er ist die geeignete Person, die zum Beispiel in der Schule verlacht, verhöhnt und gequält wird, dem später eine Gewalttat oder ein Verbrechen in die Schuhe geschoben wird, das er gar nicht begangen hat.

Der Schizoide wird von anderen oft als „nicht authentisch" beschrieben. Da er seinen Impulsen nicht vertraut, hat er durch Beobachtung anderer gelernt, wie er sich in der Welt zu verhalten hat. Weil er in seinen Bewegungen und in seinem emotionalen Ausdruck andere imitiert, wirkt er niemals ganz echt und die anderen misstrauen seiner Aufrichtigkeit. Dabei mag er tief drinnen von seiner Aufrichtigkeit vollkommen überzeugt sein. Tatsächlich ist er, wenn er später in seinem Leben lernt, den Kontakt zu seinem Gefühlskern herzustellen, aufrichtiger und ehrlicher als die meisten anderen Persönlichkeitsstrukturen. Wahrscheinlich ist er selbst verzweifelt darüber, dass es ihm so schwer fällt, mit anderen zu kommunizieren, und dass er so oft missverstanden und zum Außenseiter und Sündenbock gemacht wird. In seinem Leid und in seiner Verzweiflung weiß er aber auch keinen Ausweg aus dem Dilemma, denn er wird sich seiner maskenhaften Mimik meist erst sehr spät im Leben, wenn überhaupt, bewusst. Er hat auch nur fragmentarische Einsichten in die tiefe Dissoziation von seiner Körperlichkeit und Gefühlsnatur, da die Abspaltung vom emotionalen und lebensbejahenden Kern so früh erfolgte, in einer Zeit des Vor-Bewusstseins, in einer Zeit der vegetativen Existenz.

Von dieser frühen Abspaltung hat der schizoide Charakter auch seinen Namen; das griechische Wort *schizein* bedeutet spalten. „Schizoid" bezieht sich auf die primäre Spaltung von Körper und Geist, von Gefühl und Bewusstsein, von Selbst und Welt. Aspekte des Gespaltenseins sind in dieser Persönlichkeitsstruktur vorherrschend.

Der Körperbau des Schizoiden hat sich als Reaktion auf die vorangehend beschriebenen traumatischen Situationen entwickelt. Das in einem frühen Stadium aus Panik erfolgte Zusammenziehen des Körpers bewirkte eine andauernde, allgemein erhöhte Muskelspannung, die die inneren Organe umklammert und die Energie daran hindert, die Peripherie zu erreichen. Dieses Muster hat zwei Funktionen: Es verhindert sowohl, dass eigene Impulse nach außen dringen, als auch, dass äußere Reize hereinkommen. Der Sinn dieser Körperstruktur ist die Trennung des Schizoiden vom Rest der Welt. Die Energie ist im Kern gefroren. Durch die allgemeine Muskelspannung wird dort eine explosive Ladung festgehalten: eine mörderische Wut darüber, so rau behandelt worden zu sein und auch weiterhin von der Umwelt schlecht behandelt zu werden, ohne dass ein Ende absehbar wäre; hinzu kommen andererseits das ursprüngliche Grauen, die ursprüngliche Panik und Todesangst. Dies ist die emotionale Bedeutung des schizoiden Charakterbegriffs: dass der Kernimpuls dieser Persönlichkeit zwischen Angst und Wut gespalten ist. Zeitweise äußert sich die Wut in Form von destruktiven und bösartigen Gedanken oder durch kurze Explosionen und kurzlebige emotionale Ausbrüche, welche den Schizoiden selbst erschrecken und überraschen. Denn er ist sich des Ausmaßes seiner angestauten Wut in den seltensten Fällen bewusst. Häufig maskiert sich der Hass und die Wut als Sarkasmus und Zynismus, als menschen- und weltverachtende Attitüde.

Der Schizoide hat eine hohe kortikale Kontrolle. Die Kopf-Körper-Trennung wird durch die starke Spannung der Nackenmuskulatur an der Schädelbasis aufrechterhalten. Da ein Zusammenhang zwischen der Spannung der Nacken- und der Augenmuskulatur besteht und die Grundspannung der Augenmuskeln oft ein konstituierender Faktor von Fehlsichtigkeit ist, findet man bei Schizoiden häufiger als sonst Sehfehler wie Kurzsichtigkeit und Astigmatismus – die sich manchmal spontan verbessern können, wenn sich die innere Wut in einem körpertherapeutischen oder meditativen Prozess etwas oder teilweise entladen kann. Versagen jedoch einmal die Kontrollmechanismen des Schizoiden unter dem Druck einer besonderen Krisensituation, kann es urplötzlich und für die Umwelt oft überraschend zu Gewalttaten bis hin zu Mord und Totschlag kommen, wenn der gestaute innere Hass eruptiv zum Ausbruch kommt.

Der frühe Rückzug und die Introversion der schizoiden Persönlichkeit haben jedoch auch ihre positiven Seiten: eine reiche Innenwelt, eine aktive und erfindungsreiche Vorstellungskraft, künstlerische Fähigkeiten, Fantasie und Kreativität. Der Schizoide hat einen innewohnenden Forscherdrang – er will ja herausfinden, was in der Tiefe eigentlich los ist – und einen guten Zugang zu Mystik und Spiritualität. Schizoide sind daher oft originelle und vielseitige Künstler sowie scharfsinnige Wissenschaftler, Forscher und Entdecker. Es sind Maler wie van Gogh, Musiker wie Beethoven und Schubert, Dichter wie Trakl, Hölderlin und Celan – alles Künstler, deren Genialität und Schaffensdrang untrennbar sowohl mit ihrem innerpsychischen Druck als auch mit dem damit zusammenhängenden, immer wieder durch Kompromisslosigkeit und Kommunikationsunfähigkeit „erschaffenen" äußeren Druck verbunden sind. Die Genannten sind natürlich nur die in der Abendsonne verklärt leuchtenden Spitzen der Eisberge der unzähligen, mit besonderer Sensibilität und Fantasie ausgestatteten Künstlerpersönlichkeiten, die ihren Drang und ihre Schmerzen nicht in ein großes Werk kanalisieren konnten und an der Härte und am Unverständnis ihrer Umgebung namen- und spurenlos zerbrochen sind.

Es sind meist schizoide Forscherpersönlichkeiten oder zumindest Menschen mit einem signifikanten schizoiden Charakteranteil, die den Fortschritt mit all seinen guten, lebenserhaltenden wie schlechten, lebenszerstörenden Seiten ersonnen haben. Zur metaphorischen Ausleuchtung des Gesagten seien Physiker wie Albert Einstein, Robert Oppenheimer und Edward Teller erwähnt, die durch ihren Beitrag zur Entdeckung und Entwicklung der Kernspaltung die Nutzung der „tief im Innern des Atoms gefrorenen Explosivkraft" zum Grauen von Hiroschima und Nagasaki und zur weiteren grauenhaften Bedrohung ermöglichten.

Auch in dieser Minute sind irgendwo auf der Welt verschiedenste schizoid-geniale Wissenschaftler und Forscher, meist im Über-Ich mit bester Absicht, dabei, die industrielle Anwendbarkeit ungeahnter Unmenschlichkeiten und Zerstörungsmöglichkeiten zu entwickeln; darunter sind Virologen und Bakteriologen mit grusligen Möglichkeiten für die biologische Kriegsführung, Chemiker, Raketentechniker, Computerspezialisten und auch Gentechniker, die – wissentlich oder unwissentlich – daran arbeiten, uns im nächsten Jahrtausend Armeen aus perfekten, geklonten

Soldaten zu bescheren, unverwundbaren und keinem Argument mehr zugänglichen Polizisten und U-Bahn-Kontrolleuren, unermüdlichen Fließbandarbeitern und makellosen Barbiepuppen für den Laufsteg, um nur einige wenige Beispiele aufzugreifen.

Als ein Ergebnis des reduzierten Kontakts zur Umwelt entwickelt der Schizoide häufig Eigenschaften, die ihn aus der Masse herausheben. Oft ist er mit außersinnlicher Wahrnehmung begabt und sein tief sitzendes Misstrauen, dass andere eine Bedrohung für ihn darstellen, macht ihn besonders wach und sensibel für Unehrlichkeiten und Machtgelüste anderer Menschen. Er verhält sich häufig wie ein wildes, ängstliches Tier, das auf dem Sprung ist wegzurennen, wenn auch nur der Schatten einer Gefahr droht. Da ihm der Isolationszustand vertrauter ist und sicherer erscheint, scheut er enge Beziehungen und vermeidet Intimität. Er nimmt selten Kontakt auf und Versuchen von anderen, ihm nahe zu sein, begegnet er erst einmal mit Abstand, oft auch mit Misstrauen. Der reine Schizoide zieht es vor, im Hintergrund zu bleiben. Sein Unbehagen und seine Angst vergrößern sich, wenn andere ihm nahe sein wollen und ihm Aufmerksamkeit schenken. Von anderen wegzukommen und allein zu sein, bedeutet Entspannung und Erleichterung. Er hat zwar Sehnsucht nach Nähe und Intimität, kann aber völlig unfähig sein, körperlichen Kontakt zu ertragen, und zuckt oft richtiggehend zurück, wenn er berührt wird. Also bleiben seine Beziehungen im Allgemeinen flach, formal und distanziert.

Da der Schizoide im Kopf und nicht im Körper lebt, der Energiefluss im Körper weitgehend festgefroren ist und der Beckenbereich blockiert, empfindet er in der Sexualität wenig bis nichts. Während des Aktes kreisen tausend beliebige und nicht zur Situation gehörende Gedanken durch den Kopf. Die Frau liegt steif da und rührt sich nicht. Der Mann ist oft impotent oder neigt zu frühzeitiger, gänzlich unbefriedigender Ejakulation und fühlt sich nicht „männlich" genug. Meist hat er eine tiefe Sehnsucht nach Sexualität, und da er eine gute Vorstellungskraft besitzt, neigt er zu ausschweifenden erotischen Fantasien. Was man in der Wirklichkeit nicht leben kann, das lebt man im Kopf – das gilt für ihn mehr als für jeden anderen Charakter.

Befasst man sich mit dem schizoiden Charakter, mag man vielleicht einige Charakterzüge bei sich selbst erkennen. Da die Persönlichkeit der meisten Menschen eine Mischform aus verschiedenen Charaktertypen darstellt, ist es nicht allzu unwahrscheinlich, dass man sich mit gewissen Aspekten des schizoiden Charakters identifizieren kann. Vor allem trägt die Kulturentwicklung seit dem Zweiten Weltkrieg sehr zur vermehrten Entstehung von schizoiden Persönlichkeitsmerkmalen bei.

Einer der Hauptgründe sind die schon vorangehend erwähnten modernen, grellen, auf die feinen Empfindungen des Neugeborenen kaum Rücksicht nehmenden Krankenhausgeburten. Obwohl man um ihre schädigende Wirkung schon seit 25 Jahren weiß, verändert sich die routinemäßige Geburtspraxis in den Krankenhäusern nur sehr langsam.

Ein anderer wichtiger Grund ist die kulturell bedingte Veränderung unserer Wahrnehmungsgewohnheiten und auch Wahrnehmungsfähigkeiten. In diesem Jahrhundert haben wir uns stark zum Visuellen und Virtuellen hin orientiert. Immer mehr Menschen verbringen immer mehr Zeit vor flimmernden Bildschirmen und Monitoren. (Aus Sicht der chinesischen Medizin tötet das langsam, aber sicher den Geist, den Shen oder Esprit einer Person). Das bedeutet, dass die Informationen, die wir über den visuellen Sinneskanal empfangen, immer mehr Raum in unserem Bewusstsein einnehmen – und auch in unserem Unbewusstsein, weil wir uns den visuellen Stimuli, zum Beispiel dem Fernsehen und den Werbeflächen, gewohnheitsmäßig und kulturbedingt vermehrt aussetzen. Das bedeutet aber auch, dass wir weniger Informationen – und Lust und Vergnügen und Wissen – über die anderen Sinne aufnehmen: über das Hören, das Riechen, das Schmecken, das Tasten, Empfinden und Fühlen.

Da der Schizoide eher visuell orientiert ist und wenig im Körper lebt, betreibt er nur selten Sport. Von allen Körpertypen ist er am wenigsten im Fitnesscenter anzutreffen, sondern viel eher in der Bibliothek, vor dem Computer oder hinter der Kamera. Für ihn können Sport und Krafttraining daher auch die größte Transformation bewirken, da sie ihm helfen, sich seines Körpers bewusst zu werden und die ursprünglich mit der physischen Existenz verbundenen Gefühle der Bedrohung und des Terrors in ein positives und angenehmes Körper- und Lebensgefühl umzuwandeln.

Da der Schizoide die meiste Fantasie unter allen Charaktertypen besitzt, kann er, wenn er sich mit seiner Körperlichkeit vertraut macht und anfreundet, den Reichtum der sinnlichen Erfahrungsmöglichkeiten besonders auskosten.

Der orale Körpertypus oder die Venusfliegenfalle

Der orale Typus entwickelt sich während der ersten beiden Lebensjahre. Wenn die Grundbedürfnisse in dieser Phase gut versorgt werden, entwickelt das Kind das sichere Gefühl, dass die Welt ein stärkender Ort ist und dass seine Bedürfnisse befriedigt werden.

Werden die Grundbedürfnisse – ausreichend ernährt, gehalten, umarmt und trockengelegt zu werden – nicht angemessen erfüllt, entwickelt sich der orale Typus, der mit der Zeit die Sehnsucht nach der Mutter unterdrückt, da ein Konflikt zwischen seinen Bedürfnissen und der Furcht vor Enttäuschung besteht, wenn die Mutter nicht reagiert. Also stellt das Kind seine Bemühungen ein, wird passiv und beginnt, die Welt als einen nicht unterstützenden Ort zu betrachten. Es fühlt sich sowohl einsam und unerfüllt als auch machtlos und uneffektiv in seinen Bemühungen, Befriedigung zu erreichen. In seinem späteren Leben wird der orale Typus sich in erster Linie damit beschäftigen, seine Bedürfnisse gestillt zu bekommen. Da er nur an seinen eigenen Gefühlen und Bedürfnissen interessiert ist, entwickelt er eine narzisstische Einstellung. „Ich liebe dich" heißt bei ihm oft „Ich will, dass du mich liebst". Er neigt zu intensiver Eifersucht und will, dass sein Partner immer für ihn da ist. Er klammert. Auf einer infantilen Beziehungsbasis ist Sex für ihn ein Weg, gehalten zu werden und jemandem nahe zu sein.

Vielleicht, ohne dass die Mutter es direkt ausgesprochen hätte, empfing das Kind die Botschaft: „Werde erwachsen und stehe auf deinen eigenen Füßen, weil sonst niemand deine Bedürfnisse stillen wird!" Statt dieser Botschaft zu folgen und für sich selbst zu sorgen, bricht der Orale zusammen, weigert sich, „erwachsen zu werden", und setzt hartnäckig seine Versuche fort, andere dazu zu bringen, für ihn zu sorgen. Er erscheint sowohl körperlich als auch emotional schwach und bedürftig, um Unterstützung von anderen zu bekommen. Da der Orale – unbewusst oder nicht – glaubt, dass die Welt ihm den Lebensunterhalt schuldet, kann es ihm schwer fallen, beständig zu arbeiten. Und er möchte jemanden haben, der ihn vor der Realität beschützt.

Der Körper des Oralen ist lang und dünn, hager und blass. Er hat eine schlaffe Haltung mit eingesunkener Brust und eine schwache, unterentwickelte Muskulatur. Der Kopf ist ständig nach vorn gereckt, als würde er nach Nahrung verlangen. Er gibt ein

bedürftiges und jämmerliches Bild ab. In früheren Zeiten und in anderen Kulturen ist er der Bettler am Straßenrand, bei uns ist er häufig unter den an ihrer Lage ja auch nicht immer ganz unschuldigen Sozialhilfeempfängern zu finden. Seine Strategie ist leicht zu durchschauen – gibst du ihm den kleinen Finger, will er die ganze Hand.

Die weniger ausgeprägte und daher auch schwerer zu durchschauende Form des oralen Charakters ist eher hübsch und attraktiv. Er hat ein unschuldvolles Gesicht, Schmollmund und große Kinderaugen. Diese Form ist vor allem bei Frauen ausgeprägt. Solche Frauen haben ein Gesicht, das dem Kindchenschema entspricht, mit riesigen Augen, die fragend, bittend, unschuldig und schwach erscheinen; ihr Ausdruck sagt „Komm, gib mir was!" oder auch „Ich bin so süß und tue niemandem was zuleide". Ihr Körper erscheint kindlich und bedürftig, damit andere sie nicht verlassen, sondern für sie sorgen. Sie hat ganz putzige kleine Hände und Füße. Man kann sie mit einer Venusfliegenfalle vergleichen, deren schöne Blüte vorbeifliegenden Insekten Nektar und Honig verspricht. Aber ehe man sich's versieht, ist man in die schönen Reize der Blüte verstrickt, wird langsam ausgesaugt und fühlt sich in zunehmendem Maße selbst kraftlos und leer.

Der orale Typus hat ein niedriges Energieniveau und betreibt daher eher selten Sport. Sein Motto ist „Ich kann nicht!". Kann man den Oralen zum Sport oder zum Krafttraining motivieren, wird das einen wichtigen Schritt zur Transformation seiner Persönlichkeit bedeuten. Jede Art von körperlicher Bewegung wird ihn dazu bringen, tief durchzuatmen und dadurch sein Atemvolumen erweitern. So hat er mehr Energie zur Verfügung – wogegen er sich ja sonst in seiner Strategie, schwach und kraftlos zu sein, hartnäckig wehrt.

Das Krafttraining an den Geräten hilft ihm zudem, seine Muskeln zu kräftigen und zu entwickeln, wodurch sich sein körperliches Erscheinungsbild wandeln kann. Die Frage bei ihm ist nur, ob er auch imstande ist, ein regelmäßiges Training aufrechtzuerhalten. Und das nicht nur, weil er sich zu schlapp und kraftlos fühlt, um zum Training zu gehen. Der Knackpunkt wird sein, ob er in seiner seelischen Entwicklung den Mut und die Reife findet, die Strategie der Schwäche und Hilflosigkeit aufzugeben, mit deren Hilfe er bisher überlebt hat, wenn auch mehr schlecht als recht. Der entscheidende Schritt wird darin liegen, dass er beginnt, selbst für Kraft und Energie zu sorgen, und sich den unbewussten Mechanismus abgewöhnt, auf die Zuwendung anderer zu warten, um deren Kraft und Energie abzusaugen. Sport und regelmäßiges Krafttraining können den oralen Typus bei diesem entscheidenden Schritt unterstützen.

Gelingt es ihm, seine tief verwurzelte Haltung der Passivität und Bedürftigkeit in eine aktive und gebende Teilnahme am Leben umzuwandeln, können sich seine Stärken voll entfalten: er hat einen Sinn für Schönheit und Ästhetik; er ist feinfühlig und hat ein gutes Gespür für Stimmungen und den richtigen Zeitpunkt; sie ist romantisch, liebevoll, hingabefähig und imstande, die Magie des Hier und Jetzt zu leben.

Die psychopathischen Körpertypen – Kohlkopf und Orchidee

Es gibt zwei psychopathische Körpertypen, die wegen ihrer Entstehungsgeschichte gemeinsam beschrieben werden. Beide Charaktere resultieren aus der gleichen oder zumindest einer sehr ähnlichen Konstellation im Elternhaus, haben aber unterschiedliche Strategien gewählt, um damit zurechtzukommen.

Die dominante Form des psychopathischen Körpertypus ist in der Typologie der Gemüse einem Kohlkopf vergleichbar – robust und zäh. In rohem Zustand und bei empfindlichem Magen verursacht sie leicht Blähungen. Die auf diesem Charakter beruhende Körperstruktur ist das Vorbild des traditionellen Bodybuilding. Der Körper hat die von vielen Frauen, die sich nach einem starken Mann in ihrem Leben sehnen, begehrte V-Form: eine mächtige Brust, sehr breite und kräftige Schultern und Arme, einen harten Bauch, eine schmale Taille und ein schmales Becken. Im Vergleich zum Oberkörper sind die Beine viel weniger stark, manchmal sogar fast schwächlich. Obwohl die breiten und kräftigen Schultern den Mann seit Urzeiten begehrenswert und als Beschützer und möglichen Vater attraktiv machen, ist die dazugehörige Charakterstruktur eigensinnig patriarchalisch und daher in der modernen, nach Gleichberechtigung strebenden Zeit ein Auslaufmodell.

Die zweite Form des psychopathischen Körpertypus wird *die manipulative Form* genannt. Der Körper ist hübsch und nicht zu übersehen, verführerisch und gut proportioniert. Dennoch bleibt ein Unterschied zu einem natürlich anmutigen Menschen, der in der Charakterstruktur begründet liegt: unter einer weichen Oberfläche ist die tiefe Muskulatur gespannt und hart, das Gesicht hat einen weichen und nichtssagenden, irgendwie synthetischen Ausdruck, es zeigt nur die ewig gleiche Barbiepuppen-Attraktivität und nicht die wahren Gefühle. Er ist hübsch wie eine Orchidee, doch bleibt er einem fremd, auch wenn man ihn lange kennt.

Die psychopathische Charakterstruktur entwickelt sich vor allem im Zeitraum vom zweiten bis zum vierten Lebensjahr. Das Kind fühlt sich herumgestoßen, die Bedürfnisse der Mutter haben Vorrang vor denen des Kindes. Die Mutter ist unfähig oder nicht willens, ihre eigenen Wünsche lange genug beiseite zu stellen, um die Bedürfnisse ihres Kindes zu berücksichtigen und zu erfüllen. Eher benutzt sie das Kind zur Befriedigung ihrer eigenen Wünsche.

Dieser Charakter wird vor allem dann ausgeprägt, wenn das Kind Kampfmittel der Eltern ist. Die Mutter baut den Sohn zum Konkurrenten des Vaters auf und der Vater die Tochter zur Konkurrentin der Mutter. Das Kind identifiziert sich mit dem andersgeschlechtlichen Elternteil und kämpft gegen den gleichgeschlechtlichen, dabei bleibt das Bedürfnis nach echter Nähe zu beiden Elternteilen auf der Strecke. Häufig versucht die Mutter, das Kind auf indirekte, verführerische Weise an sich zu binden. Statt ihre Wünsche offen und ehrlich zu formulieren, benutzt sie hinterrücks die Bedürfnisse des Kindes, um ihre eigenen zu befriedigen – sodass sie bekommt, was sie will, zum Beispiel vom Vater. Das Kind, das naiv Mitgefühl und Hilfe erwartet, erlebt stattdessen, dass sein Bedürfnis nicht ernst genommen und sogar gegen es selbst gewandt wird. Es wird zum Spielball und fühlt sich verletzt, unwichtig und machtlos. Dem Kind bleibt nur die Alternative, sich entweder zu unterwerfen und benutzen zu lassen oder die Strategie der Mutter zu übernehmen und raffinierter zu werden als sie, indem es selbst manipuliert, täuscht und lügt. Es lernt, dass es gefährlich ist, seine wahren Gefühle zu zeigen, es lernt, seine Gefühle zu verneinen und jedes Zeichen von Schwäche und Verletzlichkeit zu verbergen.

Die dominante Form des psychopathischen Charakters, auch kurz Psychopath I genannt, hat als Vorbild einen tyrannischen, übermächtigen und stark autoritären Elternteil – meist ist es der Vater. Es ist ein klassisches Szenario: der cholerische Vater, häufig noch vom Alkohol enthemmt, brüllt und tobt beim geringsten Anlass und ahndet mit äußerster Strenge kleinste Verfehlungen der Kinder. Die Mutter duckt sich bei den Wutausbrüchen des Vaters, häufig benützt sie aber auch seine Gewaltbereitschaft den

Kindern gegenüber als Druckmittel, um ihre Forderungen durchzusetzen. Der Charakter des sich unter solchen Umständen entwickelnden Kindes imitiert, vor allem wenn es ein Junge ist, den autoritären Vater und reagiert nun seinerseits in seinem späteren Leben auf eine bedrohliche Situation, indem er den „starken Mann" spielt und eine Pose von Macht und Stärke einnimmt. Der Psychopath I ist der klassische Türsteher und Rausschmeißer in einem Nachtlokal, in älteren Filmen hat er eine feststehende Rolle als rohe, aber geistig minderbemittelte und oft auch im Grunde gutmütige Hilfskraft des Hauptbösewichts.

Aber, abgesehen von diesen schon eher karikaturistischen Formen ist es wichtig zu verstehen, dass der Psychopath I zwar einen starken Wunsch nach Macht über andere zeigt, es ihm aber in erster Linie nicht um Macht geht, um andere verletzen zu können (er ist kein Sadist!), sondern um sicherzustellen, dass kein anderer Macht über ihn hat. Er verwendet Zwang, sowohl um zu vermeiden, ausgenützt zu werden, als auch um seine Bedürfnisse zu erfüllen. Diese Strategie hat er von seinem Vater gelernt. Sonst ist er oft sehr großzügig und liebt es, anderen einen Gefallen zu tun, weil eine solche Handlung ihn in eine überlegene Position bringt – der Empfänger seiner Gefälligkeiten steht in seiner Schuld.

Die manipulative Form des psychopathischen Charakters, auch Psychopath II genannt, hat als Vorbild einen verführerischen und manipulativen Elternteil. Dieser Charakter hat in seiner Kindheit gelernt, auf eine (vermeintlich) bedrohliche Situation mit Verführung, Zuvorkommenheit und Charme zu reagieren. Er ist besonders rücksichtsvoll, kooperativ und manchmal übertrieben höflich. Wo der Psychopath I eine Erscheinung von Bedeutung und Macht projizieren will, neigt der Psychopath II mehr zu einem Image von verführerischer Attraktivität und Jugendlichkeit.

Der Psychopath fühlt sich niemals sicher, wenn er mit anderen eine Beziehung auf der gleichen Ebene aufnimmt. Deswegen hat er große Schwierigkeiten mit intimen Beziehungen, die ja einen freien und ehrlichen Ausdruck der Gefühle verlangen. Er umgibt sich oft mit Gefolgsleuten, um mit anderen in Kontakt zu treten. Aber die Kontaktaufnahme folgt seinen Bedingungen: er arrangiert jede Situation so, dass andere ihn brauchen und von ihm abhängig sind; auf diese Weise muss er kein eigenes Bedürfnis äußern.

Die psychopathische Strategie ist natürlich eine Abwehr gegen das Gefühl der Schwäche und gegen das Gefühl, überwältigt, ausgenutzt und unwichtig zu sein. Man findet ein Grundgefühl von Oralität und eine Sehnsucht nach Intimität, die er aber niemals zugeben wird.

Der Psychopath I neigt zu extremem Bodybuilding. Dabei betont er in der Kraftkammer vor allem die Muskeln der oberen Körperhälfte – Brust, Schultern, Arme und Rücken. Beim Training kann er eine Veränderung seiner charakterlichen Grundeinstellung, nämlich anderen zu imponieren und sie einzuschüchtern, insofern unterstützen, als er den in vielen Partien starren und harten Körper durch Dehnübungen weicher und flexibler zu machen beginnt, mit dem Aufbautraining der oberen Körperhälfte aufhört und, falls für den harmonischen Ausgleich von oben und unten erforderlich, eher die Bein- und Gesäßmuskeln trainiert.

Da der Psychopath II sehr auf sein Äußeres und die jeweilige Mode achtet und immer als Erster weiß, was in und out ist, ist er häufig im Fitnesscenter anzutreffen, wo er jeden Trend – von Aerobic und Bauch-Bein-Po zu Step, Low Impact und Bodywork – sofort mit Überzeugung mitmacht. Das Training hilft ihm, seinen attraktiven und gut proportionierten Körper in Form zu halten. Wichtig wären für ihn allerdings auch Tätigkeiten, die ihn mehr in Kontakt mit seiner seelischen Wirklichkeit bringen, wie Yoga, Biodanza und Workshops, in denen es um die eigene Gefühlswelt geht.

Der masochistische Körpertypus oder die Kartoffelform

Der masochistische Charakter entsteht als Reaktion auf elterliche Unterdrückung der Selbstbehauptung und Unabhängigkeitsbestrebungen des Kindes vor allem im dritten und vierten Lebensjahr. Diese Persönlichkeitsstruktur entwickelt sich bei Kindern, die in den ersten Lebensphasen genug Stärkung und Liebe erhalten haben. Die Mutter hat eine enge, herzliche, aber auch sehr besitzergreifende Beziehung zu ihrem Kind. Im Elternhaus stehen materielle Aspekte im Vordergrund: Wohlstand, pingelige Sauberkeit und Essen stehen im Mittelpunkt des Lebensinteresses. Die reichliche Zuwendung, die das Kind erhält, wird spätestens dann erdrückend, wenn das Kind ab dem Alter von 18 Monaten in das frühe Trotzalter kommt und anfängt, sich selbst zu behaupten und Nein zu sagen. Die Mutter, die meist dem Vater gegenüber unterwürfig ist und ihre eigenen Impulse zurückstellt, hemmt nun ihrerseits die spontanen Regungen und natürlichen Impulse des Kindes. Sie ist unfähig, die Selbstbehauptung des Kindes zuzulassen. Meist hat sie Angst, das Kind, das sie als ihren Besitz betrachtet, zu verlieren, denn oft ist das Kind das Einzige, was sie „hat" und worauf sie Einfluss nehmen kann. Sie beginnt daher, das Kind herumzuschubsen, und kontrolliert es nach den Richtlinien von Gehorsam, Sauberkeit und späterer Pflichterfüllung. Das Einschränken der Bewegungsfreiheit des Kindes geschieht nicht auf bösartige oder gewalttätige Art und Weise – tatsächlich kann die Mutter übermäßig liebevoll und freundlich sein –, sie setzt aber sowohl ihre Liebe als auch Schuldgefühle zur Manipulation ein: „Tu's für Mama; du weißt, dass Mama dich lieb hat. Mama weiß, was am besten für dich ist." oder „Du bringst mich noch ins Grab. Dann wird es dir Leid tun, dass du so böse zu mir warst." oder „Einen Löffel für die Mama, einen Löffel für die Oma ..." oder „Die armen Kinder in Afrika wären froh, wenn sie so einen feinen Grießbrei bekämen." Die Mutter ist dominierend und aufopfernd. Sie neigt dazu, das Kind zu erdrücken und seine Wünsche und Anstrengungen, sich von ihr zu befreien, zu ersticken. Eine beliebte Strategie ist, das Kind durch Scham und Lächerlichmachen dazu zu bringen, ihrem Willen zu gehorchen. Das Kind kommt sich lächerlich vor und trägt dieses Selbstgefühl nach draußen. Es wird, meist klein und dick, zum idealen Spottobjekt. Um Liebe von der Mutter zu erhalten, muss das Kind sie erfreuen, ihr gehorchen und seine eigene Selbstbehauptung, seinen eigenen Willen verleugnen. Daher gibt es für diese Liebe seine Würde, Individualität und Selbstbestimmung preis. Liebe zu empfangen wird damit assoziiert zu tun, was jemand anderer will, und mit den damit einhergehenden Gefühlen von übernommener Verpflichtung und abgegebener Verantwortung.

Zunächst ist das Kind über die Forderungen der Mutter offen wütend, aber die Versuche, den Ärger auszudrücken, werden von der Mutter durch verbale Manipulationen wie „Merkst du nicht, dass du mir wehtust!" oder „Da ist der Herrgott ganz traurig!" zunichte gemacht. Das Kind ist in einem ausweglosen Konflikt. Es kann sich nur entweder behaupten und die Mutter verlieren oder aber ihr gehorchen und sich selbst verlieren. Seine einzige, gerade noch akzeptable Zuflucht besteht darin, nach außen hin gehorsam zu sein, aber innerlich Widerstand zu leisten. Es lächelt nach außen, trägt aber ein dickes Nein im Herzen.

Um seinen Selbstverlust zu kompensieren und aus Rachsucht über die ihm angetanen Demütigungen lernt es dafür zu sorgen, dass auch die Mutter ihre Wünsche nicht befriedigt bekommt: es lernt zu sabotieren. „Ich kann zwar nicht sein, was ich will, aber ich will auch nicht sein, was du willst." Seine Strate-

gie besteht im Widerstandleisten, in der Erzeugung von Schwierigkeiten, in der Verzögerung von Handeln. Das Kind lässt die Mutter auf sich warten, während es oberflächlich lieb und kooperativ ist. Das ist der einzige Weg, es ihr heimzuzahlen.

Da der Ärger ja nicht verschwindet, sondern nur internalisiert wird, kann das Kind wegen des ungelösten Ärgers auch seine Liebe zur Mutter nicht mehr ausdrücken. Für das Kind ist es nicht möglich zu verstehen, dass es auf seine Mutter ärgerlich sein, sie aber dennoch lieben kann. Weil diese Gefühle so viele Konflikte in seinem System erzeugen, hemmt es beide. Schließlich wird der Hemmungsprozess auf alle Gefühle generalisiert und der Masochist wird ziemlich ausdruckslos und affektflach. Er wird zurückhaltend, weil ihm das Gefühl vermittelt wurde, dass seine Impulse schlecht sind. Er fühlt die ständige Erniedrigung, unterwürfig und gehorsam zu sein, woraus sich sein negatives Selbstbild und Minderwertigkeitsgefühl speist.

Der Masochist übernimmt die Rolle des unschuldigen Opfers. Da er tief innen glaubt, dass er wirklich schuldig ist, dass jedes Unglück seiner Mutter sein Fehler war, sucht er sich Situationen, die diese Überzeugung unterstützen. Er richtet es so ein, dass er Misserfolg haben muss und unglücklich wird. Er gibt sein Bestes, aber trotzdem misslingt es ihm. Weil ihm sein automatisches Nein meist unbewusst ist, merkt er nicht, dass er sich selbst sabotiert. Er glaubt wirklich, dass ihm einfach immerzu schlimme Sachen passieren, und er sieht seine Rolle bei der Herbeiführung des Misserfolgs nicht. „Ich Armer, schau, wie sehr ich mich bemühe, aber nichts klappt." Auf diese Weise gelingt es ihm, Mitleid in anderen zu wecken. Seine unschuldig-nette Art verdeckt die Verachtung und Wut, die er im Inneren fühlt; die Enttäuschung anderer ist seine passiv-aggressive Rache. Heimlich freut er sich, Dinge zu verpfuschen, als einzig sicheres Ventil für seinen Ärger. Nach außen hin ist aber nichts jemals sein Fehler.

Der Masochist provoziert auf vielerlei Weise – in der Hoffnung, dass, wenn der andere explodiert, er selbst die Möglichkeit bekommt, wenigstens einen kleinen Teil seines angestauten Ärgers loswerden zu können. In Gegenwart eines Masochisten können Sie sich ärgerlich und irritiert fühlen und nicht einmal genau wissen, warum. Oder er wird Sie nerven, indem er sich fortwährend in einer weinerlichen, jammervollen Art beschwert – nicht um ein Problem zu lösen, sondern vielmehr, um mit seiner eigenen Missstimmung auch die Stimmung anderer Leute herunterzuziehen. Aber wenn Sie ungeduldig werden und ihm Beine machen wollen oder versuchen, ihm ein besseres Gefühl zu verschaffen, sitzen Sie schon in der Falle, denn der Masochist wird Ihre Anstrengungen mit vielerlei „Ja, aber …" sabotieren. Selbst ganz normale, vernünftige Forderungen, die Sie an einen Masochisten stellen, erinnern ihn unbewusst an das Herumschubsen seiner Mutter, also leistet er Widerstand. Er wird Ihnen nicht geben, was Sie wollen, selbst wenn er es selbst will, weil ihn das automatische Nein bestimmt.

Trotz allem sind Masochisten liebevolle Menschen, die ein großes Bedürfnis nach Nähe zu anderen haben. Sie sind loyale und fürsorgliche Freunde und gute Familienmenschen, denn sie haben die Fähigkeit und das Verlangen, in liebevollen Beziehungen zu leben. Sie besitzen enorme Ausdauer und Hartnäckigkeit. Sie schaffen selbst den langweiligsten Job, auch wenn andere schon längst aufgegeben haben. Und sie sind bereit, Beziehungen durchzuhalten, auch wenn die Zeiten schlechter werden und der Partner eine Krise hat.

Da die Entwicklung der Persönlichkeit eines Menschen nicht nur eine seelische und geistige, sondern auch eine körperliche ist, bewirken die den masochistischen Charakter formenden familiären Kräfte auch einen entsprechenden Körperbau. Da Menschen mit dieser Persönlichkeitsstruktur in ihrer Kindheit in ihrer Bewegungsfreiheit gehindert wurden und der Großteil ihrer Impulse im Ausdruck stark eingeschränkt worden ist, haben sie einen zusammengepressten, unbeweglichen, meist fetten, manchmal aber auch muskulösen Körper. Der Sinn der Körperstruktur besteht darin, Impulse am Ausdruck zu hindern, aber auch Impulsen von anderen Menschen passiven Widerstand entgegenzusetzen.

Der Kopf duckt sich oft, als ob er einen Schlag erwartet. Der Hals ist kurz und dick, der Unterkiefer gespannt, die Augen sind weich, traurig und leidend. Das Gesicht drückt Unschuld, manchmal auch Ergebenheit aus. Die Brust ist zusammengestaucht oder zusammengepresst. Der Bauch ist fett und fest, die Taille dick und kaum vorhanden, der Rumpf im Ganzen unbeweglich. Die Arme sind stark, meist dick. Die Schultern sind vornüber gerollt und sehen nach Niederlage aus. Der untere Rücken und das Gesäß sind flach. Man sieht, dass der Masochist schon früh seinen „Schwanz eingezogen hat". Im Gegensatz zum übrigen Körper hat das Becken eine zu schwache energetische Ladung, die frühen sexuellen Impulse des Kindes wurden von Anfang an erfolgreich unterdrückt und in Fressimpulse umgewandelt. Die Beine sind schwer und kleben am Boden fest, die Kniebeuger sind stark gespannt und verkürzt. Auch in seinen Bewegungen scheint er am Boden festzukleben, im Boden verwurzelt zu sein. Er ist energetisch hoch geladen, aber festgehalten und kontrolliert.

Der masochistische Charakter hat eine starke Körperbehaarung und eine dunkle, bräunliche, großporige Haut. Im Großen und Ganzen hat er einen schweren, in seiner Bewegungsfreiheit gehinderten und würdelosen Körper. In der Sprache der Gemüse ist er einer Kartoffel vergleichbar. Wie sie hat seine Körperoberfläche an manchen Stellen Dellen, an manchen Ausbuchtungen und Wellen. Wie sie ist er unspektakulär, bodenständig und erdig – und hat im Alltag großen Nährwert.

Da diese Körperstruktur eine wichtige Funktion erfüllt, nämlich Impulse – vor allem Wut und Zorn und Sexualität – sowohl am Ausdruck wie auch am „Hereindringen" zu hindern, bedeutet regelmäßiges Körpertraining für Menschen mit einer solchen Persönlichkeit viel mehr als einfach abzuspecken und fit und beweglich zu werden. Wenn der Körper weicher, flexibler und durchlässiger wird, ändert das auch seine Emotionalität. Das bedeutet, dass zum Beispiel Unbehagen, Unwillen oder Ärger direkter ausgedrückt werden können. Wenn die dämpfende Fettschicht weniger wird, kommen tief sitzende, emotionale Ladungen und Bedürfnisse an die Oberfläche – und das erzeugt natürlich Widerstand und Angst. Das ist einer der Hauptgründe, warum es recht schwierig ist, den typischen gutmütigen Dicken zu einem regelmäßigen Besuch des Fitnesscenters zu bewegen. Auch wenn er sehr unter seiner Fülle und seinem Hang zu Schweinsbraten, Bier und Mehlspeisen leidet, hat er ja in seiner Kindheit gelernt, Fremdimpulse möglichst unauffällig, aber perfekt zu sabotieren und den eigenen Impulsen tief zu misstrauen. Er hat gelernt, keine großen Schritte zu machen und dort zu bleiben, wo er ist. Daher kann man solche Menschen nicht antreiben und nicht drängen – sonst werden sie jede neue Initiative, freundlich lächelnd zwar, blockieren. Da es um weit mehr geht, als um rank und schlank zu werden, muss man solchen Menschen Zeit lassen.

Um es noch einmal zu betonen: Es versteht sich von selbst, dass die hier geschilderte Persönlichkeit und der hier geschilderte Körper den masochistischen Charakter und Körperbau in seiner reinen Form darstellen und diese in der Wirklichkeit selten zu finden sind, da die meisten Persönlichkeiten aus Mischungen verschiedener Charakter- und Körperstrukturen bestehen.

Wenn aber jemand mit einem signifikanten Anteil an masochistischem Charakter bereit ist, sich zu verändern, können sich die potenziellen Stärken dieses Körpertyps entfalten. Die körperliche Fülle ist die Grundlage und das Gefäß für eine Fülle der Gefühle, eine Fülle an Lebendigkeit und Kraft. Er ist praktisch, gut geerdet und strahlt Ruhe und Harmonie aus. Unter allen Körpertypen kann der Masochist am meisten geben – er gibt auch, ohne gleich etwas zurückerhalten oder nehmen zu wollen. Er ist ein liebevoller Familienmensch, der Hingabe und Geborgenheit sucht und gibt. Zu seinen Freunden und im Beruf ist er loyal, hilfsbereit und ausdauernd – und das auch bei undankbaren Aufgaben.

Der rigide Körpertypus oder die Königskerze

Der Körper des rigiden Typus ist hübsch und attraktiv, gut proportioniert und integriert. Er ist in ständiger Leistungsbereitschaft und für Herausforderungen gut gerüstet. Er ist, wie der Name sagt, steif und rigide, in manchen Fällen sogar unbeweglich, aber stark. Der rigide Körpertypus ist in permanenter Habtacht-Stellung, gespannt wie ein Bogen, er hat ein Hohlkreuz und die Rückenstrecker sind immer angespannt. Er hat einen hohen Energiepegel, aber keinen spontanen Fluss. Er hält sich gerade wie eine Königskerze, trägt den Kopf hoch und strahlt Selbstbewusstsein aus.

Der rigide Charakter entwickelt sich im Alter zwischen drei und fünf Jahren. In dieser Phase beginnen die präsexuellen Gefühle des Kindes, auch wenn diese Gefühle vom Bewusstsein her noch nicht von liebenden und zärtlichen unterschieden werden können. Der Vater spielt in dieser Entwicklungsphase die Hauptrolle, denn seine traditionelle Rolle ist die Verbindung des Kindes zur Außenwelt. Er führt das Kind in Beziehungen mit Menschen außerhalb der Familie ein und bereitet es auf die Arbeitswelt vor. Heutzutage, mit den sich verändernden Männer- und Frauenrollen, kann auch die Mutter an diese Stelle treten.

Das Kind bekam in früheren Jahren die volle Unterstützung der Eltern, meist ist es ein Wunschkind. Es war ausdrucksvoll und liebend, mochte sich selbst und seine Beziehungen in der Familie waren gut. In der genitalen Phase beginnt sich das zu ändern. Der Vater will, dass sein Sohn „ein kleiner Mann" wird und verlangt Leistung. Er zeigt dem Kind, dass es Liebe und Zuwendung bekommt, wenn es gute Leistungen bringt. Meist will er mehr, als das Kind geben kann, und zeigt sich ungeduldig und enttäuscht, wenn dem Kleinen irgendeine Arbeit nicht gut gelingt. Das Kind lernt, dass es für sein Wesen, seine Gefühle und seine Verspieltheit nicht geachtet und geliebt wird, sondern mehr oder weniger ausschließlich für erfolgsorientiertes Handeln. Die gleiche Botschaft wird häufig auch indirekt vermittelt, indem der Vater kein Interesse am Kind zeigt und es sogar ignoriert, bis es auf einem Gebiet gute Leistungen bringt, welches der Vater als wichtig erachtet. „Ich liebe dich, wenn du etwas leistest." Der Sohn wird dazu gedrängt, früh erwachsen zu werden, früh Verantwortung zu übernehmen, er wird ernst, zielstrebig und ehrgeizig. Seine Fähigkeit, sich einfach glücklich zu machen und Freude zu erfahren, ist beschränkt. Freude wird mit Leistung statt mit einem guten Gefühl assoziiert. Schließlich erlebt er Freude nur durch erfolgreiches Handeln, welches die Anerkennung von anderen gewinnt.

Ein weiterer Aspekt in der Entwicklung des rigiden Charakters ist die Unempfänglichkeit des Vaters für den Ausdruck der Liebe und der zarten Gefühle des Kindes, für sein Bedürfnis nach Intimität mit dem männlichen Elternteil. Der Junge reagiert auf die Abweisung des Vaters mit Versteifung, er verliert seine Spontaneität im Ausdruck von Zärtlichkeit. Die Versteifung seines Körpers soll verhindern, was ihm Schmerz und Ablehnung bringt, nämlich Äußerungen der Zärtlichkeit und Liebe. „Wenn ich meine zarten Gefühle nicht zeige, dann werde ich mir nicht wehtun."

Die wesentliche Erfahrung für solch ein Kind ist, dass es sich anstrengen muss, um gut genug zu sein, und dass es sein Herz nicht öffnen darf. Es nimmt sich fest vor, nicht nachzugeben oder loszulassen. Das Loslassen wird in zweifacher Weise bedrohlich. Einmal empfindet es eine gewaltige Furcht davor, von einem mächtigen Gefühl hinweggeschwemmt zu werden und die folgende Verletzung und Ablehnung zu erleben, und dann bedeutet Loslassen auch eine Niederlage seines Ichs und seines Stolzes. Also wird es rational, logisch und ernsthaft, um sich gegen das Nachgeben zu schützen.

Der Rigide bemüht sich hartnäckig, Perfektion zu erreichen. Anstatt sich von seinen Gefühlen leiten zu lassen, beschäftigt er sich mit Fakten, Regeln, Resultaten und Details. Da er so leistungsbestimmt ist, kann er sich nur schwer entspannen, denn in der Entspannung beginnen die bedrohlichen Gefühle aufzutauchen. Der Rigide erlaubt seinen Leistungen nicht, ihn zu stärken, er macht niemals eine Atempause oder fühlt die Befriedigung einer getanen Arbeit. Für ihn gibt es immer noch etwas zu tun. Er glaubt nicht, dass es in Ordnung ist, zu sein und nichts zu tun. Er fühlt sich niemals ganz fertig und ist im Grunde ständig frustriert. Ganz gleich, wie viel er erreicht, für ihn ist es nicht genug. Anstatt sich zu entspannen und zu entdecken, was sein System wirklich braucht, nimmt er Zuflucht in Aktion. Für den Rigiden bedeutet Passivität Verletzlichkeit, und Handeln bewahrt ihn davor, sich verletzlich oder weich zu fühlen.

Der Rigide hat das Gefühl, fortwährend gefordert oder in Frage gestellt zu werden. Er fühlt einen tief sitzenden Widerwillen dagegen, die Erwartungen der anderen zu erfüllen und niemals Anerkennung und Liebe um seiner selbst willen zu erhalten. Er wird schnell ärgerlich und verhält sich abweisend, nicht so sehr in dem, was er sagt oder tut, sondern in der Art seines Sprechens oder Verhaltens. Der Rigide ist mehr als die meisten anderen Charaktertypen in der Lage, enge Beziehungen einzugehen. Aber bei aller Intimität bewahrt er Zurückhaltung und weist seine sanften und zarten Gefühle zurück. Er manipuliert nicht, da er gleichberechtigte Beziehungen gern hat und auch verlangt; er hat auch nicht das Bedürfnis, überlegen zu sein. Aber weil er nicht daran gewöhnt ist, nur für sein Selbstsein geliebt zu werden, fühlt er fortwährend, dass er sich Liebe durch Leistung verdienen muss, und hat Probleme damit, sich einfach zu erlauben, geliebt zu werden.

Sexuell ist der Rigide sehr aktiv, weil er fortwährend Bestätigung sucht. Verfolgung und Eroberung sind oft ein allgemeines Muster auf der Suche nach dem „perfekten" Partner, der ihn befriedigen würde. Er merkt nicht, dass seine Frustration in ihm steckt und nicht so sehr von äußeren Gegebenheiten abhängt. Er ist zwar energetisch voll geladen und hat Freude am Sex, wird aber auch im Bett seinen Leistungsdruck und seine allgemeine Spannung selten los. Er kann Schwierigkeiten haben, Liebe und Sex zu integrieren, weil er diese Integration unbewusst als Nachgeben oder Loslassen empfindet.

Für den rigiden Typus ist das Fitnesscenter eine ständige Herausforderung, weiter an sich zu arbeiten. Obwohl das physische Training bei jedem die Vitalität fördert und die Stimmung hebt, ist es für den perfektionistischen und zielorientierten rigiden Charakter heilsamer, zu lernen sich zu entspannen und die Seele baumeln zu lassen: Musik zu hören, ohne dabei etwas anderes zu tun, sich massieren zu lassen, zu meditieren, einfach ins Blaue hinein spazieren zu gehen. Hat der rigide Typus ein Hohlkreuz, ist es für

ihn in der Kraftkammer und in den Body-Work-Stunden wichtig, die das Hohlkreuz formenden Muskeln nicht zu trainieren – die Rückenstrecker, die Abduktoren und den Quadrizeps.

Der hysterische Körpertypus oder die Birnenform

Der Körper der Hysterikerin – diese Charakterstruktur ist weit häufiger bei Frauen als bei Männern zu finden – zeigt ein deutliches Ungleichgewicht zwischen oberer und unterer Körperhälfte: ein sehr schmaler, fester und kindlicher Oberkörper mit kleinen Brüsten auf einem eher breiten, weichen und sehr weiblichen Becken. Die Form erinnert an eine Birne. Sie hat eine stolze Kopfhaltung und ein hübsches, manchmal püppchenhaftes Gesicht. Ihre Augen blicken weich und verführerisch, ihr Unterkiefer ist energisch und fest. Die Schultern sind eng und schmal, manchmal knochig und häufig abfallend. Die Arme sind schwach und uneffektiv, der Bauch weich und rund, die Beine starr und schwer, häufig mit Cellulitis an Hüften und Oberschenkeln. Der Sinn dieser Körperstruktur ist es, das Herz durch den engen und unbeweglichen Brustkorb zu schützen. Sie ist eine Kind-Frau, die von ihrem Vater zurückgestoßen und verletzt wurde, was sie noch nicht überwunden hat. Daher erscheint sie sowohl hilfsbedürftig als auch verführerisch.

Die hysterische Strategie entwickelt sich während der genitalen Phase, ab einem Alter von drei Jahren. Da Väter ihre Töchter häufiger und auch grober zurückstoßen und ablehnen (als Mütter ihre Söhne), wenn sie die ersten Zeichen kindlicher Sexualität und weiblichen Flirtverhaltens zeigen, findet man den hysterischen Charakter öfter bei Frauen. Aber auch unter Männern ist der hysterische Charakter zu finden, vor allem bei Schauspielern, Künstlern, Modedesignern und Homosexuellen.

Der hysterische Körpertypus war bei Frauen des Adels und des vornehmen Bürgertums des 18. und 19. Jahrhunderts stark verbreitet. In Zeiten, die von einer puritanischen Sexualmoral geprägt waren, wie das Biedermeier oder die Viktorianische Epoche des ausgehenden 19. Jahrhunderts, stand der hysterische Charakter in seiner Hochblüte, seine Wurzeln reichen jedoch in das Frauenbild der Gotik zurück. Die schmalbrüstigen und breithüftigen Frauenfiguren der Malerei der Gotik und Frührenaissance – man denke an die „Geburt der Venus" von Sandro Botticelli – zeigen den Körperbau der Hysterikerin als kulturelles Ideal, das im klaren Gegensatz zu den ausgewogenen Proportionen der Frauendarstellungen der Antike steht – man denke an die „Venus von Milo" und die sinnliche Lebendigkeit griechischer Statuen.

Während Freuds Patientinnen noch fast ausnahmslos Hysterikerinnen waren, deren Sexualverdrängung zu Zwangsneurosen und in gar nicht seltenen Fällen zu hysterischen Lähmungen führte, verliert der hysterische Charakter im ausgehenden 20. Jahrhundert an Bedeutung. Er stammt als Idealbild der Frau aus einer katholisch geprägten Epoche, in der Länder wie Spanien, Portugal, Italien, Frankreich, Österreich und Bayern den militärischen und kulturellen Ton angaben. Im 20. Jahrhundert jedoch verbreitet sich unter dem Einfluss des protestantischen Nordamerika – auch kulturell eine Weltmacht – der rigide Typus immer mehr, der seinen Ursprung in der protestantischen Leistungsethik eines Luther, eines Calvin und eines Zwingli hat. War der rigide Charakter in vorangehenden Jahrhunderten vor allem unter Soldaten zu finden – Habt acht! Brust heraus, Bauch hinein! Rührt euch! Für Ehre und fürs Vaterland! –, so ist er im Lauf des 20. Jahrhunderts zum kulturellen Ideal auch der sozialen Elite geworden. Unter Stress zu stehen und arbeitssüchtig zu sein ist ein Kennzeichen des Erfolgs geworden, zum ersten Mal in der Weltgeschichte arbeitet die Oberschicht mindestens genauso hart wie die unteren Schichten der Bevölkerung, wenn auch nicht oft im Schweiße ihres Angesichts, dafür im Dufte ihres Deodorants und unter Kopf- und Kreuzschmerzen. Und das alles verdankt sie den geistigen Vätern von Dagobert Duck und Tick, Trick und Track – gierigen Geldhortern und braven Pfadfinderseelen, die das Hohlkreuz salonfähig gemacht und Siesta und Müßiggang den Kampf angesagt haben: Donald, du Versager!

Seit dem Zweiten Weltkrieg wird die rigide Strategie auch von Frauen häufiger angewandt. Frauenzeitschriften propagieren unermüdlich die Karrierefrau. Für das Sozialprodukt einer Gesellschaft ist es ein klarer Vorteil, wenn Frauen auch arbeiten, die Produktivität kann sich verdoppeln, dafür bleiben Kinder und die Atmosphäre eines Heims und einer Beziehung leicht auf der Strecke. Während die katholische Religion mit der Madonna noch eine weibliche „Gottheit" verehrt – auch wenn sie der männlichen Dreifaltigkeit klar untergeordnet ist –, gibt es im heute vorherrschenden Protestantismus diese Verehrung des Weiblichen überhaupt nicht mehr. Dementsprechend sind auch Eigenschaften, die den Reichtum des hysterischen Charakters ausmachen – wie Fantasie, Feinfühligkeit, Andacht und Überfülle der Gefühle –, aus der Mode gekommen und rigide Vokabeln – wie Erfolg, Leistung, Fortschritt und Produktivität – beherrschen die Werteskala.

In der genitalen Entwicklungsphase beginnt das kleine Mädchen sich seiner Sexualität bewusst zu werden, seine Bindung wechselt von der Mutter auf den Vater. Wilhelm Reich beschreibt den Vater in seinem Buch *Charakteranalyse* als zunächst sehr zärtlich und liebevoll, aber wenn das Kind sich seiner Weiblichkeit bewusst wird, lehnt der Vater es ab. Der Vater fühlt sich von seinen eigenen sexuellen Impulsen dem Kind gegenüber bedroht und zieht sich von ihm zurück, um diese Gefühle zu hemmen und zu verleugnen. Während dieser Phase nimmt das Kind natürlich seine Impulse nach Nähe nicht als sexuell wahr, es erfährt einfach nur Zurückweisung und Verrat. Es empfindet, dass seine Gefühle nicht akzeptiert werden. Reich beschreibt den Vater auch als etwas autoritär, was in dem Kind eine Angstreaktion auslöst. Diese Reaktion wiederum führt zu einer Unterwerfung des Kindes mit den begleitenden Ablehnungs- und Trotzgefühlen. Schließlich entwickelt das Kind ambivalente Gefühle gegenüber Männern im Allgemeinen. Der hysterische Typ will Nähe durch Unterwerfung und nicht durch Selbstbehauptung erreichen; in der Nähe aber beginnt er Trotz zu fühlen, was die Intimität behindert, wenn nicht gar unmöglich macht.

Seit Freuds und Reichs Zeiten haben sich die kulturellen Bedingungen für die Entstehung des hysterischen Charakters ein wenig geändert: Die Väter sind etwas weniger steif autoritär geworden, und das sexuelle Thema steht nicht mehr so im Vordergrund, seit die religiöse Panik vor der Dreifaltigkeit Teufel, Sex und Weib etwas nachgelassen hat. Nach Ansicht von Ron Kurtz und Pat Ogden können die Eltern – entweder Mutter oder Vater oder beide – einfach nur stärker mit anderen Problemen als mit der Tochter beschäftigt sein. Wichtig ist, dass das Kind, aus welchen Gründen auch immer, nicht die Aufmerksamkeit seiner Eltern erhält. Wenn das Kind abgelehnt und weggeschickt wird, ist es zwar betroffen, zieht sich aber nicht zurück, sondern macht sich wichtig und dreht auf, um gehört zu werden. Die Eltern kümmern sich vielleicht nur dann um das Kind, wenn es sehr nervös, körperlich verletzt oder krank ist, und ignorieren es, wenn es gesund und zufrieden ist. Das Kind lernt schließlich, dass Aufmerksamkeit nur dann zu bekommen ist, wenn es in seinem Leben eine Krise gibt. Es kreiert die Krisen, um Aufmerksamkeit zu erhalten.

Das Kind fühlt sich verraten und ist enttäuscht, weil sein Gefühlsausdruck früher akzeptiert wurde und jetzt plötzlich aus unerfindlichem Grund zurückgewiesen oder nicht wahrgenommen wird. Daher entwickelt es eine tiefe Furcht vor Verletzungen, besonders durch Männer, und sehnt sich zutiefst danach, akzeptiert zu werden. Zur selben Zeit fühlt es Ärger und Trotz. Zusätzlich lernt das Kind, seine Verletzlichkeit zu verringern, indem es sein Herz verschließt: „Du kannst mich nicht mehr verletzen, weil ich mich dir nicht mehr öffnen werde!" So erwächst aus seinem Trotz gegen das Weggestoßenwerden ein Stolz, eine Abwehr gegen Nähe.

Die Hysterikerin hat Angst davor, direkte Forderungen nach Aufmerksamkeit zu stellen, da diese Strategie früher nur zur Zurückweisung geführt hat. Sie tritt nicht für ihre Rechte ein. Stattdessen schafft sie ein Drama, um ihr Leben interessant genug zu machen, sie übertreibt und bauscht auf, damit sie Zuwendung bekommt. Mit der Zeit wird die Dramatisierung und die Übertreibung von Gefühlen so zur Gewohnheit, dass sie den meisten Hysterikerinnen nicht mehr als Strategien bewusst sind, sondern ihre emotionalen Ausbrüche auch für sie selbst unerwartet kommen. Es ist den meisten Hysterikerinnen auch nicht bewusst, dass diese Gefühle nicht „echt" sind, sondern eine tiefe Traurigkeit und Angst vor Verletzung überdecken. Ihre wirklichen Gefühle wurden nicht ernst genommen, also maskiert sie sie durch Dramatisierung. Hinter all diesem Theater steckt ein sehr erschreckter und verletzter Mensch.

Die Hysterikerin ist äußerst suggestibel. Sie kann schnell von etwas überzeugt werden, aber genauso schnell ihre Überzeugung und Meinung ändern: meist leidet sie an großer Inkonsistenz und mangelnder Konzentrationsfähigkeit, sie kann nicht bei der Sache bleiben. Sie besitzt eine starke Fähigkeit zur Imagination und verwechselt ihre Fantasie oft mit der Realität. Das Leben der Hysterikerin kreist um Beziehung, Heim und Familie – und besonders auf diesem Gebiet offenbart sich ihr Charakter. Tief im Inneren ist sie von einer großen Angst vor emotionaler Bindung erfüllt, daher trennt sie in der Liebe die sexuellen von den zärtlichen Gefühlen. Sie hat tiefe, irrationale Angst davor, ihre ganze Liebe aus Herz und Becken wieder auf eine Person zu richten, wie sie es in der Kindheit getan hat. Daher wird sie sexuelle Anziehung für den einen und zärtliche Gefühle für den anderen, aber nie beide Arten von Liebe für denselben Mann empfinden. Sie tendiert dazu, ihre Beziehungen mit Männern zu sabotieren.

Sie kann sich zurückziehen, wenn die Beziehung intim zu werden droht, eine Ablenkung in Form eines Dramas kreieren oder ängstlich und passiv werden. Sie könnte unvernünftige Forderungen an ihren Partner stellen, um so einen Liebesbeweis zu erhalten – was auch ihrer romantischen Vorstellung von sich selbst als Prinzessin und ihrem Partner als Ritter, Galan und Minnesänger entspricht. Der Ritter kann dazu aufgefordert werden, Drachen zu töten und andere gefährliche Taten zu begehen, aber vielleicht verlangt sie von ihm nur ausschließliche Aufmerksamkeit und setzt ihn unter Druck, seine Beziehungen mit anderen – auch platonische Beziehungen – abzubrechen.

Die Hysterikerin stellt oft unmöglich hohe Erwartungen an eine Primärbeziehung, da sie immer noch versucht, die totale Liebe zu erhalten, die sie von ihrem Vater wollte. Sie klammert sich an das Kindsein, in der Hoffnung, diese Liebe und elterlichen Schutz zu bekommen. In gewisser Weise ist sie in ihrer Entwicklung als fünf- oder siebenjähriges Mädchen steckengeblieben und versucht ihr ganzes Leben lang, in ihren Beziehungen eine Situation wiederherzustellen, die der damaligen traumatischen Situation entspricht, aber einen glücklichen Ausgang hat: in der sie Kind sein darf, keine Verantwortung übernehmen muss, sich aufführen kann, wie sie mag, und bedingungslos geliebt wird. Gleichzeitig tut sie alles, um diese Situation zu vermeiden, sie hat Panik davor, wieder zurückgestoßen und verlassen zu werden. Aus Angst vor Enttäuschung bereitet sie sich immer wieder Enttäuschung – diesen Teufelskreis muss der Prinz durchbrechen, diesen Drachen erlegen, will er sie freien.

Die Hysterikerin neigt dazu, alle Beziehungen mit dem anderen Geschlecht zu sexualisieren und sie sogar dann als sexuell zu betrachten, wenn sie das gar nicht sind. Und sie tut das Ihre dazu, um sexuell attraktiv zu wirken, sie möchte Bewunderung und kleidet sich gut, manchmal erscheint sie verführerisch und aufreizend in Auftreten, Gesten, Kleidung und Sprache – was aber nicht heißen muss, dass sie es ernst meint. Ihre Annäherung ist nicht direkt und sie provoziert auch oft Situationen, in denen sie Männern, die sie zuvor angelockt hat, einen Korb gibt, in denen sie ablehnt, bevor sie abgelehnt wird. Andererseits kann sie auf oberflächliche Weise sexuell promiskuitiv sein, wodurch sie Intimität vermeidet. Sie kann vor starker genitaler Erregung und dem Kontrollverlust Angst bekommen, während sie gleichzeitig nach körperlicher Nähe hungert.

Auf der Gefühlsebene ist sie warm, empfänglich und sehr liebevoll. Da sich ihr Leben um Menschen dreht, häuft sie Aufmerksamkeiten auf ihre Freunde und Liebhaber und gibt ihnen das Gefühl, für sie sehr wichtig zu sein. Probleme können allerdings dann entstehen, wenn ihre Freunde oder Geliebten ihr nicht so nahe sein wollen wie sie ihnen. In einem solchen Fall kann sich ihre Aufmerksamkeit manipulativ anfühlen, sie leidet sehr unter Trennungsangst und kann Probleme schaffen, um den Geliebten dazu zu bringen, sie nicht emotional oder körperlich zu verlassen. Jeder Versuch, sich von ihr zu distanzieren, kann zu weiterem Klammern und Trotz gegen das Loslassen führen, wodurch andere sich unter Druck gesetzt und in der Falle fühlen.

In einem ausgefüllten sozialen Leben lebt die Hysterikerin auf. Da sie sehr kommunikativ ist und alle Einzelheiten ihres Lebens mit anderen teilen möchte, besteht ihre Reaktion auf Trauer, Furcht oder jedes andere Gefühl darin, jemanden zu finden, mit dem sie sprechen kann. Daher findet sie sich häufig als Dauerklientin in Gesprächstherapien, sie ist das Manna der Psychoanalytiker, es ist kein Zufall, dass Freuds berühmteste Fälle ausnahmslos Hysterikerinnen waren.

Im Berufsleben werden Hysteriker wunderbare Schauspieler, da sie den Applaus, die Aufmerksamkeit und die Wertschätzung genießen, die sie vorher so entbehrt haben. Tatsächlich gibt ihnen die Schauspielkunst eine Chance, aus ihrer Liebe zum Drama und ihrer Fähigkeit, Emotionen auszuagieren, Kapital zu schlagen. Hysteriker können sich tatsächlich wirklicher fühlen, wenn sie schauspielern, als wenn sie wahrhaftig sie selbst sind.

Mithilfe eines regelmäßigen und gut ausgewählten Trainingsprogramms kann die Hysterikerin das Ungleichgewicht zwischen ihrer oberen und unteren Körperhälfte wieder ins Lot bringen. In der Kraftkammer kann sie die unterentwickelten Muskeln der Brust, des Rückens, der Schultern und Arme so aufbauen, dass sich der Brustkorb dehnt, Brust, Arme und Rücken voller werden. In den in den Fitnesscentern angebotenen Bauch-Bein-Po-Stunden kann sie ihre Hüften und Oberschenkel straffen und die Beine durch Dehnübungen beweglicher machen. Wichtig dabei ist die Erkenntnis, dass es nur wenig nützt, sich rein auf das Training und die Straffung von Bauch, Bein und Po zu konzentrieren, wie das viele Frauen tun. Es ist mindestens genauso wichtig, den Oberkörper mit Hanteln und an den Geräten zu kräftigen und aufzubauen, da das – empirisch immer wieder festzustellen – auch den Fettabbau und die Straffung der unteren Körperhälfte unterstützt. Das dürfte damit zu tun haben, dass eine Ansammlung von Masse in der unteren Körperhälfte, die dem Yin

zugeordnet ist, sich durch eine Stärkung der oberen Körperhälfte, die dem Yang zugeordnet ist, vermehrt über die Brust, Arme und Hände ausdrücken kann – und daher unten wieder weniger wird. Deshalb sind Sportarten, die die obere Hälfte kräftigen und die Beine schnell und flexibel machen, wie Volleyball, Handball, Basketball und Tennis, sehr heilsam für die Hysterikerin. Außerdem helfen ihr solche Sportarten und überhaupt regelmäßiges physisches Training, ihre hohe, aber im Allgemeinen ungleichmäßig verteilte und explosive Energie durch körperliche Aktivität zu stabilisieren und zu erden.

Wie auch bei den anderen bisher besprochenen Körpertypen ist die körperliche Form eine Entsprechung des innewohnenden Charakters. Wenn die Hysterikerin – und das ist durch regelmäßigen Muskelaufbau in der Kraftkammer und mit der in diesem Buch vorgestellten Art zu trainieren möglich – ihren Oberkörper kräftigt und ihre obere und untere Körperhälfte dadurch wieder in eine harmonische Proportion zueinander kommen, bereitet sie damit auch die Grundlage, dass ihr Charakter und ihre Beziehungen beständiger und weniger sprunghaft werden. Durch die Weitung des Brustkorbs wird die enge und starre Schutzmauer, die das Herz bisher umgab, durchlässiger und weicher. Die hinzugewonnene Muskulatur der Brust, der Schultern und des oberen Rückens bilden einen neuen und natürlichen Schutz für das Herz, das dadurch mehr Ruhe und Sicherheit bekommt: die Hysterikerin lernt, auf Liebe und Zuwendung warten zu können, sie nicht erzwingen zu müssen und nicht mehr auf den kleinsten Liebesentzug mit dramatischen Krisen reagieren zu müssen.

Auf jeden Fall bereitet die körperliche Veränderung die charakterliche Transformation vor und bietet die organische Grundlage für einen psychotherapeutischen Prozess, der oft notwendig ist, um in der Familienrekonstruktion tiefe und alte Verletzungen bewusst zu machen, die noch immer aus dem Unterbewussten wirken und von daher das Handeln zwanghaft bestimmen.

Vor- und Nachteile beliebter Sportarten

Aerobic

Die Vorteile von Aerobic und seine Weiterentwicklungen wie Step und Bodywork liegen darin, dass sie ein ausgeklügeltes System darstellen, wie man innerhalb kurzer Zeit den Kreislauf und die Atmung auf Hochtouren bringt, dadurch den Stoffwechsel anregt und eine beachtliche Ausschüttung von Serotonin, Endorphinen, anderen euphorisierenden Substanzen und dem damit verbundenen Glücksgefühl bewirkt. Aerobic und seine Spielarten trainieren differenziert einzelne Muskeln und Muskelgruppen sowie die Bewegungskoordination.

Asiatische Kampfsportarten

Ähnlich wie Aerobic und Step trainieren asiatische Kampfsportarten wie Judo, Jiu-Jitsu, Karate, Aikido, Taekwondo und Kung-Fu sowohl die körperliche Ausdauer als auch die Fähigkeit, schnell Energie für Hochleistungen zu mobilisieren. Ähnlich wie bei Aerobic werden auch einzelne Muskeln und Muskelgruppen und die Bewegungskoordination trainiert.

Im Unterschied zu Aerobic stellen die asiatischen Kampfsportarten – im idealen Falle, wenn sie in traditioneller Weise unterrichtet werden – ein viel umfassenderes und ganzheitlicheres Schulungssystem dar: In ihnen werden, neben Reaktionsschnelligkeit und Anpassungsfähigkeit an einen Gegner, auch viel Augenmerk auf Psychologie, Beherrschung der Emotionen, Ausschalten von störenden Gedanken, meditative Konzentration und Einfühlungsvermögen in den Geist des Gegners gelegt. Die Bewegungsfolgen haben nicht nur den Zweck, schlank, gesund und attraktiv zu werden, sondern sind Teil eines komplexen Systems der Selbstverteidigung und Kampftechnik. Ziel ist ein erfolgreicher Umgang mit eigener Furcht und Aggression sowie die Entwicklung des Selbstvertrauens, sich vor Attacken von anderen zu schützen. Deshalb schulen asiatische Kampfsportarten nicht nur körperliche Fitness, sondern auch die Persönlichkeit mit ihren emotionalen Schwächen und Stärken.

Bei manchen dieser Kampfsportarten, wie zum Beispiel dem Tai Ji, steht der kontemplative und meditative Aspekt und das Beherrschen und Lenken der Lebensenergie Qi sowohl in den eigenen Bewegungen als auch außerhalb des Körpers – um den Gegner zu treffen und gegebenenfalls kampfunfähig zu machen – mehr im Vordergrund als körperliche Fitness und Schlagtechnik.

Ballsportarten

In Europa sind die bekanntesten Ballsportarten Fußball, Basketball, Handball und Volleyball. Sie trainieren antrittsschnelles Laufen und Springen, die Kondition, Bewegungskoordination und Reaktionsvermögen. Wie bei allen Mannschaftssportarten liegt der Nachteil darin, dass ernsthaftes Training nur zu festgesetzten Zeiten möglich ist und man in seiner Ausübung davon abhängig ist, dass die anderen des Teams auch Zeit haben.

Wenn man viel und schon in früher Jugend spielt, bilden sich vor allem beim Fußball durch die ständige Aktivierungsbereitschaft und Anspannung der Abduktoren oft O-Beine aus. Bei diesem Sport liegt auch die größte Verletzungsgefahr besonders in den meist mit gegenseitiger Körperberührung ausgetragenen Zweikämpfen.

Bergsteigen

Für die meisten, die auf einen Berg gehen, bedeutet das neben der körperlichen Ertüchtigung vor allem das Erlebnis von Naturschönheit und Verbindung zur Ursprünglichkeit der Natur. Bergsteigen ist eine Möglichkeit, der Zivilisation in den Tälern für eine Weile zu entkommen und wieder einmal Bäume und Pflanzen zu sehen, wie sie in natürlicher Harmonie mit Fels und Bach und Erde entstanden sind; einen weiten Himmel über sich zu spüren und reine Luft zu atmen.

Vom Trainingsaspekt her wird beim Bergwandern und -steigen der gesamte Körper gefordert. Bei jedem Schritt muss man die Muskeln der Beine und Füße anders einsetzen, um sich dem wechselnden Boden anzupassen, bei jedem Schritt werden unterschiedliche Fasern der Muskeln des Rumpfes und auch der Arme gebraucht, um den Körper aufrecht und im Gleichgewicht zu halten. Da die meisten Berge ja nicht im Handumdrehen zu erklimmen sind, man viele Stunden mit Gehen und Steigen verbringt und die Atemprozesse durch die frische Luft besonders angeregt werden, sind Bergsteigen und -wandern ein ideales Konditions- und Fitnesstraining. Der einzige, nur bei Vorschädigung der Gelenke auftretende Nachteil ist eine gewisse Belastung der Knie-, Fuß- und Hüftgelenke, wenn man den Berg wieder abwärts steigt.

Eis laufen

Bei Sportarten wie Eis laufen, Ski fahren, Inlineskating und Surfen, aber auch beim Geländelauf und beim Bergsteigen, trainiert man eine Menge Beinmuskeln, die fürs Laufen oder Radfahren nicht besonders wichtig sind. All diese Muskeln sind an den raschen Pronations- und Supinationsbewegungen des Fußes beteiligt: die Adduktoren und Abduktoren des Oberschenkels, die Schienbeinmuskeln (Mm. tibiales anterior und posterior) und Wadenbeinmuskeln (Mm. peronei longus und brevis) des Unterschenkels. Alle diese Sportarten förderrn daher eine differenzierte Ausbildung der Beinmuskulatur – und natürlich Reaktionsschnelligkeit und Gleichgewicht. Da man leicht fällt, besteht eine gewisse Verletzungsgefahr – Prellungen, Verstauchungen, Blutergüsse, Knochenbrüche.

Inlineskating

Die moderne Version des Rollschuhfahrens wird zum neuen Verkehrsmittel der Jugend in den Städten. Für Ungeschulte ist die Verletzungsgefahr recht hoch; die Skater schützen sich aber im Allgemeinen durch Handschuhe, Knie- und Ellbogenschützer besser als Skifahrer oder Eisläufer. Da Beton ein wirklich krasser Untergrund ist, sind sich Skater der Gefahr mehr bewusst.

Klettern

Eine natürliche Fortbewegungsart für alle, die in den Bergen jagen, nach entlaufenen Ziegen suchen oder das High auf den Gipfeln genießen wollen. Für alle Menschen, die in den Bergen gelebt haben und leben, eine wichtige Eigenschaft im Kampf ums Überleben – genauso wie Laufen und Gehen. Eine Art Yoga am Felsen, in der der ganze Körper gestählt wird. Eine Leidenschaft für alle, die gerne die Grauzonen zwischen Tod und Leben erforschen. In letzter Zeit ist es aber auch eine Modesportart für jene, die in den 80er-Jahren so cool geworden sind, dass sie einen extremen Kick brauchen, um aus ihrer seelischen Unberührbarkeit aufgescheucht zu werden. Starker Adrenalin- und Endorphinschub, wenn man mit den Füßen über dem Abgrund baumelt. Legale Drogenbeschaffung zur Bewusstseinserweiterung.

Das Risiko besteht vor allem bis zu Schwierigkeitsgrad sieben – da klettern die Anfänger und da besteht Steinschlaggefahr. Bei senkrechten Wänden und bei Überhängen ist die Verletzungsgefahr weitaus geringer als in leichtem und mittelschwerem Gelände. Der unbestreitbare Vorteil liegt, wie bei den meisten Extremsportarten, in der sozialen Akzeptanz: wenn man abstürzt, ist man sauber und trendy gestorben, und selbst mit Fersenbeinbruch ist man noch ein Held – ganz anders als ein Outcast auf Ecstasy oder Heroin, der vielleicht auch auf der Suche nach anderen Bewusstseinszuständen war beziehungsweise mit seinen Schwierigkeiten nicht anders fertig wurde.

Laufen

Die natürlichen Fortbewegungsarten des Menschen wie Krabbeln, Gehen und Laufen kann man nur als Sport bezeichnen, wenn man nicht berücksichtigt, dass es eine Zeitepoche vor der Erfindung des Autos gegeben hat, in der man nicht gelaufen ist, um überflüssige Kilos loszuwerden, eine bessere Kondition zu bekommen oder sich nach einem anstrengenden Bürotag Bewegung zu verschaffen, sondern um zu jagen, zu kämpfen, vor übermächtigen Gefahren Reißaus zu nehmen oder eine Botschaft von einem Ort zum anderen zu bringen – zum Beispiel von einem Sieg bei Marathon zu den versammelten Honoratioren und Presseleuten am Marktplatz von Athen (um die attischen Börsenkurse vor einem Absturz zu bewahren, musste die Botschaft rasch überbracht werden, sonst wären die Phönizier wieder zu sehr im Geschäft gewesen).

Die Fähigkeit, lang und ausdauernd zu gehen und zu laufen, war in der Menschheitsgeschichte lange eine unserer wichtigsten Eignungen im Kampf ums Überleben. Ein Lauftraining bringt uns daher in Verbindung mit unseren archaischen Schichten und Instinkten, vor allem wenn wir in freier Natur und im Gelände laufen – und nicht auf dem Laufband. Da das Laufen nicht nur die schnelle Fortbewegungsart des Menschen, sondern der meisten Säugetiere und auch einiger Vögel (man denke an den Emu und den Strauß) ist, ist es durch die Evolution seit ungefähr 225 Millionen Jahren (dem Auftreten der ersten Säugetiere im Trias) unzählige Male verbessert und zu höchster Leistungsfähigkeit gezüchtet worden. Gerade das Laufen ist daher untrennbar mit der Entwicklung aller körperlicher und in weiterer Folge auch seelischer und geistiger Mechanismen zu verstehen, die bei Gefahr, Stress und hoher Anforderung ein Höchstmaß an Energie in sehr kurzer Zeit, aber auch manchmal konstant über einen längeren Zeitraum wie beim Dauerlauf, mobilisieren müssen. Die Tätigkeit des sympathischen Nervensystems mit all seinen Erfolgsorganen – besonders die Aktivierung des Herzens und die Engerstellung der Gefäße durch Adrenalin und Noradrenalin – hat vor allem den Zweck, auf der Jagd, im Kampf oder auf der Flucht raschest Energie zum Laufen, Brüllen und Reißen zur Verfügung zu stellen.

Daneben gibt es noch andere Mechanismen, die bei Dauerleistung oder Schmerzen aktiviert werden, wie zum Beispiel die Ausschüttung von Serotonin und Endorphinen, die für unsere Glücksgefühle verantwortlich sind, wenn man sich beim Training an der Leistungsgrenze bewegt. Sie sind mitverantwortlich für das Phänomen des *second wind* – den Energie- und Euphorieschub, den man bekommt, wenn man den toten Punkt überwunden hat. Aus dem Gesagten wird verständlich, warum Dauer- und Marathonläufer jene Sportler sind, die am besten über die

Gesetzmäßigkeiten des *second wind* Bescheid wissen und am häufigsten von meditativen und manchmal mystischen Erfahrungen berichten.

Laufen gibt Ausdauer und Kondition und hat eine beruhigende und klärende Wirkung auf den Geist – während wir laufen, können wir vergangene Ereignisse verarbeiten, Gedanken treten ins Bewusstsein, für die wir vorher keine Zeit und Aufmerksamkeit hatten, und wir können Handlungen planen und eine Vision entwickeln für das, was uns bevorsteht. Bei vielen ursprünglichen Völkern sind Wandern, Laufen und Fasten die wichtigsten Elemente einer Visionssuche des jungen Menschen an der Schwelle zum Erwachsenwerden. Von alters her hat Laufen eine spirituelle Funktion – man findet seinen Weg, den man im Leben gehen möchte beziehungsweise den man aufgrund seiner Anlagen zu gehen hat.

Laufen macht schlanke und, bei relativ geringem Volumen, sehr effektive Muskeln. Wenn man viel läuft, verbrennt der Körper möglichst viel Fett nicht nur zur Energiegewinnung, sondern auch, um unnötigen Ballast loszuwerden. Der Körper des Läufers ist meist schlank und drahtig, manchmal tendiert er auch zu Magerkeit und einer Schwäche der Muskulatur der oberen Körperhälfte. Wenn man einen gut geformten Körper haben möchte, ist es sicher notwendig, auch andere Sportarten zum Ausgleich zu betreiben, die Brust und Rücken stärken – zum Beispiel Schwimmen und Rudern. Am zeitsparendsten und effizientesten ist es, die Brust- und Rückenmuskeln in der Kraftkammer aufzubauen.

Es macht einen großen Unterschied, ob man im Gelände oder auf einer ebenen Fläche läuft. Der Bau der Knochen und Gelenke und die Laufmuskulatur der verschiedenen Tiere und dann in weiterer Folge der Menschen hat sich in Jahrmillionen entwickelt, um sich auf Gras, Erde oder Stein, auf unebenem, aber doch meist eher weichem und bei jedem Schritt leicht nachgebendem Terrain möglichst schnell fortbewegen zu können. Auf unebenem Boden im Gelände beanspruchen wir den Körper vielfältiger, und das heißt weniger einseitig. Wenn wir auf einer Kunststoffbahn oder gar Asphaltstraße laufen, brauchen wir vor allem die Beuger und Strecker der Hüft-, Knie- und Fußgelenke und diese in immer gleicher Weise. Daher werden bestimmte Muskelfasern sehr, andere wieder überhaupt nicht trainiert. Außerdem werden die Gelenkflächen der Hüft-, Knie- und Fußgelenke bei jedem Schritt in gleicher Weise belastet, was zu einer rascheren Abnützung führt. Daher beansprucht der moderne Asphaltjogger seine Gelenke in viel höherer Weise als der Geländeläufer.

Mountainbike

Die Idee, in knallig bunten Synthetikklamotten auf Eisengestellen durch die Wälder zu rasen, sich toll zu fühlen, die Grasnarbe zu zerstören und das Wild zu verschrecken, ist an sich schon krank. Eine typische Erfindung der Sportindustrie, denen ökologische Gesichtspunkte völlig egal sind. Gott sei Dank pflanzen sich zumindest männliche Mountainbiker immer seltener fort, da neuere medizinische Untersuchungen belegen, dass die ständigen Stöße auf die Hoden bei manchen Männern Unfruchtbarkeit hervorrufen können. Das gilt für Mountainbiking auf steilen Abhängen und über Stock und Stein, nicht für das Rad fahren auf Forst- und Radwegen in der Natur.

Rad fahren

Das Fahrrad ist eines der wichtigsten Fortbewegungsmittel vor allem in Ländern der Dritten Welt. Vor einigen Jahren noch bestand der öffentliche Verkehr in Bangladesch zu über 80 Prozent aus Fahrrädern und zu circa 15 Prozent aus Lastwagen. Es ist ein billiges und ökologisches Transportmittel, das die Umwelt kaum belastet und das für die breite Bevölkerung in Ländern wie Indien und China gerade noch erschwinglich ist. Bei dem zunehmenden Verkehrskollaps in den Großstädten der ganzen Welt wird das Fahrrad aber auch immer mehr als praktisches und flexibles Transportmittel von Leuten erkannt, die aus Bequemlichkeit eher mit dem Auto oder dem Bus fahren würden, wenn man darin nur vorankäme, ganz zu schweigen von der oft aussichtslosen Parkplatzsuche am Zielort.

Rad fahren trainiert in geradezu idealer Weise die Kondition; es baut die Beuger und Strecker der Beine auf. Im Unterschied zu Sportarten wie Inlineskating oder Ski fahren werden aber viele Beinmuskeln kaum beansprucht, vor allem die Adduktoren und Abduktoren des Oberschenkels. Wenn man weite Strecken und häufig Rad fährt, ist es wichtig, zum Ausgleich den Oberkörper durch Sportarten wie Schwimmen oder in der Kraftkammer zu trainieren.

Genauso wie Laufen und Wandern hat Rad fahren den Vorteil, dass es nicht einfach nur eine Sportart ist, mit der wir unsere Kondition stärken, sondern auch eine, die uns in die frische Luft und freie Natur führen kann. Rad fahren unter freiem Himmel ist natürlich unvergleichlich besser als das Rad fahren im Fitnesscenter, wo es als Sport auf Fettverbrennung und den Konditionsaspekt reduziert ist, man sich wieder in geschlossenen Räumen aufhält und verbrauchte Luft einatmet.

Reiten

Vor der Erfindung des Fahrrads, des Autos und der Bahn war das Pferd das wichtigste Fortbewegungsmittel, um weite Strecken zurückzulegen und Lasten zu befördern. Die Kulturgeschichte des Menschen ist ohne das Pferd nicht denkbar. Viele Reiche stützten ihre militärische Überlegenheit auf die Kampfkraft ihrer Streitwagen und Reiter – schon die Assyrer, Sumerer, Ägypter und Griechen, später dann die Sarazenen und Ritter, die Mongolen und Tartaren. In der Neuzeit gab es bis zum Ersten Weltkrieg vielfältigste Formen der Kavallerie in Europa wie in Amerika, die den Ausgang der Schlachten bestimmten, wie zum Beispiel die Kosaken, Ulanen, Husaren, Kürassiere und Dragoner. Aber auch der Austausch von Waren und die Entwicklung des Handels über größere Strecken kamen vor allem mithilfe der Pferde zustande.

Erst in diesem Jahrhundert ist das Reiten zu einem Sport und einer Freizeitbeschäftigung geworden, sind die praktischen Funktionen des Reitens wie Reisen, Beaufsichtigen von Herden, Jagen und Kämpfen in weiten Teilen der Erde zurückgetreten.

Reiten stärkt die Naturverbundenheit und schult den Instinkt. Es ist mehr eine Kunst als ein Sport. Die Kunst besteht darin, dass der Reiter auf die Seele des Pferdes eingeht und eine Bewegungsgemeinschaft, ein Team mit dem Pferd bildet. Er lernt, die Triebe, Impulse und Instinkte des Pferdes zu achten und in sein eigenes Vorhaben, seinen eigenen Willen zu integrieren – sonst wird er nicht weit kommen. Er muss das Pferd lenken, sich aber auch in vielen Situationen von der instinktmäßigen Überlegenheit des Pferdes lenken lassen. Reiten entwickelt Feinfühligkeit und Fingerspitzengefühl.

Da Reiten eine sehr vielfältige Bewegungsform ist, trainiert es alle Muskeln des Körpers, am meisten natürlich die Adduktoren der Beine. Die einzigen Nachteile liegen in der Sturzgefahr, dem damit verbundenen Verletzungsrisiko und, wenn man viel und vor allem in jungen Jahren reitet, in der Entwicklung von O-Beinen. Für den Reiter wiegt das wenig im Vergleich zum Hochgefühl, das das Reiten über Berg und Tal mit sich bringt: „Das höchste Glück der Erde liegt auf dem Rücken der Pferde."

Rudern

Diese Sportart trainiert den Körper sehr umfassend. Rudern macht einen breiten Rücken und kräftige Arme, aber auch die Muskulatur von Brust, Bauch, Po und Beinen wird beansprucht und aufgebaut. Der Bauch wird gestrafft. Ähnlich wie vom Langstreckenlaufen und Schwimmen bekommt man vom Rudern Ausdauer und Kondition.

Ein wesentlicher Vorteil des Ruderns liegt auch darin, dass es Gelenke und Bänder wie nur wenige andere Sportarten schont. Außerdem gehört das Rudern zu den natürlichen Sportarten – also Sportarten, die sich aus ursprünglichen Bewegungsformen und schon seit Jahrtausenden bestehenden Fortbewegungsarten des Menschen entwickelt haben: Das sind einerseits Laufen, Bergwandern, Klettern und Schwimmen und andererseits Reiten und Rudern. Mit einem Boot oder Kanu auf einem See, Fluss oder Wildwasser zu paddeln und zu rudern, ist daher mehr als ein die Kondition und den Körper stählender Sport: Rudern und Paddeln lassen uns Naturschönheiten und Abenteuer erleben, wir können mit einem Boot oder Kajak die letzten Gegenden unberührter Wildnis erkunden, zum Beispiel in Kanada oder am Amazonas. Für viele Menschen in Küstengebieten ist Rudern nach wie vor eine Fertigkeit, die für den Alltag und die Arbeit auf dem Wasser große praktische Bedeutung hat und die bei Überschwemmungen und Schiffshavarien fürs Überleben wichtig ist.

Es gilt das Gleiche wie fürs Radfahren: Rudern im Fitnesscenter, wo es meist zum Aufwärmen benützt und auf den Konditionsaspekt reduziert wird, ist ein ungenügender Ersatz für Atmen und Rudern auf dem Wasser und unter freiem Himmel.

Schwimmen

Schwimmen ist eine der natürlichen Sport- und Fortbewegungsarten, die den Körper ähnlich wie das Rudern in sehr umfassender Weise trainiert, da beim Schwimmen fast alle Muskeln beansprucht werden. Durch die horizontale Lage im Wasser wird die Wirbelsäule entlastet und die Bandscheiben werden geschont, was das Schwimmen zu einer der gesündesten Sportarten überhaupt macht. Nur bei langen Trainingseinheiten können Gelenksbelastungen auftreten: bei langem Brustschwimmen werden die Kniegelenke und beim Delfin wird der untere Rücken strapaziert.

Durch die Beanspruchung der gesamten Muskulatur entwickeln Schwimmer einen Körper mit ästhetischen Proportionen, ihre Körper entwickeln sich in Richtung Stromlinienform. Der einzige Wermutstropfen beim Schwimmen ist das Aufweichen der Haut und die Reizung der Bindehaut des Auges durch das Chlorwasser in Schwimmbädern.

Ski fahren

Ski fahren ist der in alpinen Regionen mit Abstand beliebteste Wintersport und eine der in Mitteleuropa und Nordamerika am weitesten verbreiteten Sportarten überhaupt. Ski fahren trainiert fast alle Bein- und Gesäßmuskeln. Das Bewegungsmuster ist dem des Eislaufens und Inlineskating verwandt. Es gibt zwar auch sehr viele Menschen, die Fußball spielen oder laufen, aber es gibt kaum eine Sportart – mit Ausnahme vielleicht vom Radfahren –, die derart unterschiedliche Menschen anspricht wie das Skifahren: Mann und Frau, Alt und Jung, Athleten und Bewegungsmuffel. Es gibt auch keine andere Sportart, die für eine derart große Masse an Menschen im Zentrum ihres Urlaubs steht und die sie drei bis sechs Stunden am Tag ein oder zwei Wochen lang beschäftigt.

Das liegt zum Großteil an dem natürlichen Hoch, das man in der Höhe bei sportlicher Betätigung und dünnerer Luft auf relativ einfache Weise bekommt – wofür man nicht einmal sehr viel aus eigener Kraft tun muss, da man von Liften wie von Zauberhand in die Höhe getragen oder geschleppt wird. Man braucht dann gar nichts weiter tun, als abwärts zu gleiten, was aber den untrainierten Städter und Stubenhocker schon an den Rand seiner konditionellen Möglichkeiten bringt und diese daher mit jeder Abfahrt ein wenig erweitert. Was hat man denn schon für Alternativen, wenn man oben an der Piste steht? Es geht abwärts, man folgt der Schwerkraft und unten kann man sich ja zum Ausruhen in den Liftsessel fallen lassen – und schon gehts wieder hinauf.

Ski fahren ist in den letzten dreißig Jahren zum Massensport geworden, was eine erhebliche Naturzerstörung mit sich gebracht hat. Viele Bergwälder sind durch Kahlschlag zu Pisten umgewandelt worden. Der Wald, der das Regenwasser hielt, ist auf vielen Bergen in Skigebieten so ausgedünnt, dass der Wasserkreislauf gestört ist. Einerseits trocknen die Berge aus, dadurch kommt es zur Verkarstung und es fehlt in Trockenperioden an Feuchtigkeit, andererseits kommt es bei starkem Niederschlag leichter zu Überschwemmungen in den Tälern, zu Muren und Lawinen.

Außerdem ist das Skifahren sehr konsumintensiv geworden. Man braucht eine relativ teure Ausrüstung, die Wintersportler lassen sich Jahr für Jahr von den breit angelegten Werbekampagnen der Ski- und Skimode-Firmen blenden und verführen, die ihnen suggerieren, sie müssten aus modischen, und aus Sicherheitsgründen sowieso, immer auf dem letzten Stand sein. Es gibt daher auch Leute, die gerne Ski fahren, aber es sich aus ökonomischen Gründen nicht leisten können oder aus ökologischen darauf verzichten.

In einem typischen Skiland wie Österreich steht ein Drittel der Bevölkerung jährlich auf den Brettern (Snowboard und Carving-Ski eingerechnet) – nach einer Studie des Österreichischen Skiverbands 2,7 Millionen in der Saison 1997/98. Von diesen verletzten sich 22 600; ein Viertel davon so schwer, dass sie abtransportiert werden mussten. Die häufigsten Unfälle betreffen die Knie, in zweiter Linie sind Schultern und Arme betroffen. Interessant ist, dass die Skiunfall-Statistik deutliche geschlechtsspezifische Unterschiede aufweist: Frauen verletzen sich häufiger am Knie und bei Kollisionen, Männer im Arm- und Schulterbereich und bei Aufprallsituationen – an Bäumen, Liftmasten und Felsen; Kinder und Jugendliche an Unterschenkeln und Knöcheln.

Seit das Skifahren ein Massensport geworden ist, hat es viel von seiner ursprünglichen Romantik eingebüßt. Kaum fallen ein paar Flocken Schnee, werden die Hänge von den Pistenraupen platt gewalzt; abseits der abgesteckten Ski-Autobahnen darf man nicht fahren; und der Schnee hat, in den immer wärmer werdenden Wintern der letzten Jahre, nur noch äußerst selten eine flockige, staubende Pulver-Qualität (außer in der Werbung im Fernsehen – aber was im TV gezeigt wird, halten die Leute ja zunehmend für die Wirklichkeit).

Snowboarden

Diese Sportart hat sich vor allem in den letzten 15 Jahren entwickelt und hat viele begeisterte Anhänger in der jungen Generation. Mehr als auf zwei Skiern bekommt man beim Fahren auf einem Brett ein Gefühl des Gleitens, das dem Sucht erzeugenden Gleitgefühl des Windsurfens und Wellenreitens verwandt ist.

Am Anfang fühlt man sich aber noch unsicherer als auf zwei Skiern – festgeschnallt auf ein Brett mit der wunderbaren Alternative, entweder zur einen oder zur anderen Seite kippen zu können. Wenn man

den Bogen raus hat, macht man harmonisch schwingende Bewegungen mit dem ganzen Körper, vor allem mit Becken und Bauch. Snowboarden fördert den Gleichgewichtssinn und die Kondition; besonders aufgebaut wird der vierköpfige Oberschenkelmuskel (Quadriceps). Es belastet die Knie; wirklich bruchgefährdet bei den Stürzen sind Handwurzel und Handgelenk.

Da es für den Snowboarder schwieriger ist, das Gleichgewicht zu halten, fährt er langsamer, reiht Bogen an Bogen und gefährdet dadurch andere viel weniger als der (vor allem männliche) Skifahrer, der, den Rausch der Geschwindigkeit voll auskostend, sich in der *direttissima* zu Tal stürzt.

Squash

Dieser sehr schnelle Sport, bei dem man sich in kürzester Zeit austoben und abreagieren kann, wurde angeblich von Häftlingen entwickelt, die ihren Freigang im Gefängnishof dazu nutzten, ihre Wut und Aggression in Spiel und High umzusetzen. Squash fordert den Körper sehr stark. Es braucht viel Kondition, eine Stunde in vollem Tempo durchzuhalten; man schwitzt auch extrem viel aus. Squash trainiert das Reaktionsvermögen und die Bewegungsschnelligkeit. Die Gelenke, besonders die Hand-, Fuß- und Kniegelenke, werden durch die raschen Turn-, Stop-and-go-Bewegungen aber auch stark belastet und weisen, wenn man viel spielt, bald Abnützungserscheinungen auf. Das sehe ich als entscheidenden Nachteil, da abgenützter Gelenkknorpel nicht nachwächst und zu schmerzhaften Bewegungseinschränkungen im Alter führt.

Vom ästhetischen Standpunkt ist es auch nicht jedermanns Sache, mit einer Gummikugel auf eine Betonwand einzudreschen. Es ist nicht gerade ein Sport, bei dem sich Natur und Bewegung anmutig verbinden und bei dem man einen weiteren Horizont bekommt wie beim Laufen, Segeln oder Reiten. Wenn man den Großteil seines Lebens in geschlossenen Räumen verbringt, ist der Erholungswert eines Sports fragwürdig, bei dem man wieder nur von Beton und Plexiglas umgeben ist. Aber viele Großstadthäftlinge sind gar nichts anderes mehr gewohnt. Im Unterschied zu Tennis ist es aufgrund seiner Schnelligkeit mehr ein Spiel aus dem Bauch und dem Instinkt, weniger aus dem Kopf und mit mentaler Kraft.

Tennis

Dieser relativ junge und vielseitige Sport hat sich im England des 19. Jahrhunderts entwickelt. Es ist ein Spiel und gleichzeitig ein Zweikampf, der vom Sportsgeist und Fairnessbegriff der britischen Upperclass geprägt ist. Man kämpft miteinander, kommt sich dabei aber nicht zu nah; es gibt keinen Körperkontakt, daher auch keine Fouls; der Kampf findet nicht nur auf körperlicher, sondern auch auf mentaler und psychischer Ebene statt. In dieser Komplexität hat Tennis Parallelen zu den asiatischen Kampfsportarten, bei denen auch nicht nur körperliche Fitness, Reaktionsvermögen und Schlagtechnik den Verlauf eines Kampfes bestimmen, sondern in ebenso hohem Maße mentale Stärke, meditative Konzentration und Einfühlungsvermögen in die Persönlichkeit des Gegners. Auf Wettkampfebene ist Tennis die moderne Version der Ritterturniere des Mittelalters und der Florett- und Degenkämpfe der Renaissance und des Barock. Für eine positive Entwicklung der Kulturgeschichte des Abendlands spricht, dass Tennis ein Zweikampfritual ist, bei dem sich die Gegner im

Turnier miteinander messen können, ohne sich physische Verletzungen zuzufügen.

Tennis stellt vielseitige Anforderungen an die Spieler: es braucht gute Laufarbeit und Kondition, Reaktionsschnelligkeit und Bewegungskoordination. Es hat eine ausgefeilte, sich ständig weiterentwickelnde Schlag- und Bewegungstechnik. Gute Beinarbeit ist die Grundlage jedes noch so einfachen Schlages und genauso wichtig wie Ballgefühl – das heißt, dass ein Tennismatch genauso von der Schnelligkeit und Dynamik der Beine und Hüften entschieden wird wie von kräftigen und geschickten Schultern und Armen.

Dazu kommen die schon angesprochenen mentalen Fähigkeiten: ein guter Tennisspieler lässt sich von Vorteil oder Rückstand in seiner Spielweise wenig bis gar nicht beeinflussen, er spielt jeden Ball im Hier und Jetzt. Er weiß, dass es nur diesen einen Ball jetzt in der Gegenwart gibt und dass, wenn er auf das vorausgedachte Endergebnis schielt, einer vergebenen Chance nachtrauert oder mit einer Schiedsrichterentscheidung hadert, die ihm zur Verfügung stehende mentale Kraft zu sehr zersplittert, sodass ihm die Konzentration fehlt, den momentanen Ball perfekt zu spielen. Tennis ist daher ein Training des Geistes, sich nicht mit der Vergangenheit und mit dem Vorausdenken und Vorausberechnen der Zukunft aufzuhalten, weil man dabei die Gegenwart verpasst – und die Gegenwart dauert immer nur den kleinen Bruchteil einer Sekunde gerade jetzt. Zudem schult es das Einfühlungsvermögen in den anderen und die Intuition – bei schnellen Ballwechseln braucht man eine hochentwickelte sensorische und auch telepathische Fähigkeit, die Intentionen des Gegners im Moment ihres Entstehens wahrzunehmen und so imstande zu sein, sich schon in die richtige Ecke zu bewegen, während der Gegner den Ball noch spielt.

Beim Tennis wird die Muskulatur reaktionsschnell, ausdauernd und effizient trainiert. Wie beim Laufen entwickelt sich aber keine besondere Muskelmasse. Muskeln mit viel Substanz und Gewicht sind nicht erforderlich, da die Wucht und Präzision eines Schlages mehr von der Technik und Gesamtkörperbewegung abhängt als von der reinen Muskelkraft. Große und schwere Muskeln sind eher ein Nachteil, da Tennis ja aus unzähligen kleinen Sprints besteht und ein guter Sprinter einen drahtigen, schlanken Körper hat, da es zu viel Kraft braucht, viel Gewicht ständig abzustoppen und wieder in Bewegung zu setzen.

Bei moderatem Spiel sind die Nachteile des Tennis gering. Wenn man viel spielt, stellen sich allerdings manchmal bestimmte Beschwerden ein. Typisch ist der Tennisellbogen, bei welchem es sich nicht um eine Erkrankung des Ellbogengelenks, sondern um eine Tendopathie an der gemeinsamen Ursprungszone zweier Muskeln, des gemeinsamen Fingerstreckers (M. extensor digitorum communis) und des langen radialen Handstreckers (M. extensor carpi radialis longus), handelt. Tendopathie bedeutet, dass die Sehnenursprünge durch ständige Überbelastung, Mikrotraumen und damit einhergehende kleine Sehneneinrisse pathologisch verändert sind, was zu einem lokalen Druckschmerz und, bei Anspannung der betroffenen Muskeln, zu einem meist distal ausstrahlenden Bewegungsschmerz führt. Eine solche Tendopathie kann aber auch bei anderen Muskeln auftreten, zum Beispiel an der Ursprungssehne des Deltamuskels, was zu chronischen Schmerzen in der Schulter führt.

Wie auch bei anderen Stop-and-go-Sportarten, zum Beispiel beim Fußball oder Basketball, werden die Knie- und Fußgelenke belastet, besonders wenn man viel auf Hartplatz spielt. Auf Hartplatz kann es auf Dauer auch eher zu einer Achillessehnenreizung kommen, beim unaufgewärmten Spielen zu einer Adduktorenzerrung. Es gilt das Gleiche wie auch für viele andere Sportarten: Wenn man auf den Körper hört, beendet man rechtzeitig das Spiel und bleibt gesund und unbehelligt; wenn man ehrgeizig ist und die Warnsignale ignoriert, fügt man sich Verletzungen und chronische Beschwerden zu.

Windsurfen

Ab Windstärke 5 stellt sich das schon beim Snowboarden erwähnte Sucht erzeugende Gleitgefühl ein, das dem wahren Adepten mehr bedeutet als fester Wohnort, festes Einkommen und sicherer Sex. Windsurfen ist naturverbunden, man hängt am Wimpernschlag des Windes und flitzt über den Wellenschlag des Meeres. Die Wellenmuster sind immer neu und einzigartig, je nachdem, wie sich das Licht in ihnen bricht.

Beim Windsurfen baut man vor allem den Oberkörper auf: den Rücken (Trapezius, latissimus), die Schultern (Deltoideus) und die Arme (Bizeps). Es entwickelt sich die vor allem bei Männern begehrte V-Form des Körpers. Anfangs verspannt sich der Schultergürtel fürchterlich – bis man die Kunst erlernt, das Körpergewicht richtig einzusetzen. Der größte Risikofaktor beim Windsurfen sind aber nicht Schulterverspannungen und ein eisenharter Rücken, sondern Unterkühlungen von Niere und Blase, die zu chronischen Erkrankungen dieser Organe, zum Beispiel immer wiederkehrende Blasenentzündungen, führen können.

Das Tao Training ergänzende Methoden

Akupressur, Meridianmassage und Shiatsu

Massagetechniken, die den Fluss der Lebensenergie Qi in den Meridianen oder Energiebahnen des Körpers anregen, sind in Asien seit Jahrtausenden verbreitet. Im Unterschied zu der im Abendland entstandenen „klassischen Massage", bei der die Entspannung und Entkrampfung der Muskeln sowie die Förderung des Lymphflusses und des Blutkreislaufs im Vordergrund stehen, zielen Meridianmassage und Akupressur in erster Linie auf die Harmonisierung des Energiekreislaufs im Körper. Die fernöstlichen Massagetechniken entspannen und entgiften Haut, Bindegewebe und Muskulatur wie die westliche Massage, das von ihnen zum Fließen gebrachte Qi reguliert und harmonisiert aber auch das autonome Nervensystem, den Stoffwechsel und die Funktionen der inneren Organe.

Ein Grundkonzept der chinesischen Medizin besteht darin, dass sowohl die verschiedensten Gefühle und Emotionen als auch Gedanken und geistige Funktionen in den zwölf inneren Organen ihren Sitz und Ursprung haben – und dass die dem jeweiligen Organ zugeordneten Gefühle und Denkstile genau wie seine physiologischen Funktionen vom Fluss des Qi in diesem Organ und seinem zugehörigen Meridian abhängen. Meridianmassage und Akupressur wirken daher nicht nur regenerierend und vitalisierend auf den Körper, sondern auch auf unseren Geist und unsere Emotionen; vor allem unsere tieferen, vom Alltag oft überlagerten Gefühle werden uns wieder deutlicher bewusst. Die Anregung des Qi-Flusses durch Meridianmassage, Akupressur, Shiatsu oder Akupunktur hat eine umfassende und ganzheitliche Wirkung auf unsere Gesundheit und unser Lebensgefühl und ist daher eine ideale Vervollständigung eines Fitness- und Wellness-Programms.

Akupressur ist die gezielte Massage von Hautarealen, die sich durch eine erhöhte elektrische Leitfähigkeit auszeichnen. Die einfachste Form der Akupressur ist leichter, mittlerer oder fester Druck mit der Fingerkuppe des Daumens, Zeige- oder Mittelfingers auf den Akupressurpunkt. Die nötige Druckstärke ist bei den einzelnen Punkten von Mensch zu Mensch verschieden. Es ist Sache des Fingerspitzengefühls, die Druckstärke an einem bestimmten Punkt herauszufinden, bei dem das Qi am besten fließt. Den Qi-Fluss kann man als ein Strömen oder Ziehen in der Fingerkuppe spüren, welches sich nach und nach auf die ganze Hand, den Arm und andere Körperbereiche ausbreiten kann. Die Lebensenergie Qi ist also nicht mysteriöses religiöses Konzept oder theoretisches Postulat, sondern eine mit den Sinnen erfassbare, in letzter Zeit sogar dem naturwissenschaftlichen Experiment zugängliche physikalische Größe. Mit ein wenig Anleitung und Training kann fast jeder lernen, den Fluss des Qi zu spüren, was bedeutet, dass man die Wirkungen der Akupressur bei sich und bei anderen spüren kann.

Unter *Meridianmassage* versteht man eine Massagetechnik, die den Fluss des Qi in den Meridianen anregt und fördert und den Energiefluss in den Meridianabschnitten wiederherstellt, in welchen er durch Verspannungen und Verhärtungen des Bindegewebes und der Muskelfaszien vermindert, verlangsamt, blockiert oder ganz unterbrochen ist. Im verhärteten Bindegewebe und in angespannter Muskulatur staut sich das Qi – wie das Strömen des Wassers in einem Fluss durch einen Damm oder ein großes Hindernis verlangsamt, vermindert oder ganz aufgestaut werden kann, wodurch sich flussabwärts nur ein Rinnsal und ein Überlauf findet und die umliegenden Landstriche von Austrocknung bedroht sind. Vor

allem zwischen miteinander verklebten Faszien benachbarter Muskeln und im Bereich der Gelenke finden sich häufig Blockadestellen des Qi. Bei körperlichen Fehlhaltungen, die fast immer durch Verkürzungen, Verhärtungen und Verklebungen bestimmter Muskeln und Muskelgruppen – und durch Überdehnung oder Erschlaffung der Antagonisten – bedingt sind, werden meist weite Meridianabschnitte, das umliegende Gewebe und in der Folge oft auch die dazugehörigen inneren Organe nicht genügend mit Qi versorgt.

Wird der Qi-Fluss in einem Meridian durch Verspannungen und Haltungsschäden behindert oder ganz unterbrochen, ist häufig auch die im zyklischen Kreislauf der Zwölf Meridiane nachfolgende Energiebahn kaum mit Qi versorgt. So vermindern zum Beispiel Verspannungen im Nacken und im Rücken, im Gesäß, an der Rückseite der Oberschenkel und in den Kniebeugen nicht nur den Energiefluss im Blasenmeridian, sondern auch das für Gesundheit und Vitalität unerlässliche Qi in der Blase, der Niere und im Nierenmeridian. Bei längerem Fortbestehen von Blockaden im Bereich des Blasenmeridians werden die Harn- und Geschlechtsorgane anfällig für Funktionsstörungen und Infektionen; Regelstörungen, Blasenentzündungen, Nierensteine, Geschlechtskälte und Impotenz können die Folge sein; die Lebenslust schwindet und macht leichter Erschöpfbarkeit und chronischer Müdigkeit Platz. Später weitet sich der Energiemangel auch auf nachfolgende Meridiane und Organe wie die Herzhülle und den Dreifachen Erwärmer aus.[23]

Es ist daher in jedem Fall sinnvoll, die Meridiane in ihrem zyklischen Zusammenhang zu massieren, von einem Meridian mit Energiefülle hin zu einem Meridian mit Energieleere, vom Überschuss zum Mangel.

Auf diese Weise gleicht man Fülle und Leere der einzelnen Meridiane und Organe untereinander aus und kann so den Boden für eine wirksame Akupressur- und Akupunkturbehandlung bereiten.

Die Hauptanwendungsgebiete der Akupressur sind leichte Schmerzen und Beeinträchtigungen des körperlichen und seelischen Wohlbefindens. Im Allgemeinen sprechen vegetativ-funktionale Störungen und psychische Beschwerden besser als organische Erkrankungen auf Akupressur an. Bei schon eingetretenen organischen Veränderungen, wie sie zum Beispiel eine Bronchitis, ein Ekzem oder eine Lymphknotenschwellung darstellen, ist die Akupunktur weitaus wirksamer und daher vorzuziehen.

Die häufigsten Indikationen für Meridianmassage und Akupressur sind im körperlichen Bereich Kopfschmerzen und Migräne, Zahnschmerzen, Schnupfen und Husten, Verspannungen und Schmerzen im Nacken, in den Schultern und am Rücken, Ischias und Hexenschuss, Regelbeschwerden und Geschlechtskälte, Verdauungsstörungen wie Verstopfung, Übelkeit, Brechreiz und Seekrankheit, und Notfälle wie Atemnot, Schwindel, Ohnmacht und Kreislaufkollaps.

Im psychischen Bereich hilft Akupressur vor allem bei innerer Unruhe und Nervosität, Schlaflosigkeit, Lampenfieber und Prüfungsangst, Konzentrationsschwäche, Reizbarkeit, Missmut und Freudlosigkeit, Erschöpfung, Stress und mangelnder Antriebsdynamik.

Meridianmassage und Akupressur sind aber nicht nur geeignet, leichtere Schmerzen und Beschwerden zu lindern und zu heilen. Sie können uns auch einen Zugang zur Innenwelt eröffnen, einen Zugang zu Bereichen des Geistes und der Seele, die sich uns sonst nur in tief entspannten Momenten, in Träumen und in Trancezuständen eröffnen und die unserem Alltagsbewusstsein normalerweise verborgen sind. Die Akupressurpunkte und Meridiane stellen eine Landkarte der Seele auf der Oberfläche des Körpers dar, die es uns ermöglicht, ganz unterschiedliche Teile unseres Selbst kennen zu lernen. Bei manchen Punkten tauchen Erinnerungen unserer persönlichen Geschichte auf, die manchmal bis in unsere frühe Kindheit zurückreichen, bei anderen haben wir schamanistische Visionen und mystische Erfahrungen, bei wieder anderen tauchen wir in Archetypen des kollektiven Unbewussten ein, ähnlich wie es Carl Gustav Jung beschrieben hat.

Shiatsu ist das japanische Wort für Fingerdruckmassage oder Fingerdrucktherapie – *shi* bedeutet Finger und *atsu* Druck. Nach der Definition des Japanischen Gesundheitsministeriums ist Shiatsu „eine Form von manueller Behandlung, ausgeführt mit den Daumen, anderen Fingern und den Handflächen ohne Zuhilfenahme irgendwelcher Instrumente. Durch Druck auf die menschliche Haut beseitigt sie innere Störungen und behandelt spezielle Beschwerden." Shiatsu in seiner jetzigen Form entwickelte sich in den letzten hundert Jahren aus Anma, der Japanischen Massage, die heute eher als Verwöhnmassage denn als Therapie gegeben wird, und manuellen Methoden und Behandlungsprinzipien der chinesischen Medizin. Es verbindet das jahrtausendealte Wissen über Akupressur mit verschiedenen fernöstlichen Massagetechniken.

Es gibt zwei Hauptrichtungen im Shiatsu. Die eine wurde von Tokujiro Namikoshi begründet, der das Shiatsu nach dem Zweiten Weltkrieg in die USA gebracht hat. Die zweite leitet sich von Shizuto Masunaga her, dessen Shiatsu auch stark in den asketisch-versponnenen Ideen der Makrobiotik wurzelt.

Der wesentliche Unterschied zwischen diesen Schulen liegt darin, dass die Shiatsugriffe bei Masunaga durch die Kleidung erfolgen, wogegen beim Namikoshi-Shiatsu wie bei der abendländischen Heilmassage der Körper direkt berührt wird – wodurch sich das Qi in den einzelnen Punkten und Meridianen sowohl leichter vom Praktiker erfühlen als auch wirkungsvoller anregen lässt. Außerdem eröffnet sich bei direkter Berührung eines Punktes auf der Haut viel leichter der Zugang zur Psyche und zur Bilderwelt der Seele – wenn man von einem anderen Menschen sanft am Körper berührt und massiert wird, hat das eine tiefere Bedeutung und auch mehr Energieaustausch zur Folge, als wenn man über die Kleider angefasst wird.

Posturale Integration

Posturale Integration, kurz PI genannt, ist eine Methode ganzheitlicher Körperarbeit, die von Jack Painter in den Siebzigerjahren in den USA entwickelt wurde. Unter Körperarbeit versteht man manuelle Methoden, bei denen chronische Muskelverspannungen aufgelöst werden, das Körperbewusstsein erweitert, die Atmung vertieft und blockierte und unterdrückte Gefühle freigesetzt werden. In der Folge fühlt man sich vitaler und die Lebensgrundstimmung wandelt sich zum Positiven. Im Unterschied zur klassischen Massage ist die aktive Teilnahme des Klienten an dem Prozess der Körperarbeit erforderlich, um diese Resultate zu erzielen. Es genügt nicht, sich einfach hinzulegen und an sich arbeiten zu lassen – man muss sich als Klient selbst bemühen, ein wenig tiefer zu atmen und gewisse Muskeln anzuspannen oder loszulassen.

Unter ganzheitlich versteht man, dass PI an der Veränderung der körperlichen, seelischen und geistigen Haltung arbeitet und dass, wenn der Körper sich entspannt und aufrichtet und man wieder mehr Energie zum Leben zur Verfügung hat, diese körperlichen Veränderungen die Grundlage für eine Entspannung der Gefühlswelt und eine Klärung des Geistes bilden.

PI wird in einer Serie von zehn bis zwanzig Einzelsitzungen von ein- bis eineinhalbstündiger Dauer gegeben, in denen erstarrte Strukturen in den einzelnen Körper- und damit zusammenhängenden Gefühlsbereichen – wie im ersten Kapitel dieses Buches beschrieben – systematisch durchgearbeitet, aufgelöst und zu einer neuen, den Erfordernissen der Gegenwart angemessenen Gestalt integriert werden. Da in chronischen Verspannungen und körperlichen und emotionalen Blockaden viel Energie gebunden

ist, nimmt die Antriebskraft und Dynamik einer Person im Verlauf eines solchen Prozesses meist deutlich zu. Da mehr Energie zur Verfügung steht, kann man Projekte und Ziele in Angriff nehmen und Wünsche verwirklichen, von denen man vorher nur träumen konnte, für die aber die Kraft gefehlt hat.

Der Unterschied von PI und anderen Methoden der Körperarbeit zu Sport und Gymnastik, durch die der Körper ja auch kraftvoller, geschmeidiger und dynamischer wird und die ebenso Freude bereiten und das Lebensgefühl heben, liegt darin, dass die Verbindung von Körper, Gefühlswelt und hemmenden oder unterstützenden Gedankenmustern mehr im Zentrum der Aufmerksamkeit steht. Dadurch können unterdrückte Anteile oder Schattenbereiche unserer Persönlichkeit bewusst gemacht und integriert werden, wogegen beim Sport die Gefahr besteht, dass man sich zwar für einen gewissen Zeitraum seine Glückshormone verschaffen und ihn erfolgreich als Ventil für angestauten Frust und Ärger benützen kann, dass man dadurch aber nicht unbedingt fähiger wird, die in Liebe und Beruf anstehenden Probleme zu lösen.

PI ist ein Weg, Körper, Seele und Geist als Einheit zu erleben und zu einer größeren Klarheit im Denken, Fühlen und Handeln zu gelangen.

Anhang

Fußnoten

1. Erich Rauch: Die F.-X.-Mayr-Kur, 1996
2. Roland Bäurle: Körpertypen, 1999, Seite 65; Ron Kurtz: Hakomi – Körperzentrierte Psychotherapie, 1985, Seite 275
3. Achim Eckert, Das heilende Tao, 1999, Seite 51 f.
4. Zeitschrift *Focus* 37/1997
5. Achim Eckert, Das heilende Tao, 1999, Seite 98
6. Achim Eckert, Das heilende Tao, 1999, Seite 30
7. Achim Eckert, Das Tao der Medizin, 1996, Seite 223
8. Roland Bäurle: Körpertypen, 1988, Seite 87; Ron Kurtz: Hakomi – Körperzentrierte Psychotherapie, 1985, Seite 275; Wilhelm Reich: Charakteranalyse, 1973, Seite 213
9. Achim Eckert: Das Tao der Medizin, 1996, Seite 198
10. Alexander Lowen: Bioenergetik, 1988; Jack Painter: Körperarbeit und persönliche Entwicklung, 1984, Seite 37 ff.
11. Achim Eckert: Das heilende Tao, 1999, Seite 30 f. und 70 ff.
12. Hans Heinrich Rhyner: Richtig Yoga, 1996
13. Achim Eckert: Das heilende Tao, 1999, Seite 97 ff.
14. Wilhelm Reich: Charakteranalyse, 1973; Wilhelm Reich: Die Entdeckung des Orgons I. Die Funktion des Orgasmus, 1987; Alexander Lowen: Bioenergetik als Körpertherapie, 1998, Seite 234
15. Achim Eckert: Das Tao der Medizin, 1996, Seite 198 und Seite 209
16. Achim Eckert: Das heilende Tao, 1999, Seite 30 f., Seite 51 f., Seite 95 f.
17. Achim Eckert: Das Tao der Medizin, 1996, Seite 198 und Seite 209
18. Achim Eckert, Das heilende Tao, Freiburg 1999, Seite 30 ff.
19. Keen: „A Conversation about Ego Destruction with Oscar Ichazo", Psychology Today, Juli 1973, Seite 68
20. Jürgen Weineck: Sportanatomie, 1996, Seite 122
21. Heimkes, Richter, Stolz: Wachstumsvorgänge der Wirbelsäule beim Morbus Scheuermann unter biomechanischen Gesichtspunkten, in: Biomechanik der Wirbelsäule, 1983, Seite 118–123
22. Frederick Leboyer: Das Geheimnis der Geburt, 1997; Frederick Leboyer: Geburt ohne Gewalt, 1999
23. Diese zwei Organe der chinesischen Medizin werden dem Element Feuer zugeordnet, siehe Achim Eckert: Das heilende Tao, Seite 54 f.

Literatur

Bäurle, Roland: *Körpertypen*, Berlin 1999

Dychtwald, Ken: *Körperbewusstsein*, Essen 1981

Eckert, Achim: *Das heilende Tao, Die Lehre der fünf Elemente – Basiswissen für Qi Gong und Tai Ji, Akupunktur und Feng Shui*, Freiburg 1999

Eckert, Achim: *Das Tao der Medizin – Grundlagen der Akupunktur und Akupressur*, Heidelberg 1996

Kahle, Werner; Leonhardt, Helmut; Platzer, Werner: *Taschenatlas der Anatomie, Band 1: Bewegungsapparat*, Stuttgart 1975

Keleman, Stanley: *Verkörperte Gefühle*, München 1992

Köster, Walter: *Spiegelungen zwischen Körper und Seele*, Heidelberg 1993

Kurtz, Ron: *Körperzentrierte Psychotherapie*, Essen 1985

Lowen, Alexander: *Bioenergetik als Körpertherapie. Der Verrat am Körper und wie er wiedergutzumachen ist*, Reinbek 1998

Osho: *Das Orangene Buch – Meditationstechniken*, Köln 1998

Painter, Jack: *Körperarbeit und persönliche Entwicklung*, München 1984

Rauch, Erich: *Die F. X. Mayr-Kur ... und danach gesünder leben: Darmreinigung, Entschlackung, gesündere Ernährung*, Stuttgart 1996

Reich, Wilhelm: *Charakteranalyse*, Frankfurt 1973

Reich, Wilhelm: *Die Entdeckung des Orgons I. Die Funktion des Orgasmus*, Frankfurt 1987

Rhyner, Hans Heinrich.: *Richtig Yoga*, München 1996

Treutlein, Gerhard; Funke, Jürgen; Sperle, Nico: *Körpererfahrung im Sport*, Aachen 1992

Weineck, Jürgen: *Sportanatomie*, Erlangen 2000

Glossar

Asana
Die verschiedenen körperlichen Übungen des Hatha-Yoga (wörtlich übersetzt Körperhaltung)

Biodanza
Ein System strukturierten und rituellen Gruppentanzes, bei dem die einzelnen Bewegungsfolgen und Übungen der Entwicklung der „Fünf Linien des menschlichen Potenzials" dienen: Vitalität, Kreativität, Sexualität, Affektivität und Transzendenz. Biodanza wurde von dem chilenischen Anthropologen Rolando Torro in den 70er-Jahren begründet.

Chakren
siehe Seite 60 ff. im Kapitel *Po*

Extrinsische Muskeln
Alle Muskeln, die der Bewegung der Beine, der Arme und des Kopfes dienen. Einige von ihnen entspringen an einem Knochen des Rumpfes und setzen an den Extremitäten an, andere verbinden verschiedene Knochen einer Extremität.

Feldenkrais
Eine vom Physiker Moshe Feldenkrais in den 50er- und 60er-Jahren begründete Methode, welche Verspannungsmuster im Körper auflöst und die Beweglichkeit (vor allem bei älteren Menschen oft in verblüffender Weise) erhöht.

Fünf Tibeter
Eine Folge von fünf Übungen, die aus Tibet stammen sollen und denen eine große Wirksamkeit bei der Erhaltung von Jugend und Gesundheit zugeschrieben wird. Eine Art Himalaja-Schnellimbiss-Yoga, das vor allem den Blasen- und den Nierenmeridian aktiviert und welches der Zeitknappheit des westlichen Menschen entgegenkommt.

Hatha-Yoga
Die im Westen verbreitetste Form des Yoga (Sanskrit ha = Sonne, tha = Mond), die die körperlichen Übungen (Asanas) zur Erhaltung der Gesundheit und Erlangung eines ausgeglichenen Gemütszustands in den Vordergrund stellt.

Intrinsische Muskeln
Alle Muskeln, die an einem Knochen des Rumpfes entspringen und an einem anderen Knochen des Rumpfes ansetzen. Sie dienen der Beweglichkeit des Rumpfes selbst und haben keine direkte Auswirkung auf die Bewegung der Arme und Beine. Die wichtigsten intrinsischen Muskeln sind die Bauchmuskeln, der Rückenstrecker, die Rautenmuskeln, der quadratische Lendenmuskel, der kleine Brustmuskel und das Zwerchfell.

Meridian
Begriff aus der chinesischen Medizin für Energieleitbahn im Organismus. Es gibt zwölf Hauptmeridiane, von denen jeder einem der Zwölf Organe zugeordnet ist und acht außerordentliche Gefäße, die die Basisfunktionen der Yin- und Yang-Energien im Körper regulieren. Daneben gibt es noch einige andere Kategorien von Meridianen sowie unzählige Verästelungen der 20 Großen Meridiane, ähnlich wie es bei den Blutgefäßen zahllose Arteriolen, Venolen und Kapillaren gibt. Mit Ausnahme des Gürtelgefäßes verlaufen die anderen 19 Großen Meridiane in der Längsachse des Körpers.

Pronation
Einwärtsdrehung (lat.: pronare = vorwärts neigen); Drehung der Handfläche bei herabhängendem Arm nach hinten, wobei der Daumen einwärts gedreht wird, oder auch die Senkung des inneren Fußrandes. Gegenbegriff zu Supination.

Qi
Chinesischer Begriff für Lebensenergie, die in Japan Ki und im Yoga Prana genannt wird.

Rolfing
Ein System struktureller Bindegewebsmassage, das von der amerikanischen Biochemikerin Ida Rolf in den 40er-Jahren entwickelt wurde; in seiner Vorgehensweise der Posturalen Integration ähnlich (siehe das Kapitel über Posturale Integration).

Shu-Punkte
siehe Seite 72 f. Kapitel *Rücken*

Supination
Auswärtsdrehung (lat. supinare = nach oben kehren); beispielsweise der Hand und des Unterarms oder auch das Heben des inneren Fußrands. Gegenbegriff zu Pronation.

Zwölf Organe
Die chinesische Medizin unterscheidet sechs Yin- und sechs Yang-Organe. Die Yin-Organe heißen Bauchspeichelorgane, es sind dies das Herz, der Herzbeutel, die Leber, die Niere, die Lunge, die Milz und die Bauchspeicheldrüse – die letzten beiden Organe werden in der chinesischen Medizin zu einem einzigen Organ zusammengefasst. Der chinesische Begriff des Organs bezieht sich nicht so sehr auf die anatomische Form mit zugehöriger physiologischer Funktion, sondern bezeichnet einen Kreis von Funktionen, die sowohl auf körperlicher als auch auf seelischer und geistiger Ebene wirksam sind. Die Yang-Organe werden auch Hohlorgane genannt: es sind dies Magen und Zwölffingerdarm sowie Dünndarm, Dickdarm, Gallenblase, Blase und Dreifacher Erwärmer.

Register

Verweise auf Abbildungen sind *kursiv*.

Akupressur 12, 72, 164 ff.
Akupunktur 12 f., 19, 72, 81, 126, 127, 164 f.
Arme 12, 71, 83, 90 f., 95, 98 ff., 108
– dicke mit unterentwickelter Muskulatur 99, *100*
– dünne und angespannte 100 f., *100*
– schwache mit unterentwickelter Muskulatur 99, *99*
– starke mit überentwickelter Muskulatur 99, *99*
– wohlgeformte und kräftige 98, *98*
Armmuskeln 44, 101 ff., *101*, *102*, 139, 148, 153, 157, 161
Asymmetrien 80, 127, 132 f.
Augenmuskulatur 134

Bauch 16 ff., 71, 98
– Gasbauch 17 f., *18*
– Kotbauch 18 f., *18*
– kräftiger und dennoch weicher 17
Bauchmuskeln 19 ff., *19*, 36, 44, 62, 88, 126, 157, 170
Beine 12, 27 ff., 60, 83, 98
– dicke mit unterentwickelter Muskulatur 29, *30*
– dünne und angespannte 29, *30*, 59, 64
– massive mit überentwickelter Muskulatur 28, *28*
– schlanke, kräftige und formschöne 27, *27*
– schwache mit unterentwickelter Muskulatur 27, *28*, 45, 53, 59, 64
Beinmuskeln 11, 26, 27 ff., *31*, *37*, *40*, *42*, *46*, *54*, *55*, 60, 62, 64 ff., 67 ff., 139, 148, 153, 156 ff.
Biodanza 139, 170
Blasenmeridian 41 ff., *42*, 45 f., 56, 60, 67, 72 f., 76, 84, 87, 126, 165, 170

Brust 71, 90 f., 94 f., 98, 106 ff.
– aufgeblasener Brustkorb 110 f., *111*, 113
– kräftige, wohlgeformte 106, 108, *108*
– verengter Brustkorb 109 f., *109*, 112, 113
Brustmuskulatur 17, 44, 72, 88, 111 ff., 126, 127, 139, 148 f., 155, 157, 170
Busen 94, 106 ff., 145

Chakren 60 ff., 75, 170

Energieschichten 32, 78

Feldenkrais 127, 170

Gallenblasenmeridian 47, 165
Gesäß siehe Po
Gesäßmuskeln 36, 60 ff., 139, 157

Hämorrhoiden 67, 84
Hexenschuss 41, 67, 164
Hohlkreuz 11, 19, 31, 39, 63, 66, *67*, 72 f., 79, 84, 122 ff., 143, 144 ff.
Hühnerbrust 10
HWS-Syndrom 80
Hydrocolontherapie 19
Hysterischer Körpertypus 67, 92, 109, 145 ff.

Ischias 41, 67, 164

Krampfadern 84
Kyphose 72 f., 126

Lebermeridian 50
Lordose 35, 63, 65, 66, 69, 79

Magenmeridian 124
Masochistischer Körpertypus 64 f., 140 ff.
Meridianmassage 11 f., 72, 127, 164 ff.
Milch-Semmel-Kur 17 f.

Milz-Pankreas-Meridian   50, 87
Morbus Scheuermann   126, 127

Nierenmeridian   50, 61, 126, 165 , 170

O-Beine   11, 47, 48, 50, 58, 120 f., *120*, 152, 156
Oraler Körpertypus   65, 92, 109, 136 f.

Po   34, 46, 60 ff.
– hochgezogener Beckenboden   40, 68, *68*
– schön gerundet   63, *63*
– zusammengekniffen   39, 67, *68*
– zu stark nach oben und hinten geneigtes Becken   63 ff., *64*
– zu stark nach unten geneigtes Becken (siehe auch Hohlkreuz)   39, *67*
Pomuskulatur siehe Gesäßmuskulatur
Posturale Integration   39, 41, 72, 80, 93, 100, 120, 121, 122, 126, 127, 166 f., 171
Pranayama   72
Psychopathische Körpertypen   28, 91, 110, 137 ff.
Psychotherapie   10, 108

Qi   12, 17, 41, 72 f., 76, 90, 152, 164 ff., 171

Reis-Kur   18 f.
Rigider Körpertypus   67, 79, 143 ff.
Rolfing   41, 72, 127, 171
Rücken   71 ff.
Rückenmuskeln   19, 44, 46, 62 ff., 67 ff., 71 ff., *79*, 80 ff., 126, 127, 134, 139, 148 f., 153, 155, 165, 170
Rundrücken   11, 126 f., *126*

Sauberkeitserziehung   62 f.
Schizoider Körpertypus   92, 93, 131 ff.
Schultermuskeln   44, 95 ff., 139, 148 f., 164 f.

Schultern   12, 55, 80 f. 90 ff.,
– abfallende   80 ff., 92, *92*
– hochgezogene   90, 92 f., *93*
– rechteckige   90 f., *90*
– schmale   92
– vorgebeugte   93, *93*
– wohlgeformte und kräftige   81, 91, *91*
– zurückgezogene   94 f., *94*
Schulterschiefstand   80, 93, 127
Sexualität   16 f., 34, 35, 43, 50, 60, 63 f., 67, 78, 135, 136, 142 ff., 161, 170
Shao Yin   32
Shen   32, 135
Shiatsu   19, 72 f., 164 ff.
Shu-Punkte   72 f., 76, 84, 88, 171
Skoliose   73, 127

Tai Ji   12 f., 34, 41, 152
Tuina   11 f.

X-Beine   11, 49, 50, 58, 72, 121, *121*

Yoga   25, 41, 44, 60, 72 ff., 76, 84, 88, 139, 153, 170 f.

Zen   32
Zhen   32
Zwerchfell   16 f., 71, 110

Dank

Ich danke Robert Scheifler für seine hervorragenden zeichnerischen Darstellungen und Stefan Huger, dem Fotokünstler, für seine unerschütterliche Ruhe und Geduld.
Ich danke den Modellen Sanna Tobias, Tini Peterek und Bertram Schäffler.
Ich danke Margit und Margot für ihre vielfältige Unterstützung – von der Konzeption bis zur vorliegenden Endfassung des Werkes.

Wenn Sie Fragen und/oder Anregungen haben:
Über feedback würde ich mich freuen.

Zu den Themen Meridianmassage, Fünf-Elemente-Lehre, Posturale Integration und Chinesische Medizin leite ich Kurse und Seminare.

Dr. med. Achim Eckert
Josefstädter Straße 43/1/25
A-1080 Wien
Tel.: 00 43/1/4 05 23 28
E-Mail: achim.eckert@telering.at
Internet: www.heilendestao.at

Im FALKEN Verlag sind zahlreiche Titel zum Thema „Fitness" erschienen.
Sie sind überall dort erhältlich, wo es Bücher gibt.

Sie finden uns im Internet: **www.falken.de**

Dieses Buch wurde auf chlorfrei gebleichtem und säurefreiem Papier gedruckt.

Der Text dieses Buches entspricht den Regeln der neuen deutschen Rechtschreibung.

ISBN 3 8068 7642 8

© 2001 by FALKEN Verlag, 65527 Niedernhausen/Ts.
Die Verwertung der Texte und Bilder, auch auszugsweise, ist ohne Zustimmung des Verlags urheberrechtswidrig und strafbar. Dies gilt auch für Vervielfältigungen, Übersetzungen, Mikroverfilmung und für die Verarbeitung mit elektronischen Systemen.
Umschlaggestaltung: Martina Eisele Grafik-Design, München
Layout: Horst Bachmann, Idstein
Redaktion: Regine Weisbrod, Mainz/Herbert Habicht
Herstellung: Bettina Christ
Zeichnungen: Robert Scheifler, Wien
Fotos: Stefan Huger, Wien, außer: S. 2/3, 9, 13, 21, 29, 33, 50, 56, 65, 73, 76, 84, 102, 111, 122, 161, 167 (Photodiscs)

Die Ratschläge in diesem Buch sind vom Autor und vom Verlag sorgfältig erwogen und geprüft, dennoch kann eine Garantie nicht übernommen werden. Eine Haftung des Autors bzw. des Verlags und seiner Beauftragten für Personen-, Sach- und Vermögensschäden ist ausgeschlossen.

Satz: Raasch & Partner GmbH, Neu-Isenburg
Gesamtkonzeption: FALKEN Verlag, D-65527 Niedernhausen/Ts.

817 2635 4453 6271

Das heilende Tao
Das Buch von Achim Eckert ist ein Ratgeber, der praktische Wege weist, wie Gesundheit durch das Tao des Heilens zu erreichen ist.
Der taoistischen Philosophie und der Lehre von den fünf Elementen liegt eine Sicht der Welt zugrunde, die darauf gerichtet ist, die Zusammenhänge und Wechselwirkungen zwischen den einzelnen Phänomenen des Lebens zu erkennen und ihren Sinn zu verstehen. Sind die fünf Elemente, die Kräfte des Kosmos, im Gleichgewicht, dann sind Mensch und Natur gesund und in Harmonie. Fragen zum persönlichen körperlich-seelischen Befinden vermitteln dem Leser unmittelbare Einsichten in das Wirken dieser Kräfte in ihm selbst. Einfache Übungen für Körper und Geist bieten jedem die Möglichkeit alle fünf Energien in eine harmonische Ordnung zu bringen.

Achim Eckert
Das heilende Tao
Die Lehre der fünf Elemente
Basiswissen für Qi Gong und Tai Ji,
Akupunktur und Feng Shui
135 Seiten, kartoniert
ISBN 3-7626-0365-0
DM 34,-/öS 248,-/sFr 31,50

www.hermann-